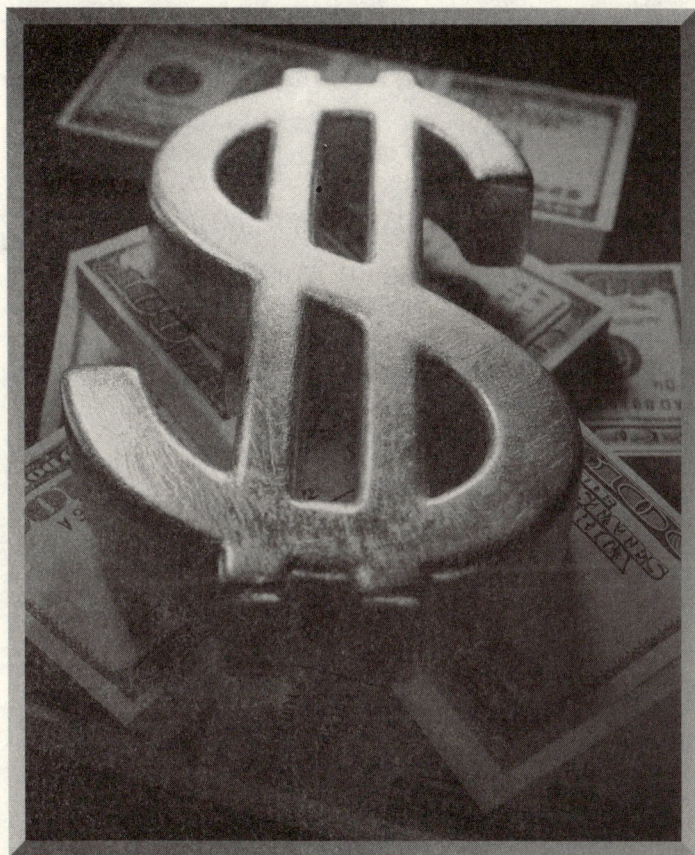

Philip Kotler

菲利普·科特勒

行销之父

常桦 周妮 编著

中国物资出版社

图书在版编目（CIP）数据

菲利普·科特勒：行销之父／常桦，周妮编著．—北京：中国物资出版社，2010.7

ISBN 978 - 7 - 5047 - 3422 - 8

Ⅰ.①菲… Ⅱ.①常… ②周… Ⅲ.①市场营销学 Ⅳ.①F713.50

中国版本图书馆 CIP 数据核字（2010）第 086200 号

策划编辑　黄　华
责任编辑　黄　华
责任印制　方朋远
责任校对　孙会香　梁　凡

中国物资出版社出版发行

网址：http：//www. clph. cn

社址：北京市西城区月坛北街 25 号

电话：(010) 68589540　邮政编码：100834

全国新华书店经销

北京市耀华印刷有限公司印刷

开本：710mm×1000mm　1/16　印张：20.25　字数：321 千字

2010 年 7 月第 1 版　2010 年 7 月第 1 次印刷

书号：ISBN 978 - 7 - 5047 - 3422 - 8/F · 1357

印数：0001 - 4000 册

定价：**36.00 元**

（图书出现印装质量问题，本社负责调换）

序 言

菲利普·科特勒博士是现代行销的集大成者，被誉为"现代行销之父"，他的名字就是行销的同义语。

科特勒博士现任美国西北大学凯洛格管理学院终身教授，拥有麻省理工学院的博士、哈佛大学博士后及苏黎世等其他8所大学的荣誉博士学位。他曾担任许多跨国企业的顾问，包括IBM、通用电气、米其林、美洲银行等。他还曾担任美国管理学院主席、美国行销协会董事长和项目主席、彼得·杜拉克基金会顾问。同时，还被美国行销协会推选为行销思想界的第一领袖。

菲利普·科特勒见证了美国经济四十多年的跌宕起伏和繁荣兴盛的历史，从而成就了完整的行销理论，培养了一代又一代美国大型公司的企业家。他著述甚丰，被众多国家的行销人士视为经典。其中《行销管理》一书更是被奉为行销学的圭臬和圣经。

科特勒博士一直致力于行销战略与规划、行销组织、国际市场行销及社会行销的研究。20世纪60年代初，他开始涉足行销领域，因其受到以经济学和决策科学为核心的训练，使他从管理的角度去接近行销学，并试图把行销学建立在科学的基础上。他第一次提出了把交换作为行销基础的核心理念，拓宽了行销领域，将行销从企业扩展到非行销机构，并认为除产品和劳务外，人、地方、观念、经验和组织都是行销的对象。行销既是市场的起点，又是市场的终点，行销占据了市场的核心地位。从本质上讲，行销学是一门综合性学科，是经济学、行为科学、管理学等学科的综合。

科特勒以全新的理念撰写了许多被所有行销人员引颈企望的经典行销指南。学习他渊博的知识，可以迅速更新行销学的知识与技能，从而从容应对超竞争、全球化和因特网所带来的新挑战和新机遇。最新的行销思潮和理念蕴涵在优美、轻松、易读的文学之中，包括最热门的高科技行销、关系行销、全球化行销、网络行销以及数据库行销等。同时还可以从书中得到绝佳的建议，这些建议已对 AT&T、通用电气、福特汽车、杜邦化学等企业作出了重大贡献。对一些一直困扰企业的难题，诸如如何选择正确的细分市场、如何战胜采取低价策略的竞争对手、如何实现市场和利润的双赢、如何满足不同的顾客需求以赢取并主宰市场等，都会有新的理解和领悟。

聆听"现代行销之父"最新行销理念，能启迪思维、激发灵感，掌握微利时代和超竞争时代的制胜之道，提高企业的赢利能力和竞争力。科特勒博士令人耳目一新的观点与缜密的叙述，可以指导行销高层经理人从容应对来自强势客户、全球化力量与高科技的挑战。书中还收录了大量最新的优秀行销案例，对变化迅速的行销战略与战术做了绝佳的评述，就像是上了一堂由世界顶级行销学教授所开设的课。无论你在行销界的角色是什么，都应该阅读本书，与这位世界级的行销思想家进行交流，这是一个千载难逢的机会。同时，本书蕴涵丰富的启示，可以使你的行销战略与战术重现活力。今日用较短的时间来认识和理解这位全球知名的行销大师的魅力，明天你的行销业绩便能更上一层楼！

常 桦

2010 年 2 月于北京

菲利普·科特勒：

行销之父

目 录

绪　论　科特勒：行销天下

作为世界公认的现代行销学之父，菲利普·科特勒同其胞弟创办的咨询公司成为众多知名企业取之不尽的智慧源泉，而他本人对中国的情有独钟，使得他为中国企业存在的病症开出了许多金玉良方。

第一章　行销新理念：企业的驱动力

孤陋寡闻，注定只能是闭门造车，而后被淘汰出局。把眼光投向外面，投向世界，这才发现别人早已那样做了，而自己仍旧抱着"经典的理论"不放。因此，企业有必要补充新鲜的血液。

第二章　调研与决策：知己知彼

知己知彼，百战不殆。正确的决策取决于翔实而有用的信息。获取这样的信息之道在于科学的调研方法。这不仅有助于节省市场调研成本，更是为了作出科学的决策。

第三章　产品定位：成败的关键

军事上，兵马未动，粮草先行。商业上，产品未上，定位先行。一件产品要卖给哪一类人，上市之前丝毫不能含糊，必须弄清楚。企业应给每一个产品建立唯一的销售主张，并使它成为同类产品中的"第一名"。

第四章　促销组合：广告轰炸与适时出击

在产品宣传上，开始时要集中火力突破缺口而后实行适时的强化游

菲利普・科特勒：

行销之父

击，辅以恰当的促销手段，形成疏密有度的宣传攻势。

第五章　销售渠道：畅通无阻

不同的企业、不同的产品适用不同的销售渠道，不论怎样，渠道必须畅通无阻，才能使产品快速、高效地到达消费者手中，而一支好的经销商同盟队伍可以帮助企业完成这个艰巨的任务。为此，企业必须帮助、监督经销商，并给予经销商实惠，使其愿意为企业两肋插刀。

第六章　抢占市场：及时和巩固

企业应评估自己的优势，而后选取一个恰当的细分市场进行切入。进入市场的企业要在产品上不断加以改进，并生产系列产品从正面和侧翼维护自己，保持自己的地位。

第七章　品牌战略：顾客心中的太阳

没有品牌的企业只能够实行薄利多销，而且随时有被挤垮的危险。品牌可以给企业带来丰厚的利润并且使自己的市场份额固若金汤。在企业所有的事情中最重要的一件就是打造出一个或数个光芒四射的品牌。

第八章　挖掘顾客：抓住就不放

现在的市场缺的不是产品，而是顾客。流失一位顾客所付出的代价是挖掘一位新顾客的5倍。流失一位顾客不只是损失一笔交易，而是这位顾客此后终生购买所带来的利润，以及通过他的口碑相传所引起的一系列不良影响。

第九章　价格策略：衡量购买欲的砝码

顾客一边盯着质量，一边盯着价格。企业要通过占领最大的市场来降低价格。同时，企业如果能充分地利用顾客心理，则可达到薄利多销的目的。

第十章　跟进超越与战略转移：相机而动

人们总是瞄准那些市场的领头羊，跟进，超越，打败它。因此，市场没有常胜将军。如果有，也只有那些永远保持着被狮子追赶着的羚羊的心态，不断地自我超越的企业。明智的企业善于识时势，发现新的商机，实施战略转移，开辟新的天地。

菲利普·科特勒：

行销之父

绪　论
科特勒：行销天下

作为世界公认的现代行销学之父，菲利普·科特勒同其胞弟创办的咨询公司成为众多知名企业取之不尽的智慧源泉，而他本人对中国的情有独钟，使得他为中国企业存在的病症开出了许多金玉良方。

一、取长补短，兄弟联手开公司

菲利普·科特勒，这位年过花甲、已被世界公认的行销之父，深邃的蓝眼睛里闪耀出熠熠的智慧之光，他头发稀疏而发白，光秃的头顶也似乎蕴涵了无穷无尽的行销理念。这位行销泰斗的理论影响着全世界无以计数的企业的经营决策。他的弟弟弥尔顿·科特勒是这样评价他的：

"我哥哥负责写书，而我负责开公司。菲利普的工作是写作和讲演，并不做咨询，而我做咨询。我们的目标是帮助公司进行市场行销，我们以培训或是直接的咨询服务来实现这一目标，帮助我们的客户提高他们的市场行销能力，在市场上获得成功。"从这种意义上说，虽然科特勒兄弟同为科特勒行销集团的合伙人，但哥哥扮演的角色更像是学者，弟弟的商人角色更加到位。在很大程度上，这家行销集团就是菲利普行销理念的实践场。

事实上，菲利普·科特勒早在中学时就已开始同他天生就喜欢做生意的弟弟"经商"了。上了大学，兄弟二人又一起卖古典音乐磁带，靠这样的收入，他们除了支付大学费用以外还绰绰有余。

弥尔顿在芝加哥大学学的是政治学，而他1970年从芝加哥大学毕业后并未直接投身政界，而是参加了社区工作。即使这样，无处不在的行销意识也让他常能作出出人意料的决定。

在20世纪70年代，弥尔顿就喊出了"自我发展"的口号。

哥哥菲利普认为，非营利组织同样可以通过自我行销来创造财富，给社会带来繁荣。但是，那时并没有多少人认同他的想法。25年之后，几乎所有的美国非营利组织都已接受了他的行销理念。

弥尔顿的"自我发展"当时并没有得到社会的认可，于是他转而行销他哥哥菲利普的理念。他把菲利普的理论成果运用到实践中，进行验证，而后再把实践结果反馈给菲利普，作为进一步发展理论的基础。就这样，哥哥指引方向，弟弟实际操作，科特勒兄弟共同驾驭着科特勒行销集团这艘大船在商海中迎浪搏击，主持全球包括 AT&T、南方贝尔、摩托罗拉、IBM、莲花、北电网络、壳牌化工等世界知名企业的咨询和培训，这些公司的成功也就是科氏理论的成功。

这位如此成功的老人何时退休呢？菲利普说："是的，我曾想过这个问题，但为什么我要离开自己喜欢的工作呢？我的精力和健康允许我继续工作，而且我的公司也需要我。当然，人的一生中有许多转折点，生活中充满了危机，当我到了这个年龄时，我已无欲无求，我已学会了穿越风暴，所以快乐始终伴随我左右。"

二、借助行销，中国产品国际化不可阻挡

科特勒说，三年前他已看到了中国市场的潜力，那时他已决心要在中国寻找合作伙伴来推广中国业务。

科特勒来到中国时，中国正在发生的一切给他留下了很深刻的印象。他说："在未来 10～15 年中，中国不单会成为世界上最强的经济大国之一，不单会成为世界的'生产车间'，我甚至认为中国在未来会成为世界的'研发车间'。现在你们唯一需要做的就是成为世界的'市场行销车间'，因为生产产品，甚至用新技术生产了新产品后，你怎样让那些产品进入市场？这是现在中国急需解决的。"

2002 年 5 月，科氏集团首次进入中国进行培训。科特勒此前已经在北京、上海、深圳做过私人访问，并且科特勒收集到了相当数量的中国案例，这些案例已经被收入了高级研修班教材。按照常规操作程序，科特勒集团还将对此进行各项调查，与企业领导人交流，尽可能多地了解中国的市场情况。

在访谈中科特勒多次提到，他对科特勒行销集团在中国的市场前景非常乐观，因为他相信，中国咨询市场的潜力巨大。毕竟，中国企业已经可以制造一流的产品，如果有了行销的助力，中国产品走向国际化将是不可阻挡的潮流。

三、良好的品牌推广是行销的关键

对于中国硝烟弥漫的价格战，科特勒很不以为然。他认为中国的国有企业是以目标产量为导向的企业，这种导向使企业生产了许多过剩的产品，从而引起了价格战。市场一旦开放，国内的品牌将与拥有更多功能、做过更多消费者调查的国外品牌同场竞争，显然中国的产品处在下风。举例而言，市场只需要一台电视机，以目标产量为导向的国有企业生产了100台电视机，而以消费为导向的企业生产了1台电视机。很明显，消费的需求使前者无论如何打价格战也无法达到后者所获得的利润。或许，价格战可能会夺得市场份额，然而，没有利润的市场份额又有何用呢？

科特勒在深圳、上海与一些人谈过，很多人都说读过他写的书。科特勒于是问他们："那么根据你们所学的，你们现在有没有做些什么呢？因为就我看来，你们还在降价！你们还在进行价格战。而我在书中谈到了创建品牌，我说中国必须由主攻价格变成建立品牌！你们难道没有读我的书吗？"他得到的回答是："当然，我们的确读了，我们明白你的意思，但我们还是不得不降价！"

面对这样的回答，科特勒有点儿哭笑不得。他说："我没有更好的办法证明你们这样做是没用的，除非你们有了自己有价值的产品复合了优良的服务并且比你们的对手做得更好。我想问题在于建立品牌需要时间，而你们却总在进行短期运作，也就是说你们总是想着'我现在就必须做点儿什么，不能浪费时间去考虑怎样小心、谨慎地行事'，尽管这样会使行销

的形势好转很多。"

事实上，价格战是企业的一种惰性，是不愿投入资金与精力到技术创新中的结果。其实，缺少最新技术可能会使国内企业付出高昂的代价。当国内企业在VCD市场占有优势的时候，他们在开发DVD产品上的进展非常缓慢。因此，松下、飞利浦、索尼、先锋等企业抓住了DVD这块大饼，国内企业只能分享很小的一块儿，并且只能以很低的价格卖出，这将给国内企业从外来品牌手中夺回市场份额带来很大困难。

一般来说，价格战是利润丰厚的企业用来打败其他竞争对手所惯用的武器。比如石油公司经常以此来打击其他一些刚起步的小型公司，但这些公司的高额利润可以让它们承受暂时的策略性利润亏损。科特勒认为，中国的价格战大多并不是由利润丰厚的企业发起的。因为没有以往的高利润积累作铺垫，价格战的后果很可能使打价格战的企业永远退出这一行业。通过降价，可以赢得较大的低端市场份额，而采用新产品、新技术却可以赢得高端市场——一个可以创造品牌价格和长期受益的市场。

关于中国品牌的印象，科特勒说："市场行销在中国会变得越来越好，这里的一些公司给我留下了很好的印象。比如说海尔，海尔的CEO做了一个绝妙的工作，他通过三个步骤来推进自己公司的发展。第一步是解决质量问题，因为没有质量就不可能卖出产品。你们大概都知道他做了什么，他挑了76台公司生产的不合格冰箱，用锤子锤它们的门，把它们砸烂。第二步就是产品多样化，为什么只制造冰箱，而不做空调和微波炉等产品呢？现在在美国的很多超市和商场里能看到海尔各种各样的产品。第三步是全球化。它现在在美国市场拓展得很不错，在欧洲也很有收获。由此可见，你们是有很好的中国跨国公司的例子的。"

"中国的啤酒在中国餐馆里销售，但同时它们也正在走向国际市场，青岛啤酒在美国的部分地区非常有竞争力。我建议你们要看好你们成功的公司，因为它们会成为你们的领路人和先驱。"

他又说："当然，我们在中国也看到了其他有意思的事情，比如说联想电脑，比如很多新兴的品牌。"随着中国市场的壮大，越来越多的企业都在着手进军海外的战略。在被问及对这些企业的建议时，科特勒认为，唯一的策略就是品牌、品牌、还是品牌。"走进美国任何一家超市，你会发现几乎所有的商品都是中国制造的，但却由美国或者英国公司包装，贴着它们的品牌，价格几乎是中国的两倍，所以中国特别需要打造自己的品牌。"

在这位行销大师看来，行销的最高境界是品牌经营。当被记者问及心目中最成功的品牌时，科特勒脱口而出"耐克"。科特勒认为，"耐克"品牌的最成功之处是让激动与成就感附着于产品之上，拥有"耐克"者会有成功感，这就是品牌的力量。

在中国的品牌误区上，科特勒指出："我认为太多人都觉得应该在电视广告上花很多钱，只有这样才能使产品被人知道。于是你们就在广告中大声地喊着：'买这个！买这个！买这个！'这不是在建立品牌，你们不是诚心地在推广产品，只是希望人们能记住，记住你的名字而已，但这与赢得顾客的喜爱或建立起后续渠道是不同的。"

科特勒认为，消费者在选择商品时，往往比较的就是品牌，品牌浓缩了一切，品牌集中了一切。随着产品的不断丰富，消费者对品牌的依赖也会随之加强。

科特勒这样说道："尽管全球市场存在着各种差异，但是，消费者对品牌的依赖程度有增无减，所以在中国市场，我依然坚信良好的品牌推广是行销关键。"

"因此，中国的企业应当认真考虑如何使中国的现状与自己的品牌相结合，应当思考的是如何摆正自己品牌的位置，如何将中国这个新形象树立在全球各地。中国厂家应该联合起来宣传，建立新的中国品牌，只有这样才会拥有自己的可以与任何国际知名品牌相抗衡的品牌。"

第一章

行销新理念：企业的驱动力

孤陋寡闻，注定只能是闭门造车，而后被淘汰出局。把眼光投向外面，投向世界，这才发现别人早已那样做了，而自己仍旧抱着"经典的理论"不放。因此，企业有必要补充新鲜的血液。

一、行销使推销成为多此一举

　　把行销当成推销，或是认为行销只不过是一个部门的看法实际上是对行销的重大误解，现代行销应该从满足顾客需要的角度去重新界定，应该把行销当成跟整个公司的各个部门都有关系，而不单纯是行销部门的事。

——科特勒

（一）什么是行销

　　行销一词源于美国，原意是市场上的买卖活动，而许多人仅仅把它理解为行销和广告。究其原因，是由于我们每天都受到电视商业广告、报纸广告、直接邮寄攻势和行销电话的轮番轰炸，给我们的印象太深了。但是，行销和广告只是市场行销这座冰山露出水面的一角而已。行销和广告尽管很重要，但仅仅是市场行销众多功能中的两项功能，并且还不是最重要的两项功能，它不能够完全代表行销。

　　科特勒告诫说，如果今天仍旧从那种古老的"劝说和行销"角度去考虑市场行销的话，那就大错特错了，而是应该从满足顾客需要的新角度去重新界定。如果行销商能够很好地理解消费者的需要，开发出具有较高价值的产品，并能有效地进行定价、分销和促销，那么人们是很容易接受这些产品的。因此，行销和广告只是更为广泛的"行销组合"的组成部分，而行销组合则是一组通过共同作用以影响市场的行销工具。这就是今天的市场行销新理念。

　　因此，市场行销应该定义为：个人和群体通过创造产品和价值，并同

第一章　行销新理念：企业的驱动力

他人进行交换以获得所需所欲的一种社会及管理过程。

从市场行销的定义我们可以看出，科特勒特别强调行销属于一种需求管理的过程，也就是必须在追求公司目标之时，对行销的各个组成要素实施有效的管理。

（二）对行销的最大误解

长期以来，由于比较原始的企业没有独立的行销部门，因此许多人形成了对行销理念的一种误解。科特勒将这些误解归纳为两个方面：

1. 行销就是推销

这是最常被混淆的观点，不只是一般大众，连许多企业人士也是这样认为的。不容否认，推销确实是行销的一部分，但行销所包含的领域远比推销广泛得多。杜拉克认为："行销的目的，是使推销成为多此一举。"其意思是，行销的作用在于发现未被满足的需求，并准备好了如何去满足这些需求的解决方法。如果行销相当成功，人们便会很喜欢这种新产品，品牌也会快速地广为传播，推销便成为"多此一举"。

行销绝不等于推销，因为行销早在公司制造产品之前就已经开始了。行销是经理人评估需求、衡量需求程度与强度，并确定是否存在有获利机会的办公室运筹。推销是发生在产品制造完成之后；行销则持续贯穿于整个产品生命周期的各阶段，试图找出新的顾客、改善产品诉求与表现、从产品销售成果中学习经验，并处理续购事宜。可见二者不但存在时间的先后，而且也区别于过程的不同。

企业的领导阶层常常不把行销看成一种有效的投资，只注重短期行为而不注重长期效果，因而不予重视。这其实是对行销误解的一种表现。

2. 行销仅是一个部门的事情

人们对行销的另一个误解是，行销只不过是公司中的一个部门的事情。公司的行销部门确实是构思行销与落实行销作为的地方。然而，如果

行销态度和行销工作只落于行销部门身上，公司的日子可能会不好过。即使公司有业界最好的行销或销售部门，在市场上也不一定能够取胜。惠普电脑的创办人之一大卫·普克（David Backard）有句振聋发聩的话："由于行销实在太重要，因而行销的任务无法由行销部门独立承担。"想象一下：如果顾客打电话到公司，也许会发现不易获得所需要的资讯，或是联络不到相关的部门人员；订购的产品在到达顾客手中时也许有瑕疵，可能是因为松散的制造标准或是包装欠佳而引起的；产品送达的时间可能会由于公司以为仓库里有存货，而实际上仓库已经空空如也，因而等再去制造好产品，再给顾客送去时已比当初约定的时间晚；由于会计部门增加了事先未预料到的开支，所开出的发票可能会让顾客感到一头雾水。当这些情况发生后，顾客肯定会对公司产生不满，对公司产生不良印象，以后对公司也就不会再关注了。若是其他部门不重视顾客满意度，以上的一些小差错都可能会发生。

不过，有些人却认为，其他部门之所以缺乏顾客观念，一部分是因为行销部门的存在。其他部门认为行销部门的工作便是"制造并满足顾客"，而它们也只负责自己本部门的工作。假如公司没有行销部门，各部门的态度又会怎么样呢？这里有一个例子：马克斯宾塞百货公司（Marks & Spencer）是一家表现上佳的零售商，它既没有广告也没有行销部门，但它却拥有许多忠实的顾客，主要是由于马克斯宾塞的每位员工都有"顾客至上"的观念，不论他们供职于公司的哪一个部门。

锐意革新的公司都会要求所有部门遵行"顾客至上"的观念。比如说，一个真正以顾客为导向的研发部门，会不定期地让员工和顾客会面，在新的专案计划中和其他的部门紧密合作，将竞争者的产品视为标杆，恭请顾客对预计新产品的设计做出回应，如果顾客对产品的某方面不满意，他们会依照顾客的意愿继续加以改进，这样的研发部门可以说对公司的行销表现具有重大贡献。

由此看出，行销并不单纯是哪一个部门，特别不单纯是行销部门的事，而是跟整个公司的各个部门都有关系，只有公司的各个部门心中都存有"顾客至上"的观念，公司的行销才会成功。

二、行销的目标是产品利润与获得市场份额

随着经济发展的深化，行销由简单的功能，逐步发展到以过程和结果为基础的复杂行为，是一个由低级阶段到高级阶段、不断完善的过程。

——科特勒

菲利普·科特勒：

行销之父

（一）行销发展的六个阶段

从古老的货郎挑着担子上门行销到现代的全球化作战，行销的发展经历了六个阶段，而现代的公司在每个阶段都仍然存在着原来的影子。

1. 功能简单的行销

当企业还处于比较初始的发展阶段，所有的公司都是从四个简单的功能开始的，公司必须要有人负责筹措与管理资金（财务），生产产品或服务（作业），将产品售出（销售）及账目管理（会计）。销售功能由销售副总裁负责，主要管理销售力，有时也做一些销售的工作。当公司需要一些行销研究或广告时，销售副总裁也要处理这些功能。

2. 具有附属功能的行销

当企业积累了一定资金，进行了规模扩充后，它需要具备持续且专门的行销研究、广告及顾客服务等职能。主管销售的副总裁必须雇用专家来执行这些职能。当然，这些职能也可雇用行销主管来规划及控制。

3. 独立行销

随着企业的继续发展壮大，与销售有关的其他行销功能——如行销研究、新产品开发、广告与销售促进、顾客服务等——其重要性逐渐有凌驾销售部门之势。然而，销售副总裁仍需花大部分的时间与精力来管理销售部门。行销主管将主张增加其他行销职能的预算，而公司总裁最后也会懂得建立较为独立的行销部门具有的许多优点。行销部门将由行销副总裁负责，他与销售副总裁一同向总裁或执行副总裁负责。此时，销售及行销可视为组织中个别但相等的两个功能，并且应该互相紧密配合，共同开展工作。

4. 现代行销

按说销售副总经理与行销副总经理的工作应该协调一致，事实上，他们之间常常互不信任，并且互相竞争。销售副总经理不情愿让销售队伍在行销组合中的重要性有所降低，而行销副总经理则寻求在扩大非销售队伍的预算上有更多的发言权，两个副总经理因此而产生矛盾。

行销经理的任务是确定市场机会，制订行销战略和计划，并通过销售人员去执行这些计划。行销人员则依赖于行销调研，努力确定和了解细分市场，着重把时间花费在计划上，从长远打算，其目标是产品利润与获得市场份额。销售人员的做法则不一样，他们依赖于实际经验，努力了解每个消费者，把主要精力放在面对面的行销上，从短期利益考虑问题，以努力完成销售定额。

如果销售活动和行销活动之间冲突实在难以调和，此时，公司总经理可以将行销活动置于销售副总经理的管理之下，或交由常务副总经理处理那些可能出现的矛盾，或者由行销副总经理全权处理这类事务，包括负责对销售队伍的管理。权衡之下，许多公司采纳了最后一种解决办法，并形成了现代行销部门的雏形，即由行销副总经理领导行销部门，管理下属的全部行销职能，包括销售管理。这就是现代行销部门的运作方式。

5. 效能行销

在经济活动中不难发现这样一个事实：一个公司虽然有一个出色的行销部门，但在行销上却很失败，这同公司的其他部门对顾客的态度和它们的行销责任有关。如果它们把行销都推向行销部门并说："他们是做行销工作的"，该公司即使制订了很好的行销计划，也未必能很好地完成行销任务。因此科特勒认为，只有公司的全体员工都认识到他们的工作是选择该公司产品的顾客所给予的，该公司才能落实好行销计划，成为有效的行销公司。

6. 以过程和结果为基础的行销

为适应日益复杂的社会经济的发展，现在许多公司把它们的行销组织的侧重点放在关键过程而非部门管理上。部门组织被科特勒认为是顺利执行职能性任务过程的障碍，例如，在新产品开发、顾客获得和维持、订单履行和顾客服务工作上，为了获得过程结果，公司现在可任命过程负责人，由他管理跨职能的训练小组进行行销活动。然后把行销人员和销售人员作为过程小组成员参与活动。最后，行销人员对这个小组可以有一个实线联系责任，而行销部门与它是虚线联系责任。每个小组定期作出对行销人员的成绩评价。

纵观行销职能的发展过程，可以看出，行销职能的发展是以经济形态的发展为基础的，也就是说，行销职能的演变是以适应经济的发展为前提的。它由单一的功能和简单的形式发展为复杂的功能和复杂的形式。

（二）行销的三个历程

行销的起源众说纷纭，行销的观念也长期处于混沌不明的状态。直到20 世纪 60 年代，美国的杰洛姆·麦卡锡教授提出行销组合的概念之后，行销的基本观念才大体落实下来。

科特勒将行销的基本观念定义为"需求管理"。简单而言，每个人都

菲利普·科特勒：

行销之父

存在需求，公司行销部门的作用就是如何去满足顾客的这种需求。这种过程需要进行良好的运作才能有效，这就是"需求管理"。

虽然我们很容易从附近的购物中心或是商店里买到所需的货物，但是，在这背后却存在着一个庞大的销售网络以及大量的行销活动。

实际上，行销活动可能经历三个阶段：

1. 企业家的行销

在企业林立的经济社会里，大多数公司都是由一些靠聪明才智谋生的个人所创办的。他们善于捕捉并利用机会。波士顿啤酒公司的董事长吉姆·科克（Jim Kock）推出的塞缪尔·亚当斯牌（Samuel Adams）啤酒，如今已经成为同行业中销量首屈一指的啤酒。在 1984 年公司创立之初，他却是靠带着一瓶瓶的塞缪尔·亚当斯啤酒，亲自上门，一间酒吧一间酒吧地劝说酒吧老板试饮该啤酒来行销。他极力恳求、哄着他们把该啤酒作为他们的饮品推荐给顾客。将近 10 年之久，他都没有能力在媒体上做广告。他只是通过直接销售渠道和基层公众关系来销售他的啤酒。如今，他的公司的利润达 2.1 亿美元，成为该行业的执牛耳者。

2. 惯例化的行销

随着小公司不断取得成功，它们将不可避免地要转向更多的惯例化行销。越过了原始发展期的波士顿啤酒公司最近花了大约 1500 万美元在有选择的市场中做电视广告。公司现在雇用的销售人员达 175 位，并且有了行销部门来做市场调研。尽管波士顿啤酒公司与它的对手安休斯—布希（Anheuser – Busch）公司相比，并不是很先进的企业，但它也采用了大公司专业化行销的一些手段。因此，进行惯例化行销是小公司发展到一定规模后必须采取的方法。

3. 协调式的行销

许多大公司对于惯例化的行销过于热衷，从而陷入其中而不能自拔，它们经常把精力集中在阅读市场调研报告上，企图最好地调节与经销商的关系和利用广告信息。但这些公司存在一个很大的毛病，那就是缺乏企业家阶段游击性的行销者所具备的那种创造力和热情。给这些公司开的一个处方是，它们的品牌经理和生产经理需要走出办公室，到市场去了解他们的顾客的需求。把那些能为其顾客的生活增加价值的新方法落到实处，而不是停留在枯燥无味的抽象行销计划上。

行销发展的三步历程反映了行销发展的必然性，它由低级阶段发展到高级阶段，是一个不断完善的过程。

三、行销新理念：让渡价值及关系行销

菲利普·科特勒：行销之父

> 企业不仅要为顾客提供价廉物美的产品，还要做大量的服务工作，与顾客建立长期稳定的非交易关系，使其获得最大的满意度，进而提高企业产品的市场竞争能力。
>
> ——科特勒

20 世纪 70 年代后期，随着生产的发展和消费者的日益成熟，市场环境发生了极大的变化。这些变化表现在四个方面：各国国内市场竞争的日益激烈；顾客要求发生了极大的变化；国际竞争态势发生了变化，各国贸易保持进一步加强；消费者日益成熟和消费者权益保护运动的兴起。由于这些原因，企业的行销观念也随之发生了很大的变化。

1. 让渡价值

让渡价值理论虽然不是科特勒所创，但科特勒却对它的发展作出新的阐释，其要旨是在现代市场行销观念的指导下，企业尽一切可能为顾客服务和让顾客满意。为此，不仅需要提供价廉物美的产品，还要做大量的服务工作，与顾客建立长期稳定的非交易关系，因为顾客真正看重的是让渡价值。

让渡价值（delivered value）对于指导工商企业全面设计与评估自己产品的价值，通过增加顾客的总价值，降低顾客的总成本，从而为顾客提供更多的"让渡价值"，使其获得更大的满意，进而提高企业产品的市场竞争能力具有不可忽视的作用。

"让渡价值"是指顾客总价值与顾客总成本之间的差额。顾客总价值是指顾客购买某一产品与服务所期望获得的总体利益。它主要包括：

（1）产品价值。即由产品的性能、特征、质量、式样等所产生的价值。这是顾客最看重的内容，也是顾客选购商品的首要因素。所以，它是决定顾客总价值大小的主要因素。

（2）服务价值。即伴随产品实体的出售，企业向顾客提供的各种附加服务。一般来说，服务项目越多越周到，服务价值越高。

（3）人员价值。即企业员工的经营思想、知识水平、业务能力、工作效率以及应变能力等所产生的价值。

（4）形象价值。即企业及其产品在社会中形成的总体形象所产生的价值，如企业产品形象、人员形象、广告形象等产生的价值。

顾客总成本的含义是顾客在购买某种产品或接受某种服务时的总付出。它包括以下四个方面的内容：

（1）货币成本即购买商品或服务时所支付的货币额，这是总成本中的主要部分。

（2）时间成本即顾客在购买过程中所耗费的时间的价值，如等候时间、路途时间、服务时间等。

（3）精神成本即顾客在购买过程中的精力支出。

（4）体力成本即顾客在购买过程中耗费的体力。顾客在购买过程中首选那些让渡价值最大的商品或服务。因此，企业在行销活动过程中，为了在市场竞争中战胜对手，就必须尽可能使让渡价值最大化，一切有利于让渡价值最大化的行销策略组合都是企业所应当采用的。

企业在以让渡价值为理念开展市场行销工作的过程中，应把握以下几个要点：

（1）顾客是把购买总价值和总成本的各个要素作为一个整体进行看待的，即使企业使其中的某一项价值最大或成本最低也不一定能吸引顾客。因此，企业必须把购买总价值和总成本的各要素作为整体进行考虑，单从购买总价值和总成本的单个要素着手只能是捉襟见肘。因此，要着眼于总价值最大或总成本最低。

（2）让渡价值的大小受顾客总价值和顾客总成本两个因素的限制，因此，必须同时从两个方面加以努力，以增加让渡价值。

（3）不同顾客对顾客总价值和总成本中各因素的重视程度不完全一样，不同时期顾客对产品价值的要求也不尽相同，所以，企业应区别对待，针对不同顾客群体的特点，有针对性地设计与增加顾客总价值，降低顾客总成本。

（4）追求让渡价值最大化会增加企业成本，减少利润。因此，企业在实际运营中应掌握一个合理的界限，而不应一味地追求让渡价值最大化。

2. 关系行销

关系行销的基本含义是：企业在市场行销活动中，在建立、维持和发展与客户的交易关系的基础上，与顾客、经销商创造更亲密的工作关系和相互依赖的伙伴关系，从而发展双方的连续性交往，以提高品牌忠诚度，巩固市场销售。

由于这一理论迎合了现代企业的行销实践，所以一经科特勒提出就受到企业界的重视，发展之势十分迅猛。

关系行销思想的产生也是各种因素共同作用的结果。首先，自 20 世纪 80 年代末期以来，企业面对的市场环境发生了很大变化。随着社会生产的迅速发展，物质产品的供给增加，市场竞争日趋激烈。企业在市场行销中认识到，谁与顾客建立稳定的交易关系，谁就能拥有更多未来的销售机会，在长期的竞争中立于不败之地。其次，企业从经济利益出发，认识到市场行销不仅要同其他企业争夺顾客，而且要保持顾客，使之成为企业的永久性顾客。企业也许要用 50 美元的代价争取一名新顾客，而保持一名老顾客所用的代价也许只要 5 美元。经济投入少而长远利益大正是企业所渴求的。为了适应以上各方面的要求，关系行销在实践中逐渐被认同并加以运用。

关系行销打破了以往行销理念中只注重与顾客进行一次性交易的做法，而把交易的重点放在与顾客建立长期的关系上，着眼于未来，为现代市场行销理念开辟了更为广阔的领域。

基于这样的认识，企业的行销手段和行销方式也发生了相应的变化。

（1）传统的行销组合被进一步扩大。关系行销中比传统的行销组合多了三个新的要素：顾客服务、进程和人员。将顾客提高到关系战略的高度，制订出一个给顾客带来附加价值的顾客服务战略，并由专门的人员负责实施这一战略，控制实施过程，做到让顾客全过程满意。

（2）市场行销范围被进一步扩大。传统的行销观念把视野局限在顾客群体上。而关系行销涉及的市场范围则广泛得多，它涉及顾客市场、供应商市场、劳动力市场、影响者市场及内部市场等多方面。该行销理念将顾客市场作为其重点、供应商市场和劳动力市场作为其保证、影响者市场作为其基础、内部市场作为其条件，形成一种与各方面水乳交融、关系融洽的良好氛围。

这里需要指出的是，关系行销观念不是庸俗的关系学也不是强调在行销活动中通过各种不正当手段拉关系或进行不正常交易。关系行销观念指导下的行销活动强调企业在与顾客建立行销关系时应遵守共同的准则，这些准则包括：

（1）诚实守信，坦诚相待。

（2）互相尊重，皆大欢喜，富有人情味。

（3）共存共荣，合作各方都能从合作关系中得到利益。

（4）在建立交易关系之前就要明确目标。

（5）经常沟通，及时了解关系者的问题并加以解决，消除误解，保持关系的和谐、稳定。

（6）通过深入了解对方的文化背景，做到知己知彼。

（7）致力于长期合作，强调关系的建立与发展是基于长期目标。

（8）双方都要为建立最佳的合作关系而努力。

（9）双方共同决策，不可强加于人。

（10）力求关系能够长期延续。

四、不能只着眼于服务市场，还要创造市场

> 每个公司都应赶在竞争对手之前不遗余力地淘汰自己的生产线。
>
> ——科特勒

菲利普·科特勒：行销之父

全球最著名的 CEO——通用电气公司的首席执行官韦尔奇告诫他的员工："公司无法给你们工作的保障，唯一能给你们工作保障的只有顾客。"在高度竞争的市场中，公司所有部门都必须把重心放在赢取顾客的好感上。即使看来毫不相干的部门也有可能对顾客的满意度产生影响，因此，行销工作对于公司来说无处不在。

那么什么样的行销才能取得最好的行销绩效呢？科特勒为企业界同人指出了路径：

1. 回应行销

行销一直被定义为"发现并填补需求"的作用。这是一种令人钦佩的行销形式——市场存在明显需求，而且公司已发现这种需求，并准备以消费者可以负担得起的方式去满足这种需求。企业了解到妇女想要花较少的时间在烹饪与清洁工作上，因此便发明了洗衣机、烘干机、洗碗机以及微波炉等家用电器；今天许多想要戒烟的瘾君子也都可以找到许多不同的治疗方式。这种人们需要，而我就去发明它、生产它并卖给顾客的行销，称为"回应行销"。现今许多的行销都属于"回应行销"。

2. 预期行销

这是另一种辨认出萌芽中或潜在需求的聪明行动。随着许多地方的水质日益下降，爱维养（Evian）、沛绿雅（Perrier）和许多其他公司都预期瓶装饮用水的市场会逐渐扩大。另外，由于认识到现代城市的压力日趋沉重，许多药厂也已开始着手研制抗忧郁的药物。预期行销的风险比回应行销的风险要大，公司可能太早或太晚进入市场，或甚至完全误判市场的发展。因而，进行预期行销风险系数较大，没有较大的把握，企业一般都不敢着手。

3. 塑造需求行销

这是最大胆的行销方式，发生在当公司引进一项目前无人对此提出需求，甚或尚无人想到的产品或服务的情况下。在 20 世纪 50 年代，没有人对新力牌随身听、Beta 录影机（Betamax），或新力的 3.5 寸的磁碟片有所需求。但是，新力在它英明的创办人兼董事长盛田昭夫（Akio Morita）的率领之下，发明了上述产品与其他的新产品，而这些新产品目前已成为日常生活的必需品。盛田昭夫以下面这句话来总结他的行销哲学："我并不只着眼于服务市场，而在于创造市场。"

简单地说，采取回应行销与采取预期或塑造需求行销的厂商之间，最大的区别在于：前者属于"由市场驱动的公司"，后两者则是"驱动市场的公司"。大多数的公司属于前者，在此之前，它们都是受产品所驱动。"由市场驱动的公司"把重心放在研究当前的顾客，以找出他们的问题并搜集新想法，进而对产品进行改良，对行销方式加以改变，这样做只是一种显著改良，而不是大幅度的创新。

相对而言，"驱动市场的公司"提高了人们的认识态度。这种公司创造出新的市场，或细分产品类别，或改变游戏规则。它们大量地推出新的产品、服务，改变做生意的方式，建立新的价格点，发展新的通路，把服务提升至令人惊叹的程度。CNN 新闻网、地中海俱乐部（Club Mediterra-nean）、联邦快递、美体小铺（Body Shop）、Ikea 家具、斑尼顿（Benetton）

与嘉信证券（Charles Schwab & Co.）等公司，都属于"驱动市场的公司"。同时，有些已具规模的公司，例如杜邦（DuPont）、新力、吉列（Gillette）刮胡刀、利乐包（Tetra Pak）和3M等，均展现出驱动市场的导向。

不难看出，"回应行销"是最初级的行销形式，最容易办到，因而易于为大多数公司所接受，"预期行销"由于要承担一定的风险而令许多企业望而却步。"塑造需求行销"属于行销的高级形式，因难度大，目前只有少数精英企业能够办到，不过这却是一条前景广阔的道路。

菲利普·科特勒：

行销之父

五、高效行销：宝洁产品在世界的每个角落随处可见

有些公司的行销部门做出了很大的成绩，产生了很好的效益，而有些公司的行销部门尽管设了，但却发挥不了多大作用。究其原因，是由于这些行销部门组织得不对头，目的不明确，功能不健全。

——科特勒

如何组建一个高效的行销部门呢？下面我们将进行探讨。

（一）常见的行销组织形式

1. 功能式组织

最常见的行销组织形式是由各行销功能专家所组成，他们向行销副总裁报告，并由他来协调各功能活动。这些专家包括：行销行政经理（marketing administration manager）、广告与促销经理、销售经理、行销研究经理及新产品经理。其他的功能专家也可能在行销部门中，如顾客服务经理、行销规划经理及实体配销经理。

若向行销副总裁报告的功能数目太多，那么可以进一步分为资源功能（resource functions）及计划功能（program functions）。行销资源经理负责销售力、顾客服务、广告、销售促进及行销研究。行销计划经理则负责特定的产品、产业及事业。因此，行销副总裁只需监督两个功能——资源及计划即可。

这种行销组建方式的主要好处在于管理简单，不过，这种形式也因公司产品及市场的成长而失去其有效性。原因在于：第一，对特定的产品及市场而言规划不够，因为没有人对任何产品或市场负责。各功能专家所不喜爱的产品容易落得被忽视的下场。第二，每一功能小组相互争取较多的预算及地位，从而容易产生冲突。行销副总裁必须经常地考虑各竞争的功能专家的要求，因而面临难以协调的困境。

2. 市场管理组织

许多公司把它的产品销售到高度多样化的市场，例如美国钢铁公司（U. S. Steel）将其钢铁卖给铁路、建筑及公用事业等产业。史密斯·可瑞娜公司（Smith Corona）将其电动打字机卖给消费者、企业及政府市场；当公司的顾客属于购买习惯或产品偏好的不同群体时，此时组织市场管理就显得很有必要。

市场管理组织的方式是，市场部门经理（markets manager）通常监督数位市场经理（market managers）——也称为市场发展经理（market development managers）、市场专员（market specialists）或产业专员（industry specialists）。市场经理可以根据业务的需要请求组织的其他部门做功能性的服务，负责重要市场的经理很可能有数位功能专员直接向他负责。

市场经理在本质上是个幕僚而非一线人员，其职责是为了市场的销售与利润，进行长期及年度计划；其另一个职责是分析市场的走向及公司可为这一市场提供什么样的新产品。其绩效的评判常以对市场占有率成长的贡献为准，而非市场的当期获利情况。这种组建方式的最大的特点在于公司可组织行销活动来迎合特定顾客群体的需要，而非着重于行销功能的地域或产品本身。

为了"确保市场导向成为唯一方法，应将公司所有组织结构集中，使各事业部门以主要的市场为中心而建立"。因此，越来越多的公司将其组织依照市场区域来改组，汉能（Hanan）称此为市场中的组织（market-centered organizations），这些组织大体有公司事业部组织、地理性组织、产品管理组织等几类。

3. 公司事业部组织

随着公司经营规模的扩展，公司常把各大产品部门提升为独立的事业部。事业部下再设自己的职能部门和服务部门。不过，这样做的结果是，另一个问题也随之产生，即公司总部保留哪些行销服务和行销活动，而哪些不保留？

实行了事业部制的公司，做法也很不一样：

（1）在公司里不设行销部门。有些公司不设一级的行销部门。其理由是，各事业部设立行销部门，即设立公司一级的行销部门纯属多余，因为它不起什么作用。

（2）在公司里保持适当规模的行销部门。有些公司，在公司一级设有规模很小的行销部门，主要作用是：协助最高管理当局全面评价行销机会；依照事业部的要求向该事业部提供咨询方面的协助；协助行销力量不足或没有行销部门的事业部解决行销方面存在的问题；加强公司其他部门的行销观念。

（3）在公司里设立强大的行销部门。有些公司设立的行销部门除了承担前述的活动外，还向各事业部提供各种行销服务，如专门的广告服务、销售促进服务、行销调研服务、售后管理服务以及其他杂项服务。

4. 地理性组织

凡是从事全国范围销售的公司，一般都按照地理区域组织它的销售队伍（有时还包括其他行销职能）。一位负责全国范围销售的销售经理领导4

位区域销售经理，区域销售经理领导 6 位地区销售经理，地区销售经理领导 8 位直接销售经理，直接销售经理再领导 10 位销售人员。

某些公司为了支持销量较高的特色市场的行销活动，增加了地区行销专家（area marketing specialists）这一角色，其职能相当于地区或本地的行销经理。例如，一个市场可能是迈阿密，它的拉美裔人口占 46%，而它邻近的福特·劳德戴尔市场，拉美裔仅占 6.7%。在迈阿密地区的行销专家对迈阿密的顾客及市场情况非常了解，他们帮助总部的行销经理，调节迈阿密的行销组合力量及长期计划，销售公司在迈阿密的产品。

5. 产品管理组织

拥有多种产品或品牌的公司，一般会建立一个产品或品牌管理组织。建立这个管理组织并不是取代职能性管理组织，只不过是增加另一个管理层次罢了。产品管理组织由一位产品经理负责，其职责是监督几个产品群经理。

产品经理的任务在于发展产品计划，监督该计划是否已得到执行、查核结果及采取补救措施。具体来说，其作用有：

（1）为产品制定长期及有竞争力的策略。

（2）提交年度行销计划及销售预测。

（3）与广告及产品经销商合作发展文案、计划及广告活动。

（4）激发销售力及配销商对产品的兴趣并获取他们的支持。

（5）收集有关产品性能、顾客与经销商的态度及新问题与相关的情报。

（6）对产品进行改进以适应变动的市场需要。

以上所述的这些功能也适合于消费品及工业品的经理人，但在实际的工作及应强调的项目上有所不同。消费品经理所管理的产品数目通常比工业品经理要少些。他们在广告及销售促进上花的时间较多，与公司内的同人及各广告代理商的合作较多，而与顾客接触较少。他们较为年轻且接受教育程度较高。反之，产品经理对产品的技术面及可能的设计改进之处考虑较多，与实验室及工程人员的合作较频繁，与销售力及主要买者的合作情形也较为密切，而对广告、销售促进及促销定价则不太关心。

产品管理组织拥有许多好处，一是产品经理可协调产品的行销组合。二是产品经理对市场上的问题的反应要比委员会或专家快捷。三是较小的品牌因为有专人负责而较不会被忽略。四是产品管理是年轻主管的最佳训练方式，因为它涉及了公司营运所有的领域。

以上这五种行销组织方式是不是所有的公司都采用呢？当然不是。实际情况是，有些公司最近刚开始设立公司一级的行销小组，而其他一些公司已经把行销部门加以扩大，相反一些公司却缩小了行销部门的规模和职能范围，甚至还有一些公司干脆把它撤销了。

公司一级的行销小组在公司不同的发展阶段所发挥的作用也不相同。大多数公司一般先从在各事业部设置规模较小的行销部门着手，再设立公司一级的行销小组，通过教育、宣传和提供各种服务，把行销工作推向各事业部。其后，公司一级行销小组中的某些成员被充实到各事业部的行销部门担任领导。随着事业部行销部门的不断扩大，公司一级行销部门能向事业部提供的协助也就逐渐减少。有些公司决定公司一级行销部门已完成其使命而予以撤销，不再设置。

（二）行销职能的不断演进

随着现代经济的不断发展，企业界对行销职能的认识也越来越深入，对它越来越重视。但是，令人难以置信的是，许多企业以前没有行销部门，但一定有销售部门。它们并没有产品经理、品牌经理、主要客户经理、细分市场经理、顾客服务经理与其他现代行销部门所设置的各种职位。

初始之时，行销附属于公司的销售部门之下。由于销售人员需要某些正式的市场研究，便有了聘请市场研究人员的需求；销售人员也需要广告的支援，因此广告经理的职位也设置起来；有些人则需要想出一些引人注目的促销手段，便设置了促销经理一职。

再往后，由于有太多为了单一任务所设立的职位，因此公司便将市场

菲利普・科特勒：行销之父

研究、广告、推广等大部分工作都委托给外部的市场研究公司、广告公司、促销规划公司负责执行。

令人意想不到的是，时至今日，在某些情况下原来处于领导地位的销售部门现在已成附属于行销部门了。是什么原因使行销部门发展如此迅速呢？

科特勒通过对大量企业案例研究发现，这主要源于大企业的规模与复杂性逐渐提高。以宝洁公司为例，随着该公司生产越来越多的大众消费品——洗发水、牙膏、化妆品、咖啡、烘烤材料等，宝洁公司也只好跟随经济潮流设置产品经理的职位。产品经理的职责主要是规划产品的发展方向。

香皂是宝洁公司清洁剂产品类别的一支，它推出的第一个品牌是象牙香皂（Ivory）。随后，宝洁公司开始认识到推出第二个和第三个品牌的价值，便产生了由品牌经理来负责各品牌的上市与管理事宜的想法。如今，单单是清洁剂一种产品类别，宝洁公司便拥有九种品牌与九位品牌经理。事实上，每位品牌经理都至少有两位专职的助手：一位品牌副经理与一位品牌经理助理。也就是说，共有 27 位品牌人员共同经营着宝洁公司的清洁剂产品。

为了将它的清洁剂销售至大型的零售连锁店，宝洁公司为每一家连锁业者指派一名客户经理，专门负责处理与这些连锁店的业务往来。客户经理又需要各种不同专家的协助，例如后勤、财务、顾客服务等，以组成完整的顾客服务团队。

这些清洁剂除了通过超级市场、大批发商、仓储式大卖场等进行销售外，它们还卖到洗衣店、医院、餐厅。扩大的市场证明企业的确有必要设立细分市场经理（market segment manager）。

所以，假如清洁剂的市场可划分为 6 大市场，宝洁便会指派 6 位细分市场经理，同时配备一些助手。

如今，宝洁公司的产品在全世界的每个角落都随处可见。这使得公司必须为每一个国家指派一名国别经理（country manager），以监督宝洁公司所有产品在该国内的发展。但每一位国别经理都必须注意邻国的市场现

第一章 行销新理念：企业的驱动力

029

况，以便为公司的企划提供参考资料和意见。在发展已上轨道的地区，例如西欧或南美洲，则必须指派一名区域经理（regional manager），以听取国别经理的报告。

此外，还有一些奇特而有趣的情况。飘柔可以说是宝洁公司旗下最有名的洗发水品牌之一，这一产品由一名品牌经理专门负责。但飘柔在不同的国家却有不同的品牌名称：在法国，它称为沙宣（Vidal Sassoon）；在日本，它称作润欢（Rejoy）。因此，宝洁公司必须在法国为沙宣设立一名品牌经理，该品牌经理不只负责制订该产品的行销计划，还要考虑在颇受好评的沙宣品牌名称下，尚可推出哪些其他产品，亦即品牌伞。事实上，与其说该名品牌经理所管理的是某一种品牌的洗发水，还不如说他管理的是沙宣的品牌资产（brand asset）。因此，他应该称为"品牌权益经理"（brand quity manager）较为贴切。

再者，在某一国家之内，尤其是大国，我们可以发现存在许多消费差异（consumer difference）。在美国，加利福尼亚人可能比新英格兰人更喜欢口味较重的咖啡与番茄汤。由于加利福尼亚州的面积比大部分的国家还大，因此许多公司特别为加利福尼亚州指派一名市场地区经理（market area manager）。同时，因为非裔美籍人士、拉丁裔或亚裔人士的口味都与主流口味有所不同，有些公司也已指派族群经理（ethnicgroup manager）专门处理这些民族的口味问题。

还有一件值得注意的事是，同一产品类别中两个以上的品牌会出现彼此竞争或互相争夺顾客的现象。指派类别经理（category manager）的目的，便在于维持产品类别的秩序。

（三）增强行销职能的方法

在现代经济社会，行销已经成为企业中的重要部门。但是，有些企业的行销部门依然没有发挥其应有的作用。其原因是多种多样的，科特勒认为可以通过以下的做法来解决这个问题。

菲利普·科特勒：

行销之父

1. 行销经理应制定稳定的长期决策

行销人员常常被批评为急功近利者。事实上也确实这样。毕竟，行销人员必须负责销售额的预测，并且是以所实现的绩效来评判其业绩的。品牌经理可能能够在短期内获得较大利益而忽略了长期的也是最大的品牌利益。因此在会计年度的最后一季度，品牌经理可能会把广告预算挪用至促销活动。因为就短期效果而言，促销所带来的影响力比广告更大。他也可以采取降价的办法，并取消部分研发与设计新包装的工作。所有的这些措施，都是为了完成当期的获利目标。然而这样做可能带来以下恶果：该品牌会被消费者认为是常常打折的品牌，包装显得过时，而且品质不如以往。

在这种情况下，企业应采用某些衡量标准，反制品牌经理注重短期利益的做法。企业应采用多种绩效衡量法，而不只是目前做出了多大成绩，来判断品牌经理的绩效。品牌经理在研发、消费者研究与竞争者研究上所花费的开支，都应考虑在衡量的标准之内。为了促使品牌经理从公司的长远利益考虑，有些公司要求品牌经理每年制作一份新的消费者研究报告，或是每三年推出一个新的包装设计。另外一种做法是，减缓品牌经理促销新品牌的速度。经营一个品牌只有短短两年的品牌经理，他的良好表现可能是前任品牌经理已经为他打下了扎实的基础，到他时只不过是下山摘取成熟的桃子而已。假如他打算管理该品牌五年的话，应该会有不同的管理方式，亦即他会进行长远的考虑。

2. 恰当分配产品经理与市场经理的权力

许多公司都拥有数种不同的产品以及不同的销售市场，因此它们同时指派产品经理（product manager）与市场经理（market manager）负责行销。举例而言，AT&T 的各个产品经理，分别负责网络、电话插拨服务、电话转接服务、来电显示等不同业务；此外，它也有分别负责居民、小公司、大企业、全国性客户的市场经理。杜邦有专门负责尼龙、达克龙、奥龙的产品经理，也有分别负责男性服饰、女性服饰、工业市场、家具的市场经理。

在一般情况下，只要市场经理所管辖的市场使用到产品经理所负责的产品，便应由产品经理与市场经理协商，双方共同估计在既定的价格下该市场可销售的产品数量。之后产品经理再从总收入中减去公司所有该产品总的生产成本，作出赢利预测。然而，市场经理很可能回过头来告诉产品经理他的市场估计量必须修改，这种事情是经常发生的。例如，市场经理告知产品经理竞争者可能会采取降价行动。假如产品经理拒绝降低该市场的产品售价，销售量便可能下滑；假如答应，则利润会受损。不论采取哪一种办法，产品经理都无法完成原定的获利数额。问题变成了产品经理与市场经理谁应有较大的权力，特别是当他们的立场互相冲突时。

当出现这种冲突时，科特勒认为，公司应该让市场经理拥有较大的权力。就长期来看，如果能够满足市场的需要，公司将得到最大的回报。公司的目标应该是"拥有"市场。产品不只是具有供给的功能而已，产品经理必须满足市场经理所发现的市场需求。事实上，有越来越多的公司的市场经理改向外部的供应商购买补给品，因为他们从外部的供应商那里可以得到比公司本身的供应系统更好的价格，更方便的运输。

这又涉及另一个问题——"矩阵式管理"（matrix management）。当员工必须向一个以上的上司报告时，"矩阵式管理"便存在了。沙宣洗发水在法国的市场经理，不但必须执行美国总部的洗发水产品经理所要求的某些战略，也必须服从法国国别经理可能不想花太多精力在洗发水产品上的想法，这就使员工不知道该按谁的命令去办。

企业应该以全球性的品牌名称来取代国家和区域性的品牌名称吗？许多跨国企业希望以全球性的品牌名称来取代同一产品的国家和区域性的品牌名称。例如，玛氏食品公司的士力架（Snickers）巧克力棒，在英国叫做"马拉松"（Marathon）；而它的 M&M 巧克力，在英国叫做"甜滋"（Tweets）。除了名称与包装之外，产品本身基本上是相同的。玛氏食品公司大胆地以该产品在美国的品牌名称取代原本用于英国的品牌名称。但它是逐步进行的，以免把消费者弄糊涂了。改用全球性的品牌名称有几个好处：可节省广告与包装的成本，可使制造与仓储管理的过程简化，企业的品牌经理能够把精力更集中于品牌的全球性发展之上。

3. 改变评判细分市场经理绩效的标准

细分市场经理的成绩，基本上根据该公司在这一细分市场的份额和利润的增加程度来判定。

但是，这两种绩效的衡量标准，却常常互相冲突。举例来说，负责为宾馆招揽商务会议生意的宾馆经理，可能会因实施降价而表现不错；在这种情况下，市场占有率上升，而利润却下降了。类似的情况，负责提高该银行在有钱人市场渗透率的银行经理，可能会在抛出大把钞票开发该市场后获得成功，但是，他给银行增加的价值如果是5000万美元，而他为拉上这些新客户所花的成本也许高达7000美元。显然，企业必须谨慎地把握，定的绩效标准必须合理，使细分市场经理知道应着重于成长率还是获利性。企业也可加入一些其他的标准，例如，在保留顾客和顾客满意度上很突出的，企业老总应该给负责的人加上几分，这样才显得公正合理。

4. 对产品、销售和服务进行整合

许多顾客大发牢骚，公司营业部门的销售人员当初对他们所作的承诺根本无法兑现。这可能是由于业务人员夸大了公司的能力，产品经理向销售人员过度吹嘘产品的性能，或是公司的经销商有失职之处。不管出于什么原因，都会造成重要顾客的流失。哈佛大学商学院的弗兰克·V. 塞斯佩德斯（Frank V. Cespedes）教授出版了一本《共存行销：产品、销售和服务的整合》（Concurrent Marketing：Integrating Product，Sales and Service）。在这本书中，他认为，产品、销售和服务这三样东西必须紧密地结合起来才能发挥重要作用，单凭哪一样都难以吸引顾客。

5. 维系行销部门与其他部门的良好关系

公司每个部门都各有各的工作方法和思路。研发部门也许希望能发展出性能最好的产品，但行销部门可能会觉得他们研制出来的产品不一定能够卖得很好。采购部门也许想以价格较低的材料来取代原有的材料，但行销部门认为这样做会由于材料不过关而导致更多的维修问题与顾客的不

满；制造部门的人也许会反对少量生产，行销人员却认为这是一个大好的行销机会；为了节省成本，财务人员可能希望减少产品的后续服务，但行销部门认为这样做会增加顾客的不满意程度。问题的关键并不在于谁做得对，谁做得不对，而是在于各部门不但应该更加紧密合作，而且应该就彼此的冲突进行协商。同时，从公司的长期利益考虑，企业各个部门必须抱着团队的思想，以最终对大家都有好处的方式去解决存在的问题，而不是光考虑哪一个部门的利益。

因此，科特勒认为，不管是行销部门也好，研发部门、采购部门、制造部门、财务部门也好，都应该本着精诚团结、紧密合作的精神去对待公司的所有问题，这样一个企业才能搞得好。

6. 进行行销传播的整合工作

大部分企业都设置有一名广告副总裁，同时也有促销经理、直效行销经理、公关行销经理的编制。要让这些肩负传播重任的专业人士主动地合作共事，似乎不太可能。对生产消费品的公司而言，以往用于广告的预算，现在大部分都用于促销，而其他传播手段所能分配到的预算就更少。西北大学的唐·舒尔茨（Don Schultz）教授等人一直都在大力提倡企业对这些功能进行整合，以发挥它们的合力。这一做法称为"整合行销传播"（Integrated Marketing Communications），它所包括的不只是传统的传播与促销方法而已。每一次的品牌推出，都必须传递出相同且一致的信息。有人鼓吹企业应指派一位"首席联络官"（Chief Communications Officer, CCO）。首席联络官必须对所有负责传播工作的专业人士进行监督，并在他们的协助下，创造出统一的传播战略与战术。

7. 促使行销部门从功能性部门转变为过程团队

许多企业近来已在功能性部门（即行销部门、采购部门、生产部门等，每个部门只负责一个方面的事务）上尝到苦果，眼睁睁地看着这些部门不断扩大本部门的利益，而忽视公司整体的利益。采购部门尽可能地降低采购成本，不顾可能会付出影响产品质量的代价。由于铁路运输的成本

较低，运输部门可能较偏爱铁路而非航空运输，结果却使顾客等待货物等得望眼欲穿。

在《企业再造》（Reengineering the Corporation）这本极具影响力的书中，作者认为企业应把注意力从功能转移至过程，整合过程中的主要工作，也就是企业必须兑现对顾客许下的承诺。举例而言，订单处理与支付这个主要的过程会牵涉到数个不同的部门：账款、仓储、库存与运送部门。其中，协调不足与浪费时间的情况经常发生。因此，有些公司已指派过程经理（process manager），他的任务就是协调好各个部门以完成公司的某一项任务。过程经理应与跨部门团队进行合作。举例而言，管理新产品开发部门的团队成员，可能包含科学家、工程师、制造人员、行销人员、销售人员、采购人员与财务人员等，过程经理就是要把这些人组织起来，让他们以最快的速度去完成新产品的开发工作。

随着过程与项目团队的日渐增多，行销人员也许会发现自己花费在原来部门上的时间较少，反而以团队成员的身份花费较多的时间在执行项目上。这样一来，将使得行销部门的规模明显缩减。每位行销人员对于项目或过程团队，应是实线联系的关系，也就是说，每位行销人员应该切实地协调好项目中所涉及的所有人员，去完成这个项目；而对于行销部门，则应是虚线联系的关系，亦即表面上他是属于行销部门的，而实际上他却相对独立地开展工作。行销部门最高主管的任务，在于聘请优秀的行销人员，指派这些行销人员进入团队，他的工作业绩是以手下的行销人员把项目做得怎样来确定的。他的任务是制订促销的决策。

8. 在顾客至上的趋势下，衡量行销部门的规模

行销部门的传统作用之一是向其他部门强调顾客的重要性，即顾客的利益至上。现在有许多公司已开始从产品为主转移至市场为主与顾客为主。诺斯壮百货、联合汽车保险公司、里茨酒店，都已有效地建立起"顾客至上"的企业文化，对顾客购买与使用公司产品的情况进行研究，并有了清楚的了解。"拥有"顾客应是全公司的任务，而不只是行销部门的任务。在这样的公司之中，行销部门所扮演的角色可能不如以往那么重要，

因为所有的部门与过程，都把顾客至上的思想贯穿在内。

9. 让行销部门在定义产品与市场战略上扮演重要角色

可以说，没有任何一个单一部门，可以对决定公司的产品与市场战略负起全部责任。各部门都必须参与产品或市场战略的制订，因为它们都与这些战略的后续支援有关。

不过，由于行销部门的作用，它们通常比其他部门更能够发现新的市场机会。行销人员所拥有的工具，可对顾客需求与行为加以了解，并对不同市场进行评估与测试。因此在许多公司中，在产品与市场战略上，行销人员提出的方案较容易受到企业领导的重视，他们的影响力确实比其他部门要大。

通过以上所述，我们不难发现，行销部门在企业中具有特殊的作用，它最明显的一个作用类似于一个指挥员，消除各个部门互相扯皮的现象，把它们协调起来去完成一个共同的任务，以达到花费最少的精力和时间去获得最大的成效的目的。

菲利普·科特勒：

行销之父

六、行销导向战略的制订要为今后几年着想

传统的行销方式已经适应不了现代经济发展的需要，只有建立行销导向战略的企业才能在微利行销时代扎稳脚跟。

——科特勒

（一）传统销售战术的失败

20 世纪 70 年代早期，美国电话电报公司（AT&T）忽然发现它在电话总机与附属设备上的销售遭遇了激烈的竞争。此时，面对新的竞争，AT&T毫无准备，结果弄得手忙脚乱，很是狼狈。他们这才认识到自己缺乏行销人员及行销力量，如果他们当初能注意市场的变化，可能销售额早已增加了。因此，该公司现在全力以赴地去加强行销方面的力量。

不单是美国电话电报公司遇到这种情况，美国医院供应品公司（American Hospital Supply Company）也同样遇到。长期以来，该公司一直以广泛的销售通路与销售范围，在医院供应品的市场上占有领导的地位。但现在却面临新的竞争者（如宝洁）在打击他们已建立的市场。该公司已认识到行销作用的重要性，决心将自己从销售导向的公司转变成行销导向的公司。

纽约的大通银行（Chase Manhattan Bank of N. Y.）正眼睁睁地看着它的主要竞争者——花旗银行不断地采取明智的措施来超过它。花旗银行已经有系统地在银行中发展一种行销文化，而大通仍以传统的金融路线来运作。认识到自己的不足之后，最近，大通银行也开始推出一项方案来教育其行员有关现代的行销化理念。

这些公司由于行销的脆弱，因此在同行销能力强大的公司竞争时，常常败北。以传统的销售战术来应付显然已经不行了。销售经理只想花更多的钱或者是降低产品的价格来进行行销，他们认为问题的答案在于加强销售管制来使销售员更努力进行行销。但高阶管理者已逐渐对纯粹的销售能力缺乏信心，他们要那些负责销售的人更加聪明一点儿，而不仅是更努力工作而已。希望他们对市场中不断变化的因素进行分析，也要求较佳的行销策略与计划以及产品能符合新兴起的顾客需要。

与以传统的销售方式进行经营的公司相比，多年来，通用汽车公司（GM）一直以行销导向自傲，这一点我们可从它的市场占有率与巨大的销售量看出。但当该公司的高层管理者亲见小型外国汽车的市场占有率成长时，才知道他们并未完全注意到市场的变化以采取相应的措施迎合消费者的需要。现在他们仍然需要学习美国人在日本汽车所发现的品质以及燃油效率来设计小型的汽车。

在美国，仅有一些公司——如宝洁、IBM、麦当劳等才是真正以行销为导向的。还有许多公司是销售导向的，这些公司迟早都会遭遇市场的冲击，如失去主要市场、低的成长率与获利力，或发现自己需面对更老练的竞争者。

（二）如何建立行销导向战略

如何把一个传统的销售型公司转换成现代化的行销公司，这对习惯于以传统的方式来经营企业的高层管理者来说是一个不小的挑战。事实上，公司必须采取几个步骤才能创造出真正的以行销为导向战略的公司。其具体做法，科特勒是这样建议的：

1. 公司总裁领导

总裁的领导是建立现代化行销公司的先决条件。行销副总裁缺乏权力去指导公司其他主管，使他们完全把顾客放在至高无上的位置，因此，这个任务就落到了公司总裁的头上，所以，公司总裁必须了解行销与销售不同之处，相信行销是使公司成长与成功的关键，并将行销的观念贯穿到企业的一切活动之中。

2. 总公司行销部门

在公司总裁牵头领导公司实施行销导向战略基础上，设置总公司行销部门是一个关键的步骤，一般来说，事业部的总经理并不了解行销，他常常把行销和销售混淆。

事业部的销售小组经常是由一位非行销导向的销售副总裁负责。因此，如果委派一位行销副总裁在其之上，可能会遭到销售副总裁的抵制。可行的办法是在各部门加一位行销专业人员做执行副总裁，或者设立同销售副总裁有同等权力的行销副总裁的职位，或命此人负责事业部的规划业务。总而言之，各事业部需要一位能干的行销副总裁，以推动行销业务向前发展。

3. 行销专业小组

总裁应该指定一个行销专案小组来，这个小组的任务是把行销实务引进公司。这个专案小组的成员应包括总裁、执行副总裁、销售及行销、制造与财务等的副总裁，以及一些其他重要的人士。他们应审查公司对行销的需要、制订目标、发现在导入过程中的问题以及发展全面的策略，为以后几年着想，该小组应定期集会以讨论进展的情形并在这方面作出榜样。

4. 外聘行销顾问

行销专案小组在建立公司的行销战略时，可从外面的顾问那里取经，顾问公司在引导行销思考的问题及方法上大都有丰富的经验。因此公司可从那里获得有益的指导。

5. 公司内部的行销研讨会

新的总公司行销部门应为总公司高阶管理者、事业部总经理、行销与销售人员、制造人员、人事人员等举办公司内部的行销研讨。这个研讨会必须从较高的管理阶层开始，进而推广到较低的阶层。通过这种推广，使公司内各业务群体的成员，能改变对行销观念的想法、态度与行为。

6. 雇用行销专才

公司也应考虑从各领先的行销公司雇用行销专才或者是雇用获有行销学位的企管硕士。例如，花旗银行在几年前开始认真考虑行销时，就从通用食品公司挖掘了几位品牌经理。

7. 把具有市场导向的人升为主管

公司应设法提升有市场导向的人到事业部经理的职位。例如，一家大型的会计师事务所常常把具有市场导向的合伙人升任为分支事务所经理。

8. 建立现代化的行销规划系统

设置一个现代化的行销导向规划系统，是把整个公司导向行销战略的最好办法。经理人首先考虑行销环境、行销机会、竞争趋势及其他行销的问题，在此基础上，行销策略及销售预测就有章可循了。

要把一个公司发展成以行销导向为战略的公司实属一件极不容易的事情，尤其以传统方式运作的公司更是如此。但是，不管这是怎样艰难的一个过程，花费再大的代价，都是值得这样做的，因为，一个不以行销为导向的企业迟早都是要退出市场这个舞台的。

菲利普·科特勒：

行销之父

第二章
调研与决策：知己知彼

知己知彼，百战不殆。正确的决策取决于翔实而有用的信息。获取这样的信息之道在于科学的调研方法。这不仅有助于节省市场调研成本，更是为了作出科学的决策。

一、行销信息的获取比以往任何时候都重要

> 新的权力来源不是少数人手中的金钱，而是多数人手中的信息。
>
> ——科特勒

（一）无处不需的信息

市场行销环境正以惊人的速度变化，在这种情况下，如何及时地获取行销信息比过去任何时候都显得重要。因为，只要比别人慢一步，企业就可能损失惨重。在这分秒必争的社会里，信息实在太重要了。全球首富比尔·盖茨经常泡在互联网上，他在晚上就能够分析出准备发布在第二天报纸上的新闻，因此他总是比常人早10个小时得到重要信息，进而对企业的决策作出相应改变。信息是这样重要，而又是这样的无处不需。关于信息的重要性，科特勒是从以下几个方面阐发的：

1. 从地方行销发展到全国行销和国际行销

当公司扩大它们地理上的市场覆盖面时，经理们就需要掌握比从前更多更及时的市场信息。在一个地方行销，需要掌握一个地方的信息；在一个国家行销，需要掌握一个国家的信息；在全球行销，需要掌握全世界的信息。

2. 从满足消费者的需要发展到满足他们的欲望

由于购买者的收入增加，他们在选购商品时会变得更加挑剔。卖主们

发现在预料顾客对产品不同特点、式样和其他属性的反应方面更难了，因此，他们转向开展行销调研，去了解顾客生理、心理、地域、民族、嗜好等各方面的特点。

3. 从价格竞争发展到非价格竞争

当卖主们加强对品牌、产品差异化、广告和促销等竞争工具的应用时，他们为了有效地应用这些行销工具就需要信息。

信息是如此重要，几乎所有的措施和决策都建立在获取充分而可靠的信息基础上。因此，信息是决定成败的关键。

（二）信息社会的五大特征

在这个信息时代，信息大爆炸，泛滥成灾，使人无所适从。但是透过纷乱如云的信息，我们发现，信息社会有这样几个特征：

1. 信息已成为战略资本

在"信息社会"里，起决定作用的不是资本，而是信息知识。在工业社会里，战略资本是资源。例如，在一百年前，很多人可能就已经知道怎样建造一座钢铁工厂，但是拥有建厂资本的人并不多。因此，进入这种经济社会就要受限制。但是，哈佛大学的社会学家丹尼尔·贝尔首先指出：在当前的"信息社会"中，信息已成为战略资本。它虽不是唯一的资源，但却是最重要的资源，信息成为战略资源之后，进入经济社会就比以前容易得多。

享有盛名的美国英特尔公司（Intel Corporation），其创办过程就是一个范例。在 1968 年，该公司以 250 万美元资本起家。借助于财力背后的智力，取得了技术上的突破。到 1980 年，该公司的年销售额突破 8.5 亿美元。该公司以发明微型计算机著称。其创办人诺斯说："这个行业一开始就是个智力密集型工业，而不是资本密集型工业。"

信息成为战略资源后，美国小型企业的数字以爆炸性的速度发展。到

菲利普·科特勒：

行销之父

1950 年，创办新企业的速度是每年 93 万家，而现在美国创办新公司的速度每年大约 60 万家。

经济转型的过渡时期正是创业最旺盛的时期，我们现在正处于这样一个时期。

微电子技术出现后，电路集成度大为提高，大规模集成电路成品率和集成度的提高带来了电子计算机的革新。电子计算机与通信的结合，产生了计算机电信工业，扩大了信息的储存量，大大加快了信息传播速度。

通信卫星网络的建立又把世界连成一个整体。在"信息社会"里，社会变化的源泉是知识和信息。因此，扩大知识，有系统地大量产生知识，不断扩大人们的智力已成为决定企业竞争力和经济增长的关键因素。

美国著名企业管理学者彼得·德鲁克说："知识已成为最重要的工业，这个工业向经济提供生产所需要的重要核心资源。"

2. "信息社会"是智力密集的社会

在"信息社会"里，使知识生产系统化，并强化人们的脑力。而这种知识是经济社会的驱动力。

科特勒认为，新的权力来源不是少数人手中的金钱，而是多数人手中的信息。在信息方面最重要的是协作，亦即整体之值要大于各部分之和。

基于这个原因，美国新的企业大幅度增加，而新企业发展的同时也创造了工作机会。

3. 价值的增长是通过知识实现的

在"信息社会"里必须创造一种知识价值理论代替劳动价值理论。"劳动价值论"诞生于工业经济的初期，必将被新的"知识价值论"所取代。

"信息社会"的价值的增长是通过知识实现的。因为智力劳动是以知识为基础的一种完全不同类型的劳动。在当前美国国外市场日益缩小的情况下，美国公司却毫无困难地大量出售其工业技术、专业知识和管理技术。

麻省理工学院的大卫·伯契曾说："我们正走出生产行业，而进入思想行业。"

4. 注意和关心的是未来

美国由工业社会向"信息社会"的转变，其对社会影响的深刻程度，可以用从农业社会向工业社会转变的影响来比拟。两者之间的不同之处在于，农业社会向工业社会过渡用了100年，而现在由工业社会向"信息社会"的结构改革只用了20年。其变化发生得如此之快，促使人们不得不考虑将来要发生什么。

随着新的"信息社会"的来临，时间观念也将有所改变。

在工业社会，人们的时间倾向性是注意现在。而在"信息社会"，人们的时间倾向性是将来。因此，必须注意现在，学习如何预测未来的经济走向。

5. 多样化、分散化、小型化

以新型技术的突破为标志的社会生产力的高度发展将使经济结构发生变化，并带来人们生活方式和社会面貌的变化。

由于工厂和办公室自动化，人们可以分散地在家中办公，减少了交通的拥挤，也减少了办公设施。视频终端的电子通信，也减少了人们的直接接触和外出公差。同时，信息源和通信手段的增多，人们闲暇时间的增多，将扩大家庭生活内容，家庭将成为居住和其他多种智力活动的基础。

多样化代替标准化，大规模生产转为分散生产，同时向小型化发展已成历史趋势。

二、行销者：什么样的信息才是你最想要的

> 许多经理想要的信息并不是他们真正需要的，而他们需要的
> 又没有得到。此外，信息过多和信息过少一样有害。
>
> ——科特勒

科特勒指出，在竞争十分激烈的今天，一个好的行销信息系统对经理们来说非常重要，当他们想要得到他们真正需要的信息的时候，这个信息系统马上能够向他们提供这些信息。公司首先要做的是询问经理们，以了解他们想要什么信息。但常常出现这样的情况，他们想要的并不是他们真正需要的，或者他们需要的又没有想到。而且，行销信息系统也不可能向经理们提供所需的全部信息。

一些经理常常会要求："给我提供所能得到的任何信息。"而不仔细考虑一下他们真正需要什么，大量的信息会使经理们无所适从，因此，信息过多会和信息太少一样有害。另外一些经理会忽略他们应该知道的信息，或不想得到他们应该得到的一些信息。例如，产品经理应该知道竞争对手下一年度所要推出的某个新产品的计划。但由于他们不知道这个新产品，所以他们没有想到要求提供有关信息。行销信息系统必须密切观察市场环境，以便能够向企业领导提供做重大行销决策时所应了解的信息。

肯德基准备进入某个城市，就先通过有关部门或企业公司收集这个地区的资料。有些资料是免费的，有些资料需要花钱去买。为了确定最主要的聚客点在哪里，就派出专业人员收集这方面的情报。他们发现，北京西单是个很成熟的商圈，但不可能西单任何位置都是聚客点，肯定有最主要的聚集客人的位置而肯德基一贯争取在最聚客的地方或在其附近开店。

俗话说"一步差三市"。开店地址差一步就有可能差三成的生意。这

跟人流动线有关，可能有人走到此处，需要拐弯，那么这个地方就是客人到不了的地方，差了一丁点儿，生意却差很多。这些在选址时都要考虑进去。人流动线是怎么样的，在这个区域里，人从地铁出来后往哪个方向走，等等。这些都派专业人员去测算。

比如，在店门前人流量的测定，是在计划开店的地点掐表记录经过的人流，测算单位时间内多少人经过这个地方。除了该地方所在人行道上的人流外，还要测马路中间的和马路对面的人流量。马路中间的只算骑自行车的，开车的不包括在内。马路对面的人流量是否算在内，要看马路宽窄，路较窄就算，路宽超过一定标准，一般就是隔离带，顾客就不可能再过来就餐，对面的人流量就不能算在内。

当然，行销信息系统有时并不能提供所需信息，可能由于无法得到信息，或是因为行销信息系统的限制。举例来说，一位品牌经理可能想知道竞争对手将如何改变他们下一年度的广告预算，这些改变对市场份额又将会产生什么样的影响。有关预算的信息很可能无法得到。即使能够得到，公司的行销信息系统也可能无法预测市场份额的相应变化。

此外，收集、整理、储存及提供信息的成本很快会增加。公司必须知道由信息带来的利益是否高于获取它的成本。假定该公司预计不作任何调研而在飞机上提供电话服务，并获得长期利润 5 万美元，而行销经理认为调研会帮助公司改进促销计划而可获长期利润 9 万美元。在这种情况下，在市场调研上所花的费用最高为 4 万美元。如果调研费用超过 4 万美元，它就是不值得的。而信息的价值和成本都是不容易估价的。单从信息本身来讲，它没有价值；信息的价值来自它的用途。在许多情况下，一定量的信息已经足够了，更多的信息对改变或提高行销者的决策几乎没有什么影响，或者获得信息的成本超过了利用信息改进决策的回报。行销者不能总是认为信息越多越好。比如，在作市场调研时，日本企业更趋向于小样本。日本企业一般不愿意做大规模的大样本的研究，因为他们认为小样本基本上可以满足企业对于市场趋势的预测。如果进行大规模的市场取样，必定会耗费大量资金，得不偿失。因此，行销者应该仔细比较获取额外信息的成本及利用信息所能获取的利益，而不应盲目地去追求获取多而没有

用处的信息。

此外，调研计划要求既收集第二手资料，又收集第一手资料。第二手资料（second data）就是在某处已经存在并且是为某种目的而收集起来的信息，而第一手资料（primary data）是为当前的某种特定目的而收集的原始资料。

研究人员通常从收集第二手资料开始他们的调查工作，并据以判断他们的问题是否已部分或全部地解决，以免再去收集昂贵的第一手资料。第二手资料为调研提供了一个起点和具有成本较低及得之迅速的优点。

二手信息也会带来问题。也许所需信息并不存在，调查者很少能从二手来源中获得他们所需的全部信息。调查者必须仔细判断二手信息的价值以确保其相关（适合调查计划需要）、准确（可靠的收集与报告）、及时（最新的资料以便作出当前的决策）及公正（客观的收集与报告）。

二手信息是进行调研的良好开端，而且对确定问题与调研目标很有帮助。但在大多数情况下，公司还必须收集原始信息。

好的决策需要好的信息。正如调查者必须仔细评估二手信息的质量一样，他们也必须仔细收集原始信息以确保做到相关、准确、及时和无偏见。

三、有多少人愿意花 25 美元在飞机上打一次电话

> 通过深入的市场调查，确定首次推出的价值和它将维持多久的领先地位是非常重要的。
>
> ——科特勒

进行市场行销调研通常有四个步骤：确定调研问题及调研目标；制订调研计划；实施调研计划；总结调研结果，写出调研报告。

在确定调研问题上，科特勒的忠告是，企业领导应该把握恰当，问题包括的范围不要太宽，也不要太窄。他举个例子说，如果行销经理对行销调研人员说："去调查凡是你能够发现的空中旅客所需要的一切"。那么，调研人员可能会花费大量的时间和精力去调查乘客的一切问题，诸如他们的各种各样的爱好、各种各样的思想，等等。结果，这位经理将得到许多不需要的信息。同样，如果行销经理说："调查是否有足够的乘客在从东海岸到西海岸乘坐波音747飞机飞行中，愿意付25美元的电话费，从而使美国航空公司能够提供这种服务而不亏损。"这样提出问题就太狭窄了。对于这两种不恰当的做法，科特勒认为都是不行的。他认为，行销调研人员对此可以这样回答："美国航空公司为什么一定要在这项服务中定价25美元呢？这项服务会使我们得到的新乘客多到即使电话使用不多，美国航空公司也能从增加的飞机票中赚钱。"

美国航空公司的经理们对这个问题作了研究，于是产生了另一个问题。如果这项新服务成功了，那么，其他航空公司跟着这样做的速度有多快？航空公司行销竞争的历史上充满了新服务被竞争者迅速模仿的例子，因而，没有一家航空公司会长久地保持其有利的竞争位置。因此，确定首次推出的价值和它将维持多久领先的地位是非常重要的。

行销经理和行销调研人员同意对该问题作如下的确认："在飞行中提供电话服务会因日益增加的偏好给美国航空公司创造利润，这项费用与公司可能做出的其他投资相比是不是合算呢？"然后，他们同意研究下列的特定目标：

（1）航空公司的乘客在航行期间使用电话的主要原因是什么？

（2）哪些类型的乘客最喜欢在航行中打电话？

（3）有多少乘客可能会打电话？各种层次的价格对他们有什么影响？

（4）这一新服务会使美国航空公司增加多少乘客？

（5）这一服务对美国航空公司的形象将会产生多少有长期意义的影响？

（6）电话服务与其他因素诸如航班计划、食物和行李处理等相比，是不是更为重要？

菲利普·科特勒：

行销之父

科特勒指出，并不是所有的调研计划都要对它的目标作这样具体的规定。调研有一些是探测性（exploratory）调研，即收集初步的数据，从而确定这个问题的真正性质，并可能提出若干假设或新的构思。有一些是描述性（descriptive）调研。例如，有多少人愿意花25美元在飞机上打一次电话？还有一些是因果性（causal）调研，即测试因果关系。例如，如果电话安置在座位旁而无须走到过道里打电话，旅客会不会多打电话？

仔细确定了调查的问题之后，行销人员与调研人员就必须设定调研目标，一个行销调研计划不外乎下列三种目标：探索性调研的目标是收集初步信息以帮助确定要调研的问题和提出假设。描述性调研的目标是对诸如某一产品的市场潜力或购买某产品的消费者的人口与态度等问题进行详细说明。因果性调研的目标是检验假设的因果关系。行销者常以探索性调研为开端，而后会作描述性或因果性调研。

调研问题与目标的表述在整个调研过程中起关键作用。经理人员和调研人员应将这一表述做成书面材料，以确保他们对调研的目的和预期结果看法一致。

汉高是一家著名的跨国公司，对于市场研究是非常重视的，通过各类调查，仔细揣摩顾客的需求，不断对自身的产品进行调整，以顺应市场的需要。它是从以下几个方面进行调查的：

1. 进行产品定位调查

在中国市场上，汉高首先把目标区域确定好。汉高认为，在中国销售的化妆品基本上可分为两类：一类是概念直观、无须仔细阅读说明来加以理解，且无须花费太多钱的产品；另一类则是听起来配方复杂，需要通过说明来了解一些专业名词以及使用事项的产品，这些产品价格通常偏高。通过调查，发现中国绝大多数消费者在这两类产品的中间区域游移不定，想用较合理的钱，获得更好的产品，更理想的效果。于是，这便成为汉高所选择的目标区域。

汉高又了解到，中国目前大多数消费者的生活水平、消费观念与国际相比还存在一定的差距，所以汉高决定走品牌本地化之路，就是令消费者不断提高认知直至接受的方法。1996年，汉高控股上海可蒙，开始实施其战略计划，获得了"可蒙"与"孩儿面"这两个在国内化妆品领域中知名度颇高的品牌的使用权及管理权，随后开始了它在中国市场的一系列品牌改造工作。在1997年，汉高又将北京丽源的"光明"染发系列收归旗下，对它加以重新包装，从而使一个高品质的时尚染发系列"光明蓓泽丝"出现在消费者面前。

三个品牌在与汉高合作之后，又焕发出勃勃生机。汉高对于三个品牌的成功运作证明，发展一个老的本地品牌比引入一个新的品牌投资更节省，且见效更快。将国外最先进的技术融入国产品牌之中，这是汉高在中国进行调查而作出的创新之举。

2. 进行消费调查

在调查过程中，汉高考虑到亚洲人粗黑的发质与欧美人细软的黄发差别很大，因而"光明蓓泽丝"染发系列从开发上主要针对亚洲人的肤色进行配方。据 AC 尼尔森公司的调查表明，1998年，"光明蓓泽丝"以14.90％的市场份额高居中国染发市场前列。在进一步调查中，汉高发现母亲们在给孩子使用沐浴产品时对孩子的眼睛和弱嫩的皮肤尤加注意，最怕受到丝毫的刺激；同时，他们还了解到，困扰母亲们的一个难题是怎样使孩子对洗澡产生兴趣。为此，在"可蒙"、"孩儿面"系列的基础上，汉高开发出无刺激蜜瓜香波，装在颜色鲜艳、造型可爱的塑料瓶中，使娃娃们一见就爱洗澡。还有娃娃脸形状的香皂，装在透明且能散发香味的促销包装里，以激发母亲们的购买兴趣。

在行销策略上，汉高秉承贴近大众、贴近生活的宗旨。在价格上，约35元一盒的价格相比其他品牌，更贴近大众的承受能力，更容易被消费者所接受。

3. 进行新产品开发调查

随着人们环保意识的提高，人们对环保的要求也越来越高，所以在洗涤用品方面，我国也提出了"绿色洗涤"的口号，无磷限磷是未来中国洗

涤剂的目标。汉高在初入中国市场时在这方面就做了调查，及时采取了行动。

徐州汉高洗涤剂有限公司处于淮河流域，当太湖流域水污染治理刚刚拉开序幕时，他们就立刻考虑到要抓紧开发无磷洗涤剂，占领太湖流域的市场。为此，公司马上调集了一批精兵强将组成新产品攻关小组，加紧海鸥牌无磷洗衣粉的开发。通过数十次试验和改革，无磷洗衣粉宣告研制成功。该产品随后被国家环保总局授予环境标志产品。1988 年年初，当太湖流域对制造水污染的工厂进行声讨时，海鸥无磷洗衣粉趁机挺进到了太湖流域的市场，并很快占领了大片市场。徐州汉高公司并未就此止步，他们又针对太湖流域消费者生活水平较高的特点，成功推出了一种新的无磷洗衣粉。该产品具有比一般无磷洗衣粉去污能力更强、速度更快的特点。广大消费者对该产品去污效果、洗涤手感等都较满意，使这一新品在太湖流域销售量不断攀升。1999 年以后，中国又全面启动了巢湖水污染治理攻坚战，公司又不失时机地把无磷洗涤剂产品投放到了巢湖流域重点地区，消费者闻之无不欢欣鼓舞。

4. 进行零售渠道调查

汉高的国际品牌 Fa 在进入中国之前，公司对中国的零售渠道事先做了调查。1998 年以前，该产品通过汉高设在香港的贸易公司销往中国内地，为了及时了解市场信息及消费者对 Fa 的各项意见反馈。在 1998 年，公司决定将经销总部迁至上海，在 1999 年，通过对中国零售渠道的变化的深入调查，公司决策者们作出决定，将 Fa 从大商场化妆品专柜上撤下来，而摆进了大型超市的货架。这样的结果使中国消费者感受到，Fa 这个国际知名品牌再也不是那么高高在上了，而是走近了他们。

另外，汉高公司也注意到，在中国的化妆品市场上，零售批发格局正悄然发生着变化，随着大型连锁超市的兴起和老百姓对超市购物的习惯与喜爱，大商场的专柜销售已不再是名牌化妆品唯一的经销模式，它们越来越向超级市场的货架转移。根据这一变化，汉高将自身定位于中档的基础护肤品，并为了适应消费者购物场所的改变，将产品在超市中广泛推出，产生良好效果。

通过市场调查，汉高公司认为，虽然中国市场上很多地方与欧美市场差别很大，但发展的规律基本上是一样的。因此，随着中国居民生活水平的提高，人们的消费水平及护肤意识会向好的方向发展，汉高相信在中国进行发展的前途是光明的。

进入中国市场之后，汉高公司把他们成功的经验归结为细致两个字：细致研究市场、细致了解消费群体、细致的服务、细致的市场开拓。正是这些细致的调查工作才使得汉高公司行动起来有的放矢，所向披靡。

四、一流的服务，不能缺乏一流的销售相匹配

菲利普·科特勒：行销之父

> 公司必须向销售人员灌输一种思想，即作为行销人员，他们的情报是最重要的。同时，公司还必须说服供应商、经销商和顾客提供重要情报。
>
> ——科特勒

公司的行销部门可以通过书籍、报刊和同业公会的出版物或与顾客、供应商、分销商或其他公司经理交谈这些渠道获取有用的情报。此外，科特勒认为，还可以通过以下几个方面改进其行销情报的质量和数量。

1. 训练和鼓励销售人员去探求最新的情况

销售代表是公司的"耳目"。他们在收集信息方面处于第一线，通过他们收集的信息是其他部门无法取代的。但他们由于太忙而常常不能把重要的信息向上级报告。所以，公司必须向销售人员灌输一种思想，即作为行销人员，他们的情报是最重要的。销售人员也应该知道各种信息应送给什么负责人。例如，Prentice Hall 公司到各个大学向教师行销教科书的销售代表，就是该公司重要的信息来源。他们让公司了解了许多事情，如书中应包括什么内容、谁在做能引起轰动的研究和谁想订购尖端学科的书。

2. 许多公司安排专业人员收集行销情报

公司派出专业人员去获取某类情报，或鼓励分销商、零售商和其他中间商把重要的情报报告给公司。例如，零售商派出"佯装购买者"到自己的商店去购物，以评估自己的员工对待顾客的态度如何。达拉斯城管理阶层最近雇用费德贝克·普拉斯公司（Feedback Plus）（一家专业购买代理商）了解停车场的工作人员怎样对待市民停车的问题。尼门·马科斯公司（Neiman Marcus）雇用同一代理商调查在美国的 26 家商店。该公司的副总裁说："这些商店具有一流的服务，但缺乏一流的销售相匹配。"通过佯装购买者调查后，商店告诉售货员应怎样向顾客"行销"，并向他们提供佯装者的报告复印件。这类报告常用的问题是：假如他想让你买东西，他是怎样说服你的？营业员过多长时间才接待你？营业员对商店产品的知识是否很了解？

在收集情报中，有些公司可谓做得不遗余力。为了规划好商圈，肯德基开发部门投入了巨大的努力。以北京肯德基公司而言，其开发部人员常年跑遍北京各个角落，对这个每年建筑和道路变化极大、如迷宫般的地方了如指掌。经常发生这样的趣事：北京肯德基公司接到某顾客电话，建议肯德基在他所在地方设点，开发人员一听地址就能随口说出当地的商业环境特征，是否适合开店。所有这些都说明肯德基对信息的重视程度非一般公司所能及，难怪肯德基在中国的市场份额超过了全球快餐大王麦当劳。

据报道，进入中国市场前，家乐福进行了大量的第一手调查。调查得出的结论是，中国是具有全球最大消费潜力的、令人向往的市场。在中国拥有 13 亿人口，仅超过 200 万人口的大城市就达 16 座。改革开放后，随着生活水平不断提高，中国人逐渐树立了现代化的消费观念和生活方式。调查结果还指出，中国最高收入阶层的消费结构和法国 20 世纪 60 年代的时候基本上差不多，而最大的消费群体应该是新生的中产阶级，中产阶级在中国大约有 1.5 亿，年收入 1500 ~ 3000 美元。这是一个追求质优价廉商

品及简化生活方式的消费群，家乐福集团把目标瞄准了他们。

家乐福的市场研究非常细致。该公司的一份调查报告指出，某分店的顾客中有 60% 在 34 岁以下，70% 是女性，有 28% 的人走路来，45% 是通过公共汽车而来。依据此类目标顾客的信息，家乐福分店可以来微调自己的商品线。例如，家乐福在上海的每家店都有小小的不同。在虹桥门店，因为周围的高收入群体和外国侨民比较多，其中外国侨民占到了家乐福消费群体的 40%，所以虹桥门店里的外国商品特别多，如各类葡萄酒、各类肉肠、奶酪和橄榄油等，而这些都是家乐福为了这些特殊的消费群体特意从国外进口的。南方商场的家乐福因为周围的居住小区较为分散，干脆开了一个迷你 SHOPPING MALL，在商场里开了一家电影院和麦当劳，增加自己吸引较远处的人群的力度。在青岛，家乐福做得更到位，因为有 15% 的顾客是韩国人，所以特意做了许多韩文招牌以吸引韩国顾客。

3. 了解竞争对手

公司应该购买竞争者的产品以了解竞争者；参加公开的商场和贸易展销会；阅读竞争者的出版刊物和出席股东会议；和竞争对手的目前雇员、前雇员、经销商、分销商、供应商、运输代理商交谈，以便从他们的工作中获得有用的信息；收集竞争者的广告；阅读《华尔街日报》、《纽约时报》和商业工会的报道等。

4. 建立顾客咨询小组

公司可以建立一个顾客咨询小组（customer advisorvmanel），由顾客代表、公司的最大客户或公司最重要的外部发言人或技术要求复杂的顾客组成。例如，日立数据系统公司（Hiachi Data Systems）每 9 个月与 20 位顾客咨询小组成员举行 3 天的会议。他们共同讨论服务问题、新技术和顾客对战略的要求。讨论的气氛是自由的，双方都收益不少：公司获得有价值的顾客需要的信息；顾客感到由于公司倾听了他们的意见，公司离他们更近了。

5. 公司向外界的情报供应商购买信息

这些调研公司收集事例与消费者数据比公司各自收集信息的成本要小得多。

6. 建立行销信息中心，以收集和传送行销情报

职能人员扫描因特网和重要的出版物，摘录有关新闻，并制成新闻简报送给行销经理参阅。信息中心建立一个有关信息的档案并协助经理们评估新的信息。

公司还必须说服供应商、经销商和顾客提供重要情报。关于竞争对手的情报可以从竞争对手的年度报告、讲话、新闻报道以及广告中获得。公司同样可以从商业刊物和贸易展览中获取关于竞争对手的信息。公司还可以观察竞争对手在做什么——购买和分析竞争对手的产品，关注他们的销量，并查阅最新专利情况。

五、市场调查是市场行销的开始

市场营销是一种有序地和深思熟虑地研究市场及策划的过程。它开始于市场调查……

——科特勒

市场调查是企业取得市场信息、了解市场的重要途径和方法。科特勒告诫说，要想进行市场预测和有效的经营决策，企业必须进行市场调查。随着市场发展和完善，市场调查的各种技术和方法也不断完善。掌握市场调查的技术和方法，搞好市场行销的前提条件。市场调查包括市场调查的类型、市场调查的内容以及市场调查的方法等。

（一）市场调查的类型

从不同的角度可以对市场调查进行不同的分类。最重要的分类是按照调查目的进行的，按照调查目的可以将市场调查分为探测性调查、描述性调查和因果性调查。

1. 探测性调查

探测性调查是对市场上存在的不明确问题所进行的调查，以确定问题"是这样"还是"不是这样"的。探测性调查主要包括两个方面，即大和小两个方面，大的方面是对企业的发展方向和规模所进行的调查，小的方面是对市场上或企业经营中的某一问题所进行的调查。通过探测性调查，查明问题的症结在哪里，找出问题的关键。例如，企业的某产品销售量几个月以来一直下降，是什么原因造成的呢？是质量下降还是价格偏高，还是出现了新的竞争产品或者是销售人员服务欠佳？这就必须通过探测性调查找出原因然后才好加以解决。

2. 描述性调查

描述性调查是对市场上存在的客观情况如实地加以描述和反映，从中找出各种因素的内在联系，即回答"是什么"的问题。这种调查类型的特点是通过调查，将市场现象或市场问题的面貌说清楚，寻找解决问题的答案。市场潜在需求量调查、市场占有率状况调查、行销方法与销售渠道的调查、消费者行为调查、竞争状况调查、产品调查等都属于描述性调查的范围。例如，顾客行为调查，就是要调查本公司产品的顾客是哪些人，是年轻人还是中年人抑或是老年人，是高收入者还是低收入者，有没有明显的职业或其他特征，这些顾客购买商品的时间、地点和方式有什么特征等，通过调查把市场面貌如实地描述出来。可见，描述性调查的内容范围很广，它对于取得市场信息资料非常重要。

3. 因果性调查

这种调查方法通过对市场上出现的各种现象之间或问题之间的联系进行调查，调查目的是找出问题的原因和结果，也就是专门调查"为什么"的问题。描述性调查提出各种因素的关联信息，比如某种产品的销售增长与广告费、技术服务费的增加、消费者收入增长有关，因果性调查就要在此基础上找出在这些相互有联系的现象中，什么是原因，什么是结果，以及在影响结果的诸多原因中哪些是主要原因、哪些是次要原因。可见，因果性调查通常是在描述性调查的基础上进行的。

因果性调查的内容非常广泛，因为许多市场现象都能够而且应该问一个"为什么"。

因果性调查又可以分为定性调查和定量调查。所谓定性调查就是调查问题的性质。定量调查则是在定性调查的基础上，调查原因对结果到底在多大程度上起作用。当然，在实际调查中，定性调查与定量调查通常不是孤立进行的，而是结合起来实施的。

（二）市场调查的内容

现在的市场已经从"卖方"转变为"买方"，这个转变向企业提出新的要求，即企业必须按照市场需要生产出适销对路的产品，更好地满足顾客需要。为此，要求企业不断地获取市场信息，也就是说企业必须对调查内容加以认真把握。

从内容上来说，市场调查有狭义和广义之分。狭义的市场调查，主要是针对购买商品、消费商品的消费者或工业用户进行调查，探讨商品的购买和消费的各种事实、意见及动机。现在，市场调查的含义已经大为扩展，它不仅以市场为调查对象，而且以市场行销功能与作用作为调查对象，进行诸如产品调研、销售政策调研以及促销活动效果调研等工作，这就形成了广义的市场调查概念。

在现代经济中，市场调查的内容实际上相当广泛，主要内容包括以下四个方面：

1. 购买者方面的情况调查

在市场活动中，顾客是第一位的。他们的状况直接关系到企业的命运，因此开展市场调查首先要了解购买者的情况。要了解顾客的情况可以通过以下三个方面进行调查。

（1）市场商品需求调查。企业通过调查，发现市场对商品存在多大的需求。比如某个公司通过进行市场调查，发现某个地区对微波炉的需求达13000个，厂家根据这一信息进行投资生产，赚3850000美元。满足购买者市场需求是企业市场行销活动的中心任务，也是对购买者进行调查的核心内容。市场需求包括现实需求和潜在需求两方面，也就是市场需求总量、市场需求构成以及市场需求的变动趋势等。通过对市场需求的调查，掌握市场上购买力的程度、投向和发展变化，以确定企业的投资方向、产品发展方向和经营规模。

（2）购买者范围和结构调查。购买者范围是购买者的人数及其分布。购买者结构是指市场上具有不同购买力以及不同性别、年龄的购买者的构成。购买者的范围决定着企业市场大小，购买者的结构决定着购买商品的花色品种。通过对购买者范围和结构的调查，可以确定企业的市场范围和产品结构。

（3）购买者动机与行为调查。进行购买者动机与行为调查，主要是要了解购买者购买本企业产品的原因、购买者对产品的喜好、偏爱、忠诚的程度以及原因，购买的时间、地方和方式。通过对购买者动机和行为调查，可以为企业确定产品的品种、式样、质量、价格、销售渠道、促销方式等提供有用的数据。

吉列公司是美国一家生产女用剃毛刀的著名公司。

1973年，吉列公司通过市场调查后发现，在美国的8400万30岁以上的女性中，大约有78%的人为了追求靓丽而定期剃去腿毛和腋毛，这和社会朝着着装越来越暴露的发展趋势密切相关。该公司通过调查还发现，在这些追求美丽的妇女中，有1/3以上的人在使用男用刮胡刀，美国女性花

在眉笔和眼影上的钱每年不过 6300 万美元，花在染发剂上的钱则每年不足 6000 万美元。而她们用在购买男用刮胡刀上的费用竟高达 7500 万美元，这真是令人吃惊。

正是通过调查，吉列发现了新的商机。这一商机使他们感到振奋。他们认为，女性剃毛刀的市场是巨大的，若能成为这一新市场的引导者，其潜在利益将难以估量。

吉列公司果断作出决策，很快便推出了一种取名为"雏菊"牌的女性专用剃毛刀，向市场投放，暗喻女性永恒的青春和不变的美丽。吉列充分考虑了女性心理，在产品设计上采用了各种鲜艳的色彩。手柄不是男用刮胡刀那样的直线型，而是凸现优雅个性的弧线型，在手柄上面还特意压印了一朵美丽动人的雏菊。但这种新产品的最核心部分——刀头，仍旧采用男用刮胡刀的结构。

"雏菊"牌女性专用剃毛刀一经推出，马上得到了市场的狂热响应，几乎所有原来使用男用刮胡刀的女性消费者都成为"雏菊"的购买者。看到女性们纷纷掏出腰包把钞票扔进吉列公司的钱柜里，其他生产男用刮胡刀的商家不仅被这种巨大商业利益所诱惑，同时也感到了巨大的竞争压力，于是纷纷步吉列的后尘，先后推出各种型号的女用剃毛刀，这一新市场得到迅速发展。

吉列的这种模式是建立在严谨的市场调查的基础上的，找出了女性购买男式刮胡刀的原因和动机，发现了一个潜在市场。

2. 供应者情况调查

这方面的情况调查，就是调查社会商品的资源以及构成情况，目的是了解供应者的构成与分布状况。供应者的构成与分布，包括其生产规模、生产结构、生产力布局、技术水平等的现状和发展趋势。通过调查，可以为企业制订发展战略提供必要的依据。

3. 竞争者情况调查

这方面的情况调查包括一般竞争状况调查和主要竞争对手调查两方面

内容，其中重点是对主要竞争对手进行调查。调查内容包括主要竞争者市场占有率产品状况、价格状况、利润状况及其发展趋势、竞争策略和手段等。通过对竞争者状况的调查，能够发现本企业与竞争者各自的优势和劣势，以便企业在经营中扬长避短、发挥优势，在竞争中取胜。

华格利公司是美国最大的桂花香型口香糖生产商。

华格利公司在通过市场调查之后，把口香糖分成薄荷香型、浓香型等几种类型。该公司发现在桂花香型口香糖这一细分市场上，"丹尼"品牌居于领导地位，这个市场的消费者主要是青少年。这些消费者对现有品牌存有两大不满，清新气息在口腔内保留时间太短，刚刚感到香气四溢，很快就没了，同时对口香糖体积也嫌有些小。

口香糖对华格利来说是他们的弱项，他们没有一个品牌可与"丹尼"牌相抗衡。不过在通过对市场的研究之后，华格利决定研制新一代的桂花香型口香糖，并确定了必须克服上述两大缺点的硬性任务，并且发誓，不达目的决不罢休。

志在必得的华格利公司向市场推出了"大红"牌桂花香型口香糖。严格的产品试验表明，这种口香糖在清新气息保留时间上比一般的口香糖大大延长了，"丹尼"牌根本无法企及。而且"大红"牌口香糖的体积也比"丹尼"牌大出近 1/3。然后华格利把"大红"牌定位于高档产品进行强大的广告攻势，逐渐抢占了"丹尼"牌的市场份额，最后成为龙头老大，此后一直成为桂花香型口香糖市场的领导品牌。

在这个例子中，华格利不是硬碰硬，而是通过市场调查，发现了"丹尼"牌的市场占有率高居第一，但它却有两点不足，香味保留时间短，体积不够大，针对对手的这两个弱点，华格利公司致力于生产能够使香味保留时间长且体积增大的桂花型口香糖，终于击败了"丹尼"牌这个强有力的对手。

4. 市场方面的情况调查

在市场行销活动中，企业会涉及各种不可控制的因素和可以控制的因素两种情况。市场情况调查主要包括市场行销环境调查和市场行销组合因素两个方面的调查。

市场行销环境调查是对影响企业市场行销的外部条件进行调查。外部条件是企业本身所不能控制的因素，但是通过市场行销环境调查，能够了解影响企业市场行销的外部因素的内容与发展变化情况，以便企业根据市场环境的要求调节和组织行销活动。

市场行销组合因素调查主要是调查了解企业各种可控因素对市场行销活动的影响。这些因素有产品调查、价格调查、销售渠道调查和促销调查。产品调查是了解本企业产品的质量、性能、款式、包装、交货时间以及销售服务等在顾客心目中的评价和要求，了解本企业产品在市场竞争中处于什么样的地位。价格调查主要是了解顾客对本企业产品价格以及价格变动持什么样的态度，解决本企业新产品怎样定价、老产品价格怎样调整才能适应顾客需求的问题。销售渠道调查则是要了解企业应选择什么样的销售渠道将产品顺利地分销出去，了解企业应选择什么样的运输方式、运输路线才能将产品以比较低的运输费用尽快送到消费者手中。促销调查，就是要了解不同促销方式且有哪些优势，又具有哪些短处，以选择恰当的促销组合。通过对市场行销组合因素的调查，企业才不致瞎闯蛮干地进行市场行销活动，避免不必要的损失，取得更好的经济效益。

（三）市场调查的方法

科特勒认为，信息收集可由公司的行销调研人员进行，也可交给其他公司做。使用自己的人员收集数据可使公司更好地控制收集程序和信息质量。然而，外部的专业信息公司可以以更快的速度和更低的价格完成这项工作。

行销调查过程中的数据收集阶段是花费最多和最容易出错的阶段。调查者应密切关注现场工作以保证计划的正确执行，避免在下列几方面出现问题：接触对象的方式，对象不合作或提供不诚实或有偏见答案，调查者犯错误或想走捷径。

从取得信息的角度看，市场调查的方法可分为观察法、小组研讨会、面谈法、实验法、邮件与电话调查五种类型。

1. 观察法

有一句俗谚："听其言不如观其行。"企业经理人可透过观察法而得知许多资讯。比如，日本的行销研究人员曾站在超级市场的大型停车场附近，观察大家如何把所购买的物品放到后行李厢内。通过观察，他们发现人们都希望后行李箱能够再大一点儿以便放置更多的物品，于是，重新设计丰田汽车的后行李厢，以便拥有更大的空间，并装设易于将行李滑入的装置而使人们更加方便了。某位日本大型制药公司的总裁，曾乔装成医院的病人，以便观察医生与护士对病人的治疗方式。

软体公司曾有这样一个做法：观察先期使用者的使用情况并加以修改，从而推出更符合消费者需要的产品，公司人员可以通过造访竞争者的经销店、观察顾客的表现，并以与顾客闲聊的方式，从中获得许多有用的情报。虽然观察法并无法提供有力或系统性的资讯，但它在探索性的研究上，确实能提供某种程度的建议与效用，有时甚至还很惊人。

在 20 世纪 50 年代，李嘉诚凭自己的感觉，认为生产塑料花是项非常有发展前途的事业。但他在决定生产塑料花时并没有掌握这方面的技术专长，也素知厂家对新产品技术的保留与戒备。如果购买技术专利，凭着小本经营的长江厂，要支付昂贵的专利费简直是不可能的。此外，厂家绝不会轻易出卖专利，它往往要在充分占领市场赚足了利润，直到准备淘汰这项技术时方肯出手。那么，长江实业最多只能紧随他人之后，期望分得一杯羹而已，这样的利润实在低得可怜。聪明的香港人善于模仿，对急于找冷门、填空白的李嘉诚来说，等塑胶花在香港大量面市后模仿将会遇到众多的竞争对手，他必须赶在别人尚未生产的情况下首先在香港推出塑料花。

李嘉诚不愧是香港的"超人"，情急之下，他想到一个常人难以想到的好主意。他兴冲冲地坐火车到欧洲，在一家塑料花厂做了一名打杂的工人。李嘉诚只有旅游签证，按规定，持有这种签证的人打工是违法的，老板给李嘉诚的工薪不及同类工人的一半，他知道这位"亚裔劳工"非法打

工，不敢控告他。不过，为了获得生产塑料花的技术，李嘉诚又岂在乎那点少得可怜的工钱？

李嘉诚负责清除废品废料，他能够推着小车在厂区各个工段来回走动，双眼却恨不得把生产流程吞下去。李嘉诚工作比谁都勤奋，工头夸他"好样的"，他们万万想不到这个"下等劳工"，竟会是"国际商业间谍"。李嘉诚收工后，急忙赶回旅店，把观察到的一切记录在笔记本上。

不久，整个生产流程都熟悉了。然而，属于保密的技术环节还是不清楚。然而李嘉诚是何等聪明，他又想出了一条妙计，邀请数位新结识的朋友，到城里的中国餐馆吃饭，这些朋友都是某一工序的技术工人。李嘉诚佯称他打算到其他的厂应聘技术工人，用英语向他们请教有关的技术问题。

李嘉诚通过眼观耳听，大致悟出塑胶花制作配色的技术要领，然后回到香港，通过摸索，终于生产出光艳美丽的塑料花，大受港人欢迎。

科特勒认为，观察性调研可用于获取人们不愿或不能提供的信息。在有些情况下，观察或许是获得所需信息的唯一途径。不过，有些信息是观察不到的，例如，态度、感情和动机或私人行为。长期的或不经常性的行为也不容易观察。由于存在这些局限，在使用观察法的同时，调研人员还要辅之以其他的数据收集方法。

比如，当所需的资料并不存在，或已过时、不正确、不完整、不足以信赖时，研究人员就必须花费较高昂的成本，以收集原始资料，研究人员必须同被调查者进行面谈，小组研讨会、邮件或电话调查和实验性设计都是获得原始资料的方法。

2. 小组研讨会

在运用这种调研方法时，科特勒的建议是，邀请人数适中的被调查者聚集一处，在一名老练的主持人带领下，对产品、服务、组织，或其他行销本质的议题进行讨论。采取这种调查方法，当然应该对参加小组讨论会的人给予报酬，以感谢他们的参与。调查人员必须保持客观的立场、对议题做好充分的准备、熟稔各小组的进展情况，鼓励自由而轻松的交谈，使大家畅所欲言，把内心深处的感觉与想法讲出来，同时，主持人也必须掌握讨论的焦点，避免偏离主题而瞎侃一通。在讨论时，主持人可以把大家的发言用录音机录下来，便于事后对讨论内容进行研究，以便了解消费者的信念、态度与行为。

某公司的行销人员曾运用这种调研方法对一组中等收入的消费者进行观察，当时他们正在讨论是否会购买在数分钟之前才试乘过的新款小型车。他们对该车型的看法如下：车子太小、万一发生车祸的话恐怕不安全、定价太高、只适合短程购物之用，它比较适合女性使用而对男性有些不大合适。通过这次小组讨论会的调查，该公司日后汽车的设计都慎重地把这些评语列入考虑之中。

行销人员要想探寻出新想法，了解消费者意见和感觉，小组讨论会无疑是一种极好的方法。然而，由于参加讨论会的人数非常有限，样本规模太小，而且这种样本也不是随机采集的，因而不具有必然性，所以，研究人员必须避免把发现扩大推论到整个目标市场，以免造成失误。

日本的三洋公司在向市场推出新产品时，就采用了小组讨论会的调查方法，因而推出的新产品大受顾客喜爱。

三洋公司在产品开发上，一贯坚持这样的指导思想，不管是什么产品，最好的研究人员不是公司里坐在办公室的顶尖科研专家，而是那些普普通通的消费者。因此，三洋公司在新产品推向市场之前，一定要请消费者来做市场试验。

三洋公司打算生产自动洗碗机，一位研究员拿着一件样品来见总裁井植岁男，认为已经完全可以进行批量生产，并建议公司尽快将其投向市场，因为公司的情报人员已经探听到两个对手都已决定进行大批量生产，否则将落后于东芝和三菱这两大竞争对手。

尽管井植岁男认为单纯从设计来说，洗碗机样品确实不错，但他并不急于投产，他坚持认为必须经过消费者的试验后才能确定是否向市场投放。

井植岁男是这样认为的：一种商品的好坏必须要有一定的时间才能得到证明，而仅仅是靠"三分钟热度"就下结论未免太草率从事。为此，三

洋公司选择了一些家庭主妇，将样品免费送给她们使用，虽然这些样品价值不菲，但三洋认为免费赠送的花费，比起由于滞销所带来的损失要划算得多。

在三洋进行市场试验"磨磨蹭蹭"的过程中，东芝和三菱两大对手已奋不顾身地投向市场，并全力进行广告促销，但销量却很不尽如人意，即使削价处理也无济于事，东芝、三菱两家大公司因此像把大把大把的钞票扔进了火海之中，痛心不已。不慌不忙的三洋通过市场试验，再结合市场的现状，最后没有上马这一新产品，避免了巨额损失，额手称庆。

在投放产品之前，请顾客进行"鉴定"的调研方法，现在已被越来越多的企业采用，但大多数公司是在产品上市以后的行销过程中采用。三洋公司把产品的研制也看成是行销过程的一个环节，让顾客直接参与到这一环节中来，从而做到心中有数，有的放矢，尽可能避免失误，走向成功。

3. 面谈法

根据某种需要，公司应安排较为密集的个人访谈。行销研究人员通常运用这种方法来搜集有关预定计划或问题的信息。一般来说，访谈人员会向被访者提出一组开放式与封闭式的问题（开放式问题是指可让受访者自由发挥的问答题；封闭式问题是指限制受访者回答范围的是非题或选择题）。个人式访谈有时会令调查人员承担不起所需费用，原因在于安排与执行单一访谈的成本较高，有时还需支付费用给受访者，例如与医师、律师、咨询工程师等专业人员的访谈就必须支付费用。

因此，问卷的形式就被调查人员经常采用，原因是这种形式的调查费用较低，而且效果也不错。问卷设计的形式很多，较为常见的有：

（1）自由回答法。指在提出问题后，由回答者自由说出自己的意见，不受备选答案的限制。优点是设计容易，同时可以获得某些建设性的意见。不足之处在于没有提示和强制，回答"不知道"的人太多；调查结果受调查员询问技巧和表达能力的影响大。

在对飞机乘客作的一次调查中，戴尔塔公司可能这样提问："你对戴尔塔航空公司的印象如何?"或者它可以让人们完成一个句子："当我选择

航空公司时，最看重的是……"这些开放式问题经常比限定答案的问题更能揭示人们的想法，因为应答者的回答没有限制。开放回答的问题在探索性调查中特别有用，因为探索性调查是要找出人们想什么而不是衡量有多少人这样想。而限定答案的问题所提供的结果较容易解释和分类。

（2）两项选择法。指所提问题有两个备选答案，回答者只能选择其一。当涉及是否、有无等问题时，问卷答案均按两项选择法设计。优点是在态度和意见不明确时，可以求得明确的判断；缺点是不能显示意见的程度。

（3）多项选择法。指对所提问题备有三个以上的可能答案，回答者可以选择其中的一项或数项。由于它可以缓和两项选择法强制选择的缺点，解决自由回答法没有任何提示和限制回答的缺点，因而广为调查人员采用。

（4）顺序填充法。指让被调查者根据自己的喜欢程度或认识程度，对题中所列项目排出先后顺序。这种调查方法的优点是设计简便、省时，但项目不宜太多，否则结果不准确。

调研人员还应注意问题的措辞和顺序。应使用简单、直接、无偏见的词句。问题应有逻辑上的顺序。第一个问题应该尽可能地引起人们的兴趣，而较难或私人性问题应最后出现，这样应答者就不会变得过于自卫。

（5）配对比较法。简称"对比法"，是将题中所列项目按组合原则分成若干对，要求被调查者在每一对中选择一个，最后根据选择的频率来决定其结果。该方法虽然应用起来比较麻烦，表格很长，但是回答方便，结果能比较准确地反映实际情况。

（6）评价量表法。该方法分为数值量表法、形容词量表法以及图解量表法三种。数值量表法是要求被调查者可以凭自己的感觉选择一个数值（如2，1，0，-1，-2或5，4，3，2，1）来表示他的看法。形容词量表法就是把描述某种看法或态度的不同程度的形容词列出来，让被调查者选取他认为适当的一个。图解量表法是将不同程度的态度强度通过图表表示出来，要求被调查者在图中标明自己的态度强度的询问方法。

此外，还有倾向偏差询问法和数值分配法。

为了保证问卷的高质量，设计问卷时要遵循以下原则：

（1）要使调查对象能够并愿意回答问题。

（2）要使调查对象容易并能充分理解问句的含义。

（3）问句要尽量获得具体的或事实性的答案。

（4）问句要克服偏差，追求精确。

（5）问句要过滤样本，发掘动机。

虽然问卷是使用最多的一种调查工具，但有时也需要使用仪器。电流计可用于测量一个对象在看到一个特定广告或图像后所表现出的兴趣或感情的强度。速示器也是一种能从少于百分之一秒到几秒的闪现中将一个广告展露在一个对象面前的设备。在每次展露后，由被调查者说明他或她所回忆起来的每件事。眼相机是用于研究被调查人眼睛活动情况的，它观察他们的眼光最先落在什么点上，在每一指定的项目中逗留多长时间，等等。收视器是一种安装在接受调查的家庭电视机上的电子设备，它是用于记录电视机收看时间和频道的。

4. 实验法

对于调查人员来说，要想获得科学的效果和可靠的结论，科特勒把进行实验性研究看做是最科学的方法。进行实验性研究需要选择数组配对的组别，并以不同的方式处理、控制外部变量，检验所得到的回应差异是否具有统计上的显著性。就某种程度而言，外部因素已加以清除或予以控制，因此所观察到的效果与处理方式的差异有关。实验性研究的目的，便在于借由清除观察性差异的其他解释，发现真正的原因。

比如，杜邦公司打算以销售量的百分比来测试不同广告开支的效果。假定杜邦公司一般是以销售额的 5% 作为广告的开支，现在换一种做法，即杜邦公司选择数个城市，分别以销售额的 7.5%、5% 与 2.5% 作为广告的开支，并加以比较。假如在广告开支达 7.5% 的城市的销售量没有上升，或广告开支降为 2.5% 的城市的销售量也没有明显滑落，那么可以确定 5% 就是最适当的广告开支。

5. 邮件与电话调查

随着通信的不断发展，通信手段日益发达，通过邮件和电话实施调研逐步成为行销人员获取信息的方法之一。但是，这种调查方法所获得的回应率有时令调研人员很不满意。邮件调查如果能有30%的回应率，研究人员便很欣慰；电话调查如果能产生60%的回应率，赞助者便会感到心满意足。现代社会有许多人都对调查产生逆反的心态，因为他们比以往更为忙碌而无暇回答，或是他们怀疑这根本是厂商假借调查之名而行行销之实的做法。在任何情况下，特别是在受访者与非受访者之间存有极大差异时，回应率低的调查所得到的结果很不可靠。为了避免出现这种情况，企业应该聘请在调查研究方面具有高度技巧，而且信用卓著的市场研究公司提供协助。

不论采用哪一种调查方法和哪一种取样方法，调查者应整理和分析收集到的数据，分离出重要的信息和结论。他们需要对问卷表中的数据进行检查以确保其准确性和完整性，并把数据编成代码以便进行计算机分析。调查者最后将结果列表并计算平均值和其他统计值。

在调研过程中，行销人员要碰到一个取样的问题。行销调研人员从总消费群体中抽取一小部分样本进行研究，然后得出关于总体的结论。样本是指从总体中挑选的能代表总体的一部分。从理论上讲，样本应具有代表性以便调查者能对总体作出一个比较准确的估计。

在设计样本时调研人员需要确定三个问题。

第一个问题，调查对象是谁。调查者必须决定需要什么信息、从谁那里能得到这一信息。例如，为研究家庭购买汽车的决策过程，调查者的询问对象应该是丈夫、妻子、其他家庭成员、经销商的销售人员，还是所有这些人都应询问。

第二个问题，需要调查多少人，这是一个比较难以把握的问题。不用说，大样本要比小样本可靠。但是，也没有必要为得到可靠答案而去调查整个目标市场，或其中的一大部分。只要选择得当，占总体不到1%的样本即能够满足要求。

第三个问题，如何选取、使用概率样本。总体中的每个人都有被抽取到的机会，而且调查者可以计算可信度，以计算取样误差。不过如果概率抽样成本太高或费时太长，行销人员就会采取非概率样本，这样做的结果是误差无法计算出来。不同的取样方法有不同的成本和时间限制，其准确度和统计属性也不相同。因此，要根据调查项目的需要选择最合适的方式。

六、日本模式重前景，欧美模式喜创新

> 做市场调查研究，国际上主要存在两种模式：一种是以美国和英法等为代表的欧美模式，另一种是日本模式。
>
> ——科特勒

主要的跨国公司客户类型按国别来分，可分为欧美客户和日本客户两类，日本客户所占的份额尽管不多，但是他们在市场研究方面的思维模式与欧美客户差别很大。下面我们就根据科特勒的研究来阐述这两种调研模式。

（一）日本模式

日本跨国公司做市场研究具有以下特点：

1. 定性研究

日本的跨国公司在做市场研究时乐于获取消费者直接的信息，比如，在广告研究中日本人发明了所谓的瞬间记录仪，记录顾客对于某个图像不同部位眼球的不同停留时间和瞬间的最初反应。日本人对于定性技术比欧美国家更加重视，在投射技术上，他们发明了很多研究工具。这些工具有语意联系和图片联想等。

2. 追求方式简单

不像美国企业一样喜欢用太高级的尺度（如间隔尺度），用复杂、高级的统计技术和模型研究消费者行为。在做市场研究时，日本企业希望直接获得顾客反馈，问题比较简明扼要。对于他们来说，注重追求以最简单的方式来获得有关消费者的信息资料，因此日本企业在设计问卷时，一般能用简单方法解决问题的，就不用复杂方法，尽管复杂方法可以用来做很多漂亮的模型。他们更多的是从被访者角度着想，在访问过程中以方便消费者为宜。一般日本企业的问卷都不会罗列一大堆问题，而且问题都比较集中，被调访者回答起来不会感到很困难。

3. 喜欢采用小样本

日本企业做市场研究的另一个特点是采用小样本。这与日本公司喜欢做定性研究的思想是一脉相承的，日本企业对大规模的、大样本的研究不感兴趣，他们往往在设计样本大小时只采纳仅供统计分析检验足够的样本。因为他们认为小样本大体上可以代表市场趋势，尽管并不够精确，但用于决策分析还是足够的。

4. 十分重视前景预测

除了一般消费者研究以外，日本公司的市场研究对于前景预测十分重视。尽管现在几乎所有的管理理论都来自美国，但是日本却是世界上最早把战略思想应用于实践的国家，尽管他们从来没有提出过所谓的战略思想。他们的市场研究特别强调预测的功能，但是这种预测也有局限性，主要因为所有的预测都是基于现有技术条件进行的，所以日本公司在技术创新上常常并不是领头羊，但在应用创新技术上，日本人却自有一套。由于不注重消费者潜在需求研究使得日本人在技术和市场开拓上永远落后于欧美国家。

（二）欧美模式

在第二次世界大战中，美国是经济受战争影响最少的大国之一，因此，战后美国的经济发展最快。随之，美国的市场研究也逐步兴盛起来。因此，在市场研究方面，美国确实领先于世界其他各国。美国经理层的决策有一个比较明显的特点，就是在很大程度上依赖市场咨询公司，这也是市场咨询公司在美国迅速发展，并领先于世界水平最主要的原因。美国的兰德公司、哥伦比亚研究公司都是世界上最著名的研究公司。美国市场研究公司分工比较明确，有的专门从事通信产品的市场研究，有的专门从事医药行业的市场研究。

美国市场咨询所进行的市场研究可谓无孔不入。在美国，商人们不仅知道全国每人每年平均吃多少个汉堡，多少个鸡蛋；并且知道美国人平均花多少时间做饭、吃饭；他们也知道消费者给婴儿换多少次尿布，丢多少次牙膏盖，甚至还知道美国平均有多少人头痛，等等。他们对信息的了解程度令人吃惊。

1. 注重定量研究

美国咨询公司最注重消费者定量研究，尤其在意寻找消费者的消费行为特点变化和潜在需求。因此，美国公司的新产品往往更能符合消费者的需要。更重要的是，欧美企业偏好大样本的研究，喜欢采用高级复杂的方法，以获得精确的数据。因此，所做的问卷通常都很长，细致而严谨，从研究角度上来说，可以帮助做很多更为细致的分析和模型。这种精神值得提倡。但是从另一个方面来看，有时却是一场"灾难"。对访问者的要求和被访者的要求非常高，使被访者深感辛苦。

2. 借助咨询公司

在美国，高层管理人员流动非常频繁，而这点也正是美国咨询公司做市场调查最关注的方面。因为美国是董事会负责制，总经理只是一个高级雇员，为了能说服董事会，他就必须由第三方出面来阐述理由，只有这样董事会才可能赞同他的观点和做法。这样做的结果是，美国经理人员为了有效地逃避责任而借助于咨询公司，因为决策是建立在咨询公司研究的基础上，即便有偏差也不完全由他来承担。

3. 在定性研究上不断创新

在经济研究中，美国提供了世界上几乎所有的市场研究工具，最好的统计软件如 SPSS、SAS 等都是美国企业的产品，而定量统计技术和定性统计技术绝大多数也源于美国。不过，随着计算机产业的成熟，市场研究工具也更趋成熟，最近这 20 年除了正交分析和模糊统计理论以外，统计技术几乎没有大的变化。其中模糊统计理论的领导者研究机构当属德国的。至少在定量技术上，美国已经不是世界上的领头羊了。不过他们在定性研究模型上，创新依然不断。这些创新都是建立在对消费者态度和行为全面又深刻认识的基础上。因而，不论哪个国家的企业要在定性分析技术上创造自己的理论与模型，都必须扎根于对消费者需求的认识和理解。

从上面的比较中可以看出，日本和欧美两种市场研究模式之间的差异主要集中在：

（1）研究类型方面，日本模式更偏向于定性研究，而欧美模式则倾向于定量研究。

（2）样本规模方面，日本模式倾向于小样本，欧美模式则倾向于大样本。

（3）研究方法方面，日本模式喜欢用比较低级，信息含量并不丰富的方法，而欧美模式则喜欢使用高级的，信息含量比较丰富，可用于更加高级的统计研究模型的方法。

日本和欧美在市场研究模式上的差异是由于东西方文化差异而引起的。东方文化更侧重于系统的、抽象的、模糊的思维和分析方式，而西方则更喜欢解剖式、具体的思维和分析方式。

七、决策模型：行销经理决策的好帮手

营销能够展示营销科学的权威，并且从一个以观点为基础的决策转移到以数据为基础决策上来。

——科特勒

1998 年 4 月 13 日的《行销新闻》列出了许多种当前应用的行销和销售软件程序，这些软件为设计行销调研方案、细分市场，制定价格和广告预算、分析媒体、计划行销队伍活动等提供了有益的支持和帮助。科特勒向行销经理们推荐几个比较著名的决策模型：

1. BRANDAID 模式

一种以消费品为重心的弹性行销组合模式，其要素包括制造商、竞争者、零售商、消费者与一般性的环境。此模型包含广告、定价、竞争的子模型（submodel），创造性地把判断、历史分析、追踪、实地实验（field experimentation）与适合度控制（adaptive control）有效地融合起来，从而可以测定结果。

2. CALLPLAN 模式

利用这种模型，销售人员能够决定，在每一段期间应拜访每一位潜在客户与现有客户的次数。此模型把交通时间与行销时间也考虑在内。联合航空（United Airlines）曾经利用这种模型进行测试，结果实验组的业绩超过普通组 8%。

3. DETAILER 模式

利用这种模型，销售人员能够决定应拜访哪些客户，并在拜访时向客户展示哪些产品。这种模型是在药厂的业务代表拜访客户的基础上发展而成的，这些人员每次在拜访内科医生时，所展示的产品不会超过三种。在应用上，这种模式可使行销利润明显提高。

4. CEOLINE 模式

用于满足三大原则的销售与服务领域：销售工作量均衡化的领域。每一领域都由数个邻近区域所组成，面积不大。根据实际检验，这种模型的应用效果良好。

5. PROMOTER 模式

这种模式主要用于测试在不进行促销情况下的销售业绩和进行促销情况下的业绩，两种情况加以比较，以评估促销的效果。

6. ADCAD 模式

在明了行销目标与产品特征、目标市场、竞争状况的前提下，这种模型可帮助行销经理决定采用哪一种广告形式，比如幽默式或是生活切片式等。

以上这些模式都已制成软件，行销经理在决策时遇到困难，可以借助这些软件解决。

第三章
产品定位：成败的关键

军事上，兵马未动，粮草先行。商业上，产品未上，定位先行。一件产品要卖给哪一类人，上市之前丝毫不能含糊，必须弄清楚。企业应给每一个产品建立唯一的销售主张，并使它成为同类产品中的"第一名"。

一、泛滥的信息让购买者只记得"第一名"

　　每个企业都必须通过建立一整套独一无二的竞争优势来使自己不同于其他企业。在产品上，企业应为每一种品牌建立唯一的销售主张，并使它成为这一特点中的"第一名"。

——科特勒

（一）突出优势

　　消费者一般都选择那些给他们带来最大价值的产品或服务。因此，赢得和保持顾客的关键是比竞争对手更好地理解顾客需要哪些理想的质量和服务，以及向他们提供更多的价值。

　　一般来说，企业可以把自己的产品定位为：目标市场，即向目标消费者提供优越的价值（质量和服务），从而使企业获得竞争优势。科特勒认为，每个企业都必须通过建立一整套独一无二的竞争优势来使自己不同于其他企业，从而充分吸引更多的消费者。

　　实际上，并非所有的企业都能使自己的行销区别于竞争对手，从而赢得竞争优势。在激烈的竞争中，企业的许多较小的优势很容易被竞争对手模仿和复制，因此，这些优势极易失去。对此，科特勒的建议是，不断地寻找新的潜在优势，不断地创造优势，使对手应接不暇而又无可奈何，自己才能立于不败之地。

　　假定企业存在若干个潜在的竞争优势。那么现在企业就必须选择其中几个竞争优势，据此建立起市场定位战略。

　　许多行销商认为企业针对目标市场只需大力促销一种利益。著名广告制作人罗泽·里福斯认为，企业应为每一种品牌建立唯一的销售主张，并坚持这一主张。企业应给每一个品牌建立一个特点，并使它成为这一特点中的"第一名"。在一个信息泛滥的社会里，购买者大都只记得"第一名"，而第二名是谁他们往往茫然不知。例如，在胶卷市场，当你问一个顾客谁是第一名时，你很可能得到肯定的回答："柯达。"如果你再问谁是第二名时，对方可能答不上来。因此，佳洁士牙膏始终宣传它能防止蛀牙的功能，富豪则宣传安全性能。"第一名"品牌有什么特征呢？最主要的是"最好的质量"，"最低的价格"，"最优的服务"，"最佳的价值"以及"最先进的技术"等。企业若着重围绕这其中的一个特点进行宣传，并且坚持不懈，就很有可能因此而闻名，被消费者记住。

　　而有些行销商则认为企业的定位应多于 7 个不同的因素。如果两个或更多的企业宣称在同一特点上最优，那就更要突出自己产品的其他优点。斯蒂尔凯斯是一家办公家具系统公司，它和竞争对手的不同之处在于两点：最准时的送货和最好的安装服务。当今，大市场正分裂为许许多多的小市场。所以企业正想方设法地拓宽市场定位战略以吸引更多的市场。例如，利弗兄弟公司研制出第一种"三合一"肥皂——利弗 2000，这种肥皂有清洗、除臭和湿润三大功能。很显然，许多购买者想要这三种功能，而企业面临的挑战是使购买者相信一个牌子里能包含这三种功能。从利弗2000 的巨大成功来判断，利弗兄弟公司轻而易举地解决了这一挑战。企业宣称自己的产品拥有许多的品牌性能的同时，也承担了不被人相信的风险，弄不好就会失去明确清晰的市场定位。

（二）自知之明的选择

　　在这个名牌迭出，万象缤纷的世界中，显然每个企业不可能都当"第一名"，但是如果有自知之明，即使不当"第一名"，只要确定好自己的市场角色，有时当"第二名"甚至"第三名"也无妨。或者从其他角度出发，也可以展现自己的优势。

　　现在的产品一般在顾客心目中都有一个位置。比如大家公认赫茨公司

是世界上最大的汽车租赁行，可口可乐公司是世界上最大的软饮料公司，保时捷是世界上最好的运动跑车公司之一等。这些品牌占据了这些位置后，其他的竞争者就难以侵入。在这种情况下，科特勒建议竞争者可以选择以下几种战略：

1. 在消费者心目中加强和提高自己现在的定位

阿维斯公司将自己定位为汽车租赁行业的第二名，强调说："我们是老二，但我们要迎头赶上。"这就让顾客相信阿维斯公司并不是在狂吹，而是有现实基础的。生产七喜（7-Up）饮料的公司做广告宣传说："七喜汽水不是可乐型饮料，它是'逆可乐'"。

2. 寻找一个未被占领的定位

三枪巧克力棒糖在做广告时，声称比其他大多数巧克力棒糖要少45%的脂肪。联合泽西（United Jersey）银行是一家较小的银行，在资金上是根本无法同大银行相抗衡的，但是它在设法与大银行进行竞争时，抓住大银行发放贷款往往行动迟缓的弱点，将联合泽西银行定位为"行动迅速的银行"。

3. 退出竞争或对竞争重新定位

美国大部分购买餐具的顾客认为勒诺克斯（Lenox）瓷器和皇家达尔顿（Royal Doulton）瓷器均来自英格兰。皇家达尔顿公司推出广告说勒诺克斯瓷器是新泽西产的，而它的产品才真正是英格兰制造的。温狄斯公司著名的电视广告节目中有一个名叫克拉拉（Clara）的70岁老妇人，她看着一位竞争对手的汉堡包问道："牛肉到哪儿去啦？"这说明宣传攻势能动摇消费者对领头产品的信心。不过这种做法容易引起竞争对手的报复，非到迫不得已之时最好不要采用。

现代社会广告泛滥，即使这样，在人们的心理上也形成一种产品阶梯，例如，可口可乐—百事可乐—RC可乐或赫茨—阿维斯—天然。名列第一位的公司的知名度最高。"最大公司"的定位只能帮助一种品牌。第二位的品牌应该创造和引导进入另一类目中。如七喜汽水是非可乐型饮料的第一名；保时捷赛车是小型运动跑车的第一名；迪尔牌香皂是除臭香皂的第一名。行销人员应识别并确定品牌能令人信服地获得一种重要属性或利益。

4. 高级俱乐部成员战略

"三大公司"的概念是由第三大汽车公司——克莱斯勒汽车公司提出的（市场上最大的公司不会提出这种概念）。其含义是俱乐部的成员都是"最佳"的。我们经常可以发现这样的现象，一家公司可以宣传说自己是三大公司之一。其这样做是为了混淆第一、第二、第三的概念，增加自己的知名度。

由此可见，在激烈的市场竞争中，如果自己目前尚不具备当"第一"的实力，只要有自知之明，并采取恰当的策略，给自己的产品一个恰当的定位，也不失为一种可取的做法。

二、突出产品的"第一位"，兼顾其他

在突出自己的产品上，企业切忌把它们吹得天花乱坠，使消费者将信将疑，而应实施"单一、主要利益定位"的指导思想。

——科特勒

（一）突出产品的"第一位"

企业总是力图使自己的产品给顾客一种质量最佳、服务最好的印象。但是，过去的企业多采取广义定位，为了突出自己的产品，往往把它们吹得天花乱坠，结果使消费者将信将疑。现在，广义的定位已经适应不了市场的需要，为了表达出更具体的利益与价值，科特勒建议企业采取以下的某种广告诉求：

（1）最佳品质。

（2）最佳表现。

（3）最佳信誉。

（4）最耐用。

（5）最安全。

（6）最迅速。

（7）最物超所值。

（8）价格最低廉。

（9）最尊贵。

（10）设计最佳或最流行。

（11）使用最容易。

（12）最便利。

现在大家都知道，在汽车市场上，宾士汽车以"最尊贵"的汽车而闻名；BMW 汽车以"最佳驾驶表现"而享誉世界；现代汽车以"价格最低廉"而广为人知；而富豪汽车则以"最安全"著称。

（二）适当兼顾其他特点

富豪汽车的设计和制造者们认识到，在世界上的每个国家中，都有些购买汽车的顾客把安全性视为首要考量。在发现这一全球性利益基础后，富豪汽车便以这项优势将汽车销往世界各地。此外，它还加入"第二种利益定位"，宣称自己也是全球最耐用的汽车。它运用第二种方法定位于墨西哥等国家，因为这些国家的购车者较关心的是汽车是否持久耐用，而不太关心安全性。

有些公司甚至执行"三重利益定位"。史克美占公司以家护牙膏可提供三重利益作为宣传点：防止蛀牙、口气清新、牙齿洁白。从软管中挤出的牙膏呈现三种颜色，每一种颜色都暗示且传递了一种不同的利益。史克美占希望"家护"这个品牌能够"逆区隔"，也就是吸引三种区隔，而非只吸引一种区隔。

（三）定位考虑范围

定位是企业为自己的产品寻找"客点"的过程，目的是突出自己的与众不同，以吸引消费者的注意。在寻找特定定位时，科特勒认为企业可以从以下几个方面进行考虑：

1. 利益定位

也就是指产品所承诺的利益。汰渍（Tide）洗衣粉宣称它的洗净效果较佳；富豪汽车宣称它的汽车较安全。行销人员主要采取的都是利益定位。

2. 特质定位

即以某些特质或特色来定位。啤酒公司会主张它是"最老牌"的啤酒制造商；旅馆会将自己形容为该市"最高级"的旅馆。以特色来做定位通常是欠佳的选择，因为所宣称的利益无法让人一望便知。

3. 使用或应用定位

以产品在某些应用上是最佳产品予以定位。耐克可将某一类型的运动鞋描述为最佳跑鞋，而将另一种鞋描述为最适于打篮球的运动鞋。

4. 类别定位

公司可将自己形容为该产业类别的领导者。例如，柯达即意味着摄影底片；全录（Xerox）则代表影印机。

5. 使用者定位

以目标使用群来为产品定位。苹果电脑把它的电脑和软件描述为图像设计师的最佳伴侣；升阳微电脑（Sun Microsystems）把其工作站描述为设计工程师的最佳伙伴。

6. 品质或价格定位

意味着把产品定位于某一品质与价格阶层。香奈尔五号（Chanel No. 5）被定位为一种品质极佳、价格极高的香水；塔可钟（Taco Bell. 译注：北美洲的一家墨西哥口味的塔可饼（taco）连锁速食店，隶属于百事可乐旗下的关系企业）把塔可饼定位为同样价钱下最最划算的食物。

同样地，以上只是供参考的范围，在给产品定位时，只能选择其中的一项作为主题进行考量，而把其余放在次要位置，以避免重点不突出的问题。

三、产品定位应触动消费者的心理

任何一个有效的产品定位应突出产品的重要性、独特性、优越性和可承担性。

——科特勒

根据现代行销学家的研究，竞争者或以加强自己现有的产品地位，或以寻找一个未被占领的市场，或以退出竞争重新复出，或以高级俱乐部成员的战略来定位自己的产品，这些理论揭示了消费者的心理活动本质。为了支持定位战略，公司应在产品、定价、地点和促销的每一目标方面，增加对定位的要求。

科特勒指出，任何一个有效的产品定位战略应满足下列各项原则：

（1）重要性。该差异性能向相当数量的买主提供较高价值的利益。

（2）独特性。该差异性是公司以一种与众不同的方式提供的。

（3）优越性。该差异性明显优于通过其他途径而获得相同的利益。

（4）专利性。该差异性是其竞争者难以模仿的。

（5）可承担性。买主有能力购买该差异性。

四、产品定位要有具体的行动而不是空谈

企业必须履行自己对顾客许下的"诺言"。

——科特勒

产品的定位仅仅是使这个产品在市场上具备了成功的基础，并不代表这个产品就必定能成功。产品的最终成功有赖于企业采取措施将定位付诸实践，亦即产品一旦选择好市场定位，企业就必须采取切实步骤把理想的市场定位传达给目标消费者。企业所有的市场行销组合必须支持这一市场定位战略。给产品定位要求有具体的行动而不是空谈。如果企业决定的市场定位是最高的质量和服务，那么它首先必须履行自己对顾客许下的"诺言"。设计市场行销组合，即产品、价格、分销及促销手段，必须包括设计出市场定位战略的策略性细节。因此，一个采取"高质量定位"的企业，知道自己必须能保证制造出来的产品具有高质量，能定较高的价格，能通过高效率的经销分销，能在高质量的媒体里做广告。它必须雇用和训练更多的服务人员，找到有良好服务信誉的零售商，设计出能传达其优质的服务销售和广告信息。这是建立起持续、可信的高质量、高服务水平市场定位的唯一途径。

实践证明，制订出一个好的市场定位战略比实施这一战略更容易些。

菲利普·科特勒：行销之父

建立或改变市场定位通常需要很长时间。相反，花了许多年建立起来的市场地位也可能很快丢失。一旦企业为某一产品建立起理想的市场地位，就必须通过不断的努力，做出好的表现来保持这种地位。企业必须紧密地监督并适时地修改市场定位，以紧随消费者需要和竞争对手战略的变化。但是，企业应避免突发性变更，因为突发性变更会使消费者感到困惑。相反，产品的地位应逐渐地演变，以适应不断变化的市场行销环境。

五、产品定位误区面面观

定位不当，甚至于错误的定位，对产品来说是很危险的事。

——科特勒

不少企业对于自己的产品并没有一个明晰的思想，要么把产品定得过高，造成"曲高和寡"，要么定得过低，造成"下里巴人"，还有的让人模棱两可，无所适从。定位不当甚至于错误的定位，对产品来说是很危险的。科特勒告诫说，企业在为自己的产品定位时应该避免以下四种主要的错误倾向：

1. 定位过高

买主可能对该产品了解得十分有限。因此，一个消费者可能认为蒂万尼公司只生产5000美元的钻石戒指，而事实上，它也生产人们可承受的900美元的钻石戒指。

2. 定位过低

有些公司发现购买者对产品只有一个模糊的印象。购买者并没有真正地感觉到它有什么特别之处。该品牌在拥挤的市场上就像另一个牌子。当百事在 1993 年引入它清爽的科里斯托百事饮料时，顾客并没有特别的印象。他们并没有"弄清楚"它在软饮料中有什么独特之处。

3. 定位混乱

顾客可能对产品的印象模糊不清。这种混乱可能是由于主题太多所致，也可能是由于产品定位变换太频繁所致。一个例子是斯蒂芬·乔布的光滑和强功率的 NEXT 桌面电脑，它首先定位于学生，然后是工程师，再后来是商人，结果都没有成功。

4. 定位怀疑

顾客可能发现很难相信该品牌在产品特色、价格或制造商方面的一些有关宣传。当通用汽车公司的凯迪拉克分部导入悉米路车时，它的定位是类似于豪华的宝马、梅塞德斯和奥迪。该车用皮座位，有行李架，大量镀铬，凯迪拉克的标志打在底盘上，顾客们把它看成只是一种雪佛莱的卡非拉和奥斯莫比尔的菲尔扎组合的玩具车。这辆汽车的定位是"比更多还要多"，但顾客却认为它"多中不足"。

相关链接

"娃哈哈"：全面促进儿童食欲

2001 年，美国行销学会评选有史以来对美国行销影响最大的观念，结果不是劳斯·瑞夫斯的 USP 理论、大卫·奥格威的品牌形象，也不是菲利普·科特勒所架构的行销管理及消费者"让渡"价值理论、迈克尔·波特的竞争价值理论，而是里斯与特劳特的"定位"。1981 年当年轻的广告人艾·里斯和杰克·特劳特提出"定位"（Positioning）这个传播理念的时候，或许他们也没有想到一个新的行销时代就这样诞生了。

里斯和特劳特在其合著的《定位》一书中这样表述道：变化基本上是永恒的，"定位"的目的是为了确保产品在预期客户头脑里占据一个真正有价值的地位。事实上，从一开始，"定位"就不仅仅是一个广告学的概念，而更是一个行销战略理念，是一种关于竞争的思想方法。这种思想方法被中国一家叫做娃哈哈的企业所运用，并且产生了显著的效果。

2002 年上半年的全国饮料产量统计表显示："娃哈哈"销量 183 万吨，比去年同期增长 16.7%；而可口可乐销量 161 万吨，只比去年增长 13.8%。娃哈哈比可口可乐多 22 万吨。娃哈哈取得如此令人瞩目的成绩，很大程度上有得益于其掌门人宗庆后给娃哈哈所做的定位。

1988 年，当宗庆后决定冲进营养液市场捞取"第一桶金"的时候，国内已经有了 38 个营养液品牌。我们相信，那时宗庆后肯定还没听说过"定位"这个概念。然而，此时宗庆后却有了"定位"的概念："如果我们要向消费者行销的是第 39 种营养液，那么，活下来的概率几乎很小，我们必须要做到第一。"

宗庆后发现，这 38 种营养液都是面向所有消费群体，且健身强体，包治百病的，你很难把它们区别开来。于是，根据所得到的配方的特点，宗庆后很快决定，就做全中国第一支儿童营养液，而且它的功能只有一条——"全面促进儿童食欲"。

决定一出，反对之声四起：放着 13 亿人口的市场不做，就做一个儿童市场，而且还仅限在"食欲"这一点上，以致企业内所有管理人员甚至普通职工都认为，这不是放着阳关道不走，自找一条独木桥吗？宗庆后的想法却刚刚相反：没有特点就意味着没有卖点，儿童市场是一个有 3.2 亿人的大市场，我如果做好了，已足够娃哈哈发展了。仅此一点，我们就不能不佩服作为占据中国饮料市场最大份额的企业总裁宗庆后先生独到的思想和眼光。

很显然，娃哈哈之所以能够一战成功，跟这种"寻找第一"的定位理念是分不开的。这样的定位过程，其实便是对原有市场形态的一次解构，通过概念的创新拓展出新的市场空间，再通过对这一诉求的推广而赢得竞争的先机。

关于产品定位的思想，宗庆后是这样阐述的：

定位就是一个寻找"第一"的过程，就是在竞争对手的挤压中创造新的差异性。

定位包括四个境界：产品差异的定位、技术超前的定位、品牌优先的定位、共同成长的定位。

定位并不是在产品的开发阶段就可以完成的，定位将贯穿行销的整个过程。或者说，定位是行销的一种思维方式：通过定位，发现市场的进入空间；通过定位，改变市场竞争格局和消费态势；通过定位，发现并不断改变竞争的优势；通过定位，巩固市场领跑者地位……

定位，是一次需要坚持的冒险。

菲利普·科特勒：

行销之父

第四章

促销组合：广告轰炸与适时出击

在产品宣传上，开始时要集中火力突破缺口而后实行适时的强化游击，辅以恰当的促销手段，形成疏密有度的宣传攻势。

一、广告应集中火力开路

　　在把产品推向市场的前期，企业应投入比较密集的广告，而在打开市场以后，只要保持一定的产品宣传频率即可。

——科特勒

　　公司做广告的目的是，如果产品种类在成熟期，而公司又是市场的领导者，且产品销量不佳，那么，公司可投入适当的费用刺激更多的消费者购买公司的产品。如果产品种类是新推出的，而公司不是市场领导者，其品牌又比市场领导者的好，那么通过广告宣传，就可以使消费者明白这一点。这里存在一个该花多少费用的问题。

　　一家公司如何才能知道它在广告上的花费是否合适呢？科特勒指出，消费品公司往往在广告上花费过大，而工业品公司往往在广告上投入不足。原因何在？一方面，大型消费品公司采用了很多的名人形象做广告，但却并不知道其真正效果到底如何。它们拿多花钱来作保证，以防花费不足。另一方面，工业品公司往往是过于依赖它们的销售力量来争取订单，却低估了公司和产品形象的作用。因而，他们在广告上投入不足，从而未能建立起消费者的意识和认知。

　　据调查75.4%的消费者对饮料品牌的认知是通过广告渠道获得的。可口可乐公司一贯重视广告宣传，仅在中国市场，每年都投入几千万元进行宣传。

　　当前消费者市场的一个很大的特点是民众对广告的认可程度，很多人凭着广告去购物，甚至有这么一种认识，即广告打的多就是名牌，名牌的产品质量就高，信誉就好，国内商家对央视的追崇和对广告轰炸策略的屡试不爽充分地反映了消费市场的特点。

在这种市场趋势下，早在 1957 年，克罗克即以 500 美元的费用，雇用一家叫做古柏高的芝加哥广告公司来帮助麦当劳做宣传。可以想象，这500 美元没有白花，麦当劳得到了几十倍于 500 美元的广告利益。多年来，麦当劳一直是靠惊人的汉堡包制作数字，不断地在报纸上大出风头，这就是古柏高公司的杰作。

随着电视进入美国的千家万户，麦当劳紧紧盯上了全国电视网。他们决定买下全国职业足球冠军赛转播节目的广告。这次比赛是第一次搬上荧屏，麦当劳以 25 万美元一分钟的高价，买了两分钟的广告，节目的收视率竟高达 41%。而该年 1 月份麦当劳平均营业额就增加了 13%。

利益所在，商家必然动心，1986 年，克罗克提议：各连锁店提交 1%的麦当劳所得作为全国广告基金用于广告宣传，95% 的加盟者举双手赞成，克罗克立即筹到 230 万美元的全国广告基金。

1995 年，麦当劳花了 1800 万美元在电视上做广告。各式各样的广告出台后，克罗克高兴地看到巨大的财富向他滚滚而来，麦当劳的潜力被极大地发挥出来，麦当劳公司不断地在世界各地开设它的连锁分店。

一向以口碑相传作为广告形式的直销公司安利，为了摆脱 1998 年传销给安利品牌造成的负面影响，在原安利洗涤用品和雅姿护肤用品产品线基础之上，安利推出了营养补充食品产品线的新品牌——纽崔莱，它承担起了安利企业转型之后企业品牌提升和培育的作用。2001 年 1 月至今，安利公司针对中国市场特点，突破其传统行销模式，开始大规模地在中央电视台以及全国 15 个省、市的 47 家电视台推出了以伏明霞为形象代言人的纽崔莱营养补充食品的形象广告。据报道，仅制作费用就达 150 万，虽然安利方面并没有透露这次投放的具体规模，但公司在广州地区的投放量就超过 70 万元，所以其整体投放规模将不会是个小数目。今年的广告预算将会是去年的两倍，增长将是十分惊人的。这次广告没有按照常规健康产品那种方式进行，不是侧重于功能诉求，着重宣传产品的功效，而是直接推出品牌形象代言人，借助伏明霞青春、靓丽、健康的形象来树立纽崔莱的品牌。

这样，安利公司借助 2000 年 9 月赞助中国奥运代表团来提升纽崔莱品牌形象和品牌价值，提高了企业与产品的知名度和美誉度；借助伏明霞的形象广告，将纽崔莱品牌形象与奥运、冠军相联系，使品牌与健康向上的形象紧密联系在一起；又在 7 月赞助亚洲男子篮球锦标赛，使纽崔莱与体育、运动结合的推广策略得到深化。

当然，不管广告上的投入给企业带来怎样大的利润，都存在一个广告投资报酬率的问题。当采用直效行销时，广告的投资报酬率最易于衡量。公司寄出广告信函给特定人士，并统计索取资讯或直接订购的人数，再以订单数量与价值除以直效行销的总成本，便可计算出广告投资报酬率。然而，除了直效行销的广告之外，其他形式的行销广告投资报酬率的衡量都困难得多。自从约翰·华纳梅克（John Wanamaker）说出那句至理名言："我知道我的广告预算有一半是浪费掉了，但我不知道是哪一半。"之后，情况并没有太大的改变。

衡量广告投资报酬率的难处，便在于试图把广告和其他同时并存的沟通与行销组合活动予以划分。假如某个新的广告活动伴随着降价、新的促销活动，与强化的公关活动一起出现，我们该如何区别广告的效果？除非运用实验的控制，否则要评估广告的纯粹效果几乎是一件不可能的事。

广告花费在顾客购买行为和品牌认同上到底有多大影响呢？一项分析家庭购买常用消费品的研究得出了以下惊人的结论：

广告似乎对增加老主顾的购买量很有效，而对赢得新顾客却不那么灵光。对老主顾，广告每周的频繁出现也许不会有成效，因为广告的效用已稳定在一定的购买热度阶段。广告宣传似乎不可能更多地增强其效果。产品的特征、展销，特别是价格的影响远远超过广告的功效。

这些发现并不能被广告界充分接受，一些人对研究的资料及方法予以批驳。科特勒对此的看法是，这种研究主要是根据短期的销售效益来测定的，因而它对价格和促销活动有利，这往往带来更直接的影响。相反，大多数广告要花费几个月甚至几年来建立稳固的品牌地位和顾客对它的信赖。这种长期效应很难去衡量。某研究机构进行了一项长达 10 年的研究，结果表明，广告对长期的销售增长的确起到促进作用，即使广告活动停止两年后广告仍然有效。这就给怎样衡量广告花费的效果增加了不少困难。

二、对准目标顾客群下猛药

企业如果能够将目标对准某些观众（顾客），广告的功用将发挥出令人想象不到的效果。

——科特勒

菲利普·科特勒：
行销之父

现在，人们越来越不喜欢看广告，特别是电视广告。电视广告的长度也呈愈来愈短的趋势，时常短到只有十五秒左右，这使得人们不可能很好地吸收这些信息。而愈来愈多的广告塞进非常有限的电视频道和广告时段里，结果造成彼此排挤的效应。这些广告似乎倾向于把信息"广播"给每一个人，而不是集中地"窄播"给重视这些信息的目标顾客群。如果坐在电视机前的观众之中，只有5%的人养猫，那么生产猫食的厂家所做的电视广告的效力究竟有多大呢？此外，看电视的人似乎早就准备好选台器，以便在广告出现时便转向别的频道。

出于以上所说理由，科特勒建议，厂商如果能将目标对准某些观众（顾客），广告的功用将发挥出令人想象不到的效果。在目标读者为渔夫、包装采购代理商、机车玩家、医院行政主管，或其他特定族群的专业杂志上刊登广告，造成较大的冲击力将比在大众化广播的电视上强烈得多。在这种情况下，与其说广告是一种开支，不如说是一种投资来得更为恰当。虽然要衡量广告投资报酬率并不容易，但是目标较明确的广告的广告投资报酬率应该高许多。

科特勒认为，广告策划者在选择媒体做广告时，应考虑多种因素，目标顾客对媒体的习惯将会影响对媒体的选择，广告人应努力寻找那种可以使广告有效地到达消费者的媒体。同样地，产品的特性也会影响媒体的选择，举例而言，宝利来照相机最好在电视上播出，时装最好刊登在彩色杂志上。不同种类的信息要求不同的媒体。关于"明天大拍卖"的消息只有在广播或报纸上发出才能产生最佳效果。具有许多技术内容的信息也许需要杂志或直接邮送方式。当然，在将广告对准目标顾客群时存在一个广告成本的问题。例如，电视广告非常昂贵，报纸的广告花费相对而言就便宜得多。因此，广告策划者既要考虑选用哪一种宣传媒体的总支出，也要考虑如何把信息传递给更多的受众。

三、广告创意要像瘟疫一样强烈地感染人

> 广告必须形成一种引人入胜的创意，并且要以鲜明、难忘的方式把信息传递给观众。
>
> ——科特勒

利奥·伯内特曾说："当我与我正打算向其行销的人进行面对面的接触就要进行深入的谈话时，我力图在心里想象他们是什么样的人——他们如何使用这种产品以及使用的情况如何。"

广告公司的广告人员运用不同的方法形成各种广告思想来实现广告要达到的各项目标。他们通过与顾客、经销商、专家以及竞争者的交谈，从他们那里获得灵感，然后进行创作。消费者是好主意的最重要来源。他们对于现有品牌的优势和不足的各种感觉为广告人员进行创作提供了重要线索。

在进行市场决策时，便考虑到要怎样向消费者把产品或服务的价值表达成一种信息。而问题在于以创意性的方式来表达这种信息，这正是测试广告公司技巧的关键所在。假如该公司觉得广告的内容一点儿也不吸引人，或是内容欠佳，那么此次的广告便可说是一无所获。广告怎样才能极具感染力呢？科特勒认为可以从以下几个方面入手：

1. 广告战略信息

制造有效的广告，第一步是决定向顾客传递什么样的一般信息。广告的目的是让消费者以特定的方式对产品作出反应。人们只有确信能够获得某种利益才会采取购买行动。因而，制作有效的信息应该从确认顾客的利益开始，这种利益也就是广告的感召力。许多创意是通过同顾客、经销商、专家、竞争对手的交谈开始的。另一些人则尽力去设想消费者购买和使用产品情况来估摸出他们希望得到哪些实惠。一般情况下，广告信息策略直接来源于公司的总体定位战略。

2. 广告应具有创意

信息策略应该用平实易懂的语言，直接勾画出利益产品的定位。广告人现在必须设计出一种引人入胜的创意概念，它将以鲜明、难忘的方式把信息表达给观众并使其接受。在这个阶段，简单的信息观点成为了重要的广告宣传。通常，广告文字撰稿人和艺术指导合作产生许多创意，希望其中的一个创意将会成为主体。这种创意也许会是一种形象，一个短句，或两者兼而有之。说得夸张一点，广告创意就应该像瘟疫一样，具有强烈的感染力，让人刚一接触，就会受到感染。

具有创意的广告才具有感染力。广告的感染力应具备三个特点。

①应该具有意义。指出该产品使顾客感兴趣的利益。

②感召力应让人相信，顾客应该相信其产品和服务能带来像在广告里所说的突出利益。然而，含义和可信度均为最佳的也许不一定是最突出的利益。

③感召力同时也应该显著。它们应该说明这种产品是怎样比竞争对手的产品更优越。例如，拥有一块手表的有益之处是它计时准确，然而大多数手表广告却把这一点忽略了。相反，在手表所提供的显然的好处之上，手表广告也许会选择很多的广告主题中的一个。多年来，天美时已成为"摔过之后仍能走的表"。与此相反，Swatch 突出其风格与式样与众不同，而劳力士则把自己表现为豪华，具有地位的象征。

可口可乐的广告宣传和品牌定位有严格的限制，以往都是由亚特兰大总部统一控制和规划。因此，进入中国后的大部分时间里，中国的消费者看到的总是可口可乐那鲜红的颜色和充满活力的造型，可口可乐以最典型化的美国风格和美国个性来打动中国消费者。十几年来广告宣传基本上采用配上中文解说的美国的电视广告版本，这种策略一直沿用到1998年。

中国从1999年开始，可口可乐根据中国的风土人情对传统的广告策略进行了调查，中国的当红明星、传统吉祥物出现在了广告屏幕上。可口可乐公司在中国的广告策略进行了改变，改变后的广告策略更注重中国元素的使用。

3. 广告要注意表达风格

信息不光是内容，表达的方式也很重要。现在，广告商不得不把"大主意"变成一个使消费者能够深刻感受到的东西，从而引起消费者的注意力和兴趣。创意人员必须找出最好的传递风格、语调、措辞及格式。任何信息都能够采用适合的风格表现出来，比如以下的例子便具有不同的风格：

（1）生活片段。这种风格表现出一个或多个"典型"的人物在一般环境下使用某种产品。比如，两个母亲在野餐时谈论吉夫花生酱的营养价值。

（2）生活方式。这种风格表现一种产品如何适应某一特殊的生活方式。比如，国家乳制品委员会的广告展示了正在锻炼的妇女谈及牛奶如何促进健康的生活方式。

（3）幻境。这种风格围绕产品或其用途创造出一种幻境。比如，露华浓公司为琼秀香水做的第一个广告展现了一个身着薄如蝉翼绸衣的光脚女人从一个旧式谷仓中走出来，穿过草地，遇见一个白马王子，然后随他骑马而去，意境虚幻。

（4）气氛或意象。这种风格围绕着产品创造一种气氛或意象，例如，美国、爱情、宁静。这种广告除暗示外，不对产品进行渲染。百慕大旅游广告就创造了这种气氛。

（5）音乐效果。这种风格显示一个或几个人或者漫画人物唱有关产品的歌曲。

（6）个性象征。这种风格塑造一个人物来代表那种产品。这个人物可以是动画的或是真人。

（7）技术专长。这种风格显示了公司在产品制造方面的技术专长。

（8）科学证明。这种风格提供该产品优于其他品牌或比另一个品牌更受人们欢迎的调查结果和科学证明。多年来，佳洁士牙膏一直用科学证据使购买者相信这一品牌的牙膏在清洁口腔方面比其他品牌具有更好的效果。

（9）推荐证明。这种风格重点突出一个知名度高、广受欢迎的人士作担保。这可能就像是比尔·考斯比这样的显贵人士或是普通老百姓说他们多么喜欢某一特定的产品。

4. 广告要选择相配的方式

为广告选择一种相配的方式也是广告制作人在制作广告时必须考虑的问题。宝洁公司在为其产品做广告时总是采用比较正经的语气，其广告在宣传它的产品时说的东西总是很正派。幽默的方式虽然不时见诸电视广告，但宝洁公司总是避免运用它，担心幽默会把人们的注意力引到别的方面去。相比之下，小凯撒的"比萨，比萨"的广告则使用幽默——是以滑稽可笑的小凯撒的形象充分地表达出一份投入、双份回报的信息。

5. 广告的措辞问题

广告制作人必须在广告里使用便于记忆、引人注意的措辞。例如，以下的主题词如果没有后面的创意词就不会那么有力：

信息主要含义：宝马是高性能驱动。

创意措辞："终极驾驶。"

信息主要含义：如果你喝过许多种啤酒，雪佛喝起来味道不错。

创意措辞："当你喝很多啤酒时不妨只喝这一种。"

信息主要含义：通过联合的方式，你能用一笔捐款拨给很多个慈善机构。

创意措辞："只要有人要，我们会把全部的鸡蛋抛出去。"

6. 影响广告的其他因素

格式因素对广告的影响以及其花费会产生不同的效果。广告设计上做些小小的变动也能对它的效果产生重大的影响。图解是读者首先关注的，它必须具有强烈的感染力。其次，标题必须醒目，能吸引购买者去读广告。最后，广告的行文——即广告的主体内容必须简洁、有力、让人信服。另外，这三个因素在运作上必须有效地融为一体。

四、广告选对媒体就像新娘穿对衣服

选择媒体时，企业必须决定为达到广告的目的，广告应覆盖多广的面，出现多高的频率。

——科特勒

科特勒严肃地指出，许多公司在广告方面存在一种错误，即认为如何制作广告才重要，而选择什么样的媒体不怎么重要。尤其是在过去，大多数公司将广告用语和媒体策划分别处理，认为媒体的策划相对于制作信息处于次要地位。制作部的广告人员首先做出富有创意的广告，而后媒体部门选择最适合的媒体来带动这些广告。这往往造成广告人员和媒体策划人员发生隔离。

然而，如今媒体已经多样化，分工越来越细，费用也是呈几何级数增长，并且人们将更多的注意力集中到行销策略上，由于这些原因，媒体策划的重要性就更加凸显出来。在某些情况下，广告攻势也许开始的时候用的是杰出的广告构想，接着就该选择合适的媒体了。在别的情况下，广告攻势可能以某个好的媒体时机为开端，接下来是利用合适的广告公司进行广告制作，企业正日益认识到如果把信息和媒体有机地结合起来，那么将得到另外的好处，产生广告攻势的整体效应。意识到这一点，公司就会加强制作和媒体策划之间的合作，而不是把它们断裂开来进行考虑。说得直白一点儿，给广告选择合适的媒体，就相当于给新娘穿上最漂亮的衣服，可以想象，在结婚的那天，人们最希望看到的就是新娘子的模样，如果新娘子打扮不入时，或是穿着马虎，那肯定会大杀风景。

虽然所有媒体所传递出的信息必须一致，但在具体实施时会随媒体的不同而有所差别。不论是哪一种媒体，报纸、杂志、广播、电视或电话等都一样，也都需要有创意性的方式，包括电子邮件、传真和互联网也是这样。因此，信息设计的决策必须与媒体的决策很好地结合起来执行。企业在做广告时必然要涉及费用这个问题。广告费用投入不足，肯定难以吸引消费者的注意力。为预防因广告费用不足而造成广告无法吸引太多注意的问题的发生，企业可能会在广告上过度投资，从而造成浪费。企业在广告上的开支一般遵循以下规则：以本身的财力、过去或预计销售量的百分比、竞争者花在广告预算上的百分比来制定广告预算。科特勒认为，这种规则不是最好的方法，更有效的方法是以目标和任务（objectives and task）为基础来制定广告预算。有些公司是以所欲达到的目标市场接触率（reach）、接触次数（frequency）与媒体的质化影响程度（qualitative impact），作为决定的基础。以所欲达到的接触率、接触次数与影响程度来计算广告预算，会使决策的过程简单得多。

选择媒体时，企业必须决定为达到广告的目的，广告应覆盖多广的面，出现多高的频率。比如，在广告播出的头三个月中试图覆盖70%的目标市场。而对于频率，也就是消费者在某个时间内所受到广告信息的影响。例如，对于那些需要演示的产品，电视上的信息比电台上的信息更具影响力，因为电视利用了声效和视效。同样的信息在一本杂志上可能比另一本上更让人信服，比如说在《新闻周刊》上可能比《国民咨询》上更让人信服。总而言之，覆盖面越广，频率越高，影响越大，广告费用相应也越高。

媒体计划人还要做的一件事是计算某一特定媒体工具（电视、报纸、杂志等），触及每千人的平均成本。如果《新闻周刊》上登张全页四色广告的费用为 84000 美元，而《新闻周刊》的读者估计有 300 万人，那么广告触及每千人的平均成本约为 28 美元。同样的广告登在《商业周刊》上可能花 30000 美元，但是，触及人数仅 775000 人，则每千人成本为 39 美元，要比《新闻周刊》高得多。媒体计划者宜根据每千人成本的高低将各种杂志排列成表，选择成本最低的杂志做广告。杂志自身经常为它们的广告作"读者概况分析"，总结杂志的典型读者特征，如年龄、收入排列、居住地、婚姻状况和业余活动等资料。

在这个基础上，还必须作一些修正。对于婴儿洗涤剂广告来说，一本拥有 100 万年轻母亲作为读者的杂志就有 100 万人次的展露价值，但是，如果这 100 万读者都是老人，那么，展露价值就等于零。又如，《时尚》杂志的读者就比《新闻周刊》的读者更注意广告。展露价值还应按编辑质量（声望和可信程度）加以修正，编辑质量是因杂志不同而异的。最后，展露价值还应按杂志中不同的广告地位和额外服务加以修正（例如，地区版、职业版和前置时间要求）。

如何衡量在媒体上做广告所产生的效益，媒体计划者越来越多地使用比较复杂的手段，并且把它们用数学公式加以计算，以便找到最佳媒体组合。许多广告代理商先运用计算机程序，然后根据筛选出比较合用的媒体所省略的主观因素对媒体作进一步修正。

到底要应用哪种媒体，准备做广告的企业面临着一个总体安排问题和一个具体安排问题。

科特勒认为，总体安排问题包括企业必须决定如何根据季节变化和预期的经济发展来安排全年的广告。假设某产品的销售旺季是在 7~9 月，销售量占全年的 70%，这时，该公司面临三种选择。公司方面可以顺着季节的变化而调整其广告支出，也可以按季节变化相反的方向来安排广告支出，或者全年平均使用广告费。由于随着季节的变化而调整广告费用所产生的经济效益比较好一些，因而这种做法被大多数公司所采用。但是，也不是没有相反的例子。

比如，几年前，一家软饮料制造商开始增加淡季广告的费用，结果其品牌的非季节性消费有所增加，而且对于该品牌的旺季销售并没有产生影响。其他软饮料制造商也开始这样做，其结果是出现了一种更加平衡的消费格局。以前的季节性集中广告实际上是一种自我满足的猜测，其实是没有实际根据的。

出现这种情况并非偶然，这只能说明，做广告的总体安排和具体安排是一件比较难以把握的事情，企业只有在进行科学论证的前提下，根据实际情况对广告的投入进行调节，以找到一种符合企业广告的广告投入方法。

五、"永远的可口可乐"：广告需要常变常新

> 广告公司常常从"某一方面"去考虑广告的策划与制作，因而其广告带有该公司明显的"风格"，思想僵化。因此，企业更换广告公司有时是必要的。
>
> ——科特勒

广告代理公司始于19世纪中晚期，由在媒体工作的行销人员、经纪人发起。他们接受一些企业的委托，负责销售宣传方面的事宜。渐渐地，行销人员开始帮助客户准备广告。最终，他们组建了代理公司，在广告宣传方面比媒体更专业化。如今的广告公司都拥有许多优秀的专家，能比公司自己的人员更好地策划广告、完成广告任务。代理公司可以带来外界人士的观点，解决委托公司的问题，同时也能采用其与不同顾客打交道和处理不同情况的经验。正是看中了这一点，现在即使是有很强广告宣传能力的大公司也常常把广告制作任务交给广告代理公司去完成。

一般地，多数广告代理公司拥有专门的职员和渠道为其客户处理广告

菲利普·科特勒：

行销之父

攻势各个阶段的事务，从制订行销计划到筹划广告攻势、准备、推出和评估广告。广告代理公司通常由广告创意和创作部门、媒体、广告对象的研究部门、商务以及代理公司的各项业务活动部门四个部门组成。每笔广告委托业务都由一位业务主管负责实施，每一个部门都被分配从事一项或几项广告委托业务。

广告公司的核心部门是广告创意和创作部门。这个部门的人员利用他们的"刻满金点子"的头脑创作出一个个精彩新颖的广告。

根据心理学家的研究，人都有一种思维定式，即习惯于某种思维方式，不管是伟人、科学家、抑或平凡的人，都不同程度地存在这种思维倾向。作为富有创新思想的广告制作人员也不能例外。广告的一大特点是具有创意，千篇一律的广告会使人昏昏欲睡，难以吸引顾客的注意力。而不幸的是，广告公司也常常"从某一方面"去考虑广告的策划与制作，因而带有其明显的"风格"，其实这也是思维僵化的一种表现。科特勒建议企业不能总是采用同一广告公司，以避免广告形式僵化的弊病。更换广告公司所带来的好处我们可以从百事可乐的例子中窥见一斑。

进入 20 世纪 90 年代，可口可乐的广告日见陈腐，百事可乐公司更具时髦感的广告在消费者的意识中一度超越了可口可乐。可口可乐的主管们担心可口可乐牌子的个人风格将变得模糊起来以至最终过时。1989 年，可口可乐公司召集了一个非常规的由 10 位市场理论专家组成的小组，讨论稳步占领消费市场的策略。专家小组通过激烈的辩论，得出的结果是：以普通的方式在普通媒体中做广告的品牌，往往只能产生一般的形象，而不会有什么特殊的效果。根据他们的观点，那些大的广告代理公司打出去的是几十年来一贯沿用的广告宣传方式。他们的建议是不要落入俗套。

1992 年，在被竞争对手百事公司的大规模广告困扰几年之后，可口可乐公司采取了果断措施。它放弃与麦迪逊大街上最大的传媒机构 38 年的关系而进驻好莱坞。由此，可口可乐获得了支配好莱坞的智囊机构——创造性艺术家代理公司（CAA）的统配权。此举的结果直接导致了激动人心却又颇具争议的"永远的可口可乐"的新广告运动。

在激进的重振其广告宣传的努力中，为什么可口可乐公司雇用这家好莱坞首屈一指的智囊机构 CAA 呢？原因是 CAA 可以让可口可乐公司得到许多一流的好莱坞明星、作家和导演。但是最关键的是，CAA 向他们提供了通向大众文化的渠道。智囊机构知道好莱坞走红什么——语言、音乐、服装、体育。而走红好莱坞的东西很快也会在各地风行起来。正是这个原因，可口可乐才看中了 CAA 这家好莱坞广告公司。

可口可乐公司首次雇用 CAA 作为"广告代理公司"。然而仅在几个月内，迈克卡恩—伊克森（M－E）公司就同 CAA 竞争起 1993 年可口可乐传统广告战的创意控制权。这项活动被定为有史以来可口可乐公司最大的广告宣传项目。在一个宣传日中，M－E 公司制作了很平常的六个广告，把可口可乐定为全球人人拥有的软饮料。为了打败竞争对手，CAA 急风骤雨式的 60 分钟的影片让可口可乐公司的管理人员看得眼花缭乱。在影片中，他们推出了大约 50 个激动人心的当代广告的不同思想。这些广告令人耳目一新，结果 CAA 得到了 20 多个广告的制作权，而 M－E 只得到了非常可怜的两个。

1993 年春，可口可乐公司组织发起了 CAA 独创的"永远的可口可乐"广告宣传活动。新的广告攻势凌厉无比，它完全甩掉了麦迪逊大街的创意方式。它首次放弃了"一个目光，一个声音，一种销售"的一贯做法。在他们的广告中，几个标准化的，目标广泛的广告迎合了可口可乐饮用者的普遍需求。与趋从媒体和市场来划分全球趋势的做法不同的是，"永远的可口可乐"攻势体现出大量广告限定在瞄准特定的媒体、观众和季节的特色。

广告本身也同可乐通常的节目相去甚远。广告和广告之间在格调、目标方面大不一样，它们从表面上看没有一个相连的主题：蝉鸣之夏，水汽漉漉的可乐瓶；一支用可乐瓶奏乐的环球可乐乐队；身带节奏凿冰、刨冰的舞蹈演员；追溯从 20 年代起伴随了它们半个世纪的哈利巧遇萨丽式的伴侣；聚集在大块浮冰上的动画北极熊满心欢喜地抱着可口可乐望着北极光。这些广告的特点是或具体，或抽象，或情节分明，或主题模糊，或高雅，或粗俗。不拘一格，相映成辉。但所有这些广告都带有"永远"这个口号和可乐圆形标志这个共同的特点。这正是隐含在这一连串广告后面的

主题。

为了制作这些时髦的广告，CAA 竟然动用了在好莱坞如日中天的罗布·赖纳、费郎西斯·科普拉、戴维·林奇以及理查得·唐纳等制作人。

新的"永远的可口可乐"广告战活动显然开创了新天地，不过人们对此也是众说纷纭。广告业的某些内部人士赞扬 CAA 的广告新颖、巧妙、开心甚至性感，但麦迪逊大街的大多数成员强烈指责这场广告战策略有余而战略不足。那么专家们是怎样看待这一新的广告做法呢？请看广告评论家鲍勃·加菲尔德的评论：

CAA 推出来的 20 个商业广告可谓咄咄逼人，这些广告有时甚至很疯狂，然而它们却代表了至少 10 多年来最好的可口可乐广告攻势。它们或巧妙、或惊人、或令人赏心悦目、或不同凡响，有时甚至精妙绝伦，不过这些新的小节目在引起大众兴趣、颇具娱乐效果的同时，似乎缺少整体的战略方针。

许多观察家，甚至包括可口可乐公司内部的人，担心这场广告战成为当代的摸彩袋，属于非常聪明但结构松散的小把戏而已，只能引起人们的一时兴趣，却不能够最终激发顾客的长久欲望。

尽管许多专业人士对这些广告褒贬不一，可口可乐公司仍把 1994 年广告攻势的 30 个广告"订单"交给了 CAA 广告公司。虽然最初的"永远的可口可乐"广告引发了各种各样的议论，1994 年重新登场却赢得了越来越高的评价。格兰菲尔德这样赞誉道：

30 个广告短片称得上是可口可乐公司最好的广告，也许是几十年来软饮料广告方面的上乘之作。轮廓鲜明的瓶子，红色可乐圆章图案和那不可抗拒的铿锵有力的广告词，如同可口可乐那滋润的黑色液体沁透了众多顾客的心。那精彩、嘹亮的"永远的可口可乐"口号，不再是一堆毫不相干的小故事中的结束语，现在已成为几乎所有短片中的主题句。这些短片同起初的那些混乱、松散的片子不同，它们密切相关、浑然一体。它们在对待各种观众不同的语言和风格播放时，努力做到现代与古典的最佳结合，从而世界各地的人一见到可乐就忍不住想喝上一杯。

突破了往常泛泛而做的"永远的可口可乐"广告攻势给广告业留

下了经久难忘的印象。对美国乃至世界广告媒体都是一个不小的震撼。即使是 CAA 的竞争对手也不得不承认："我相信，CAA 的'永远的可口可乐'广告所做出的最有效的成绩是，他们使这个已有 107 年历史的品牌表现得并不像一个 107 岁的老人。他们很有创见，抛弃了书本，冒着被传统广告创作人员的老顾客恶语中伤的危险，创造性地探索出一条崭新的广告之路。"

这使我们不得不重新审视一下广告的最基本的创作思路——创新。广告如果失去了创新，那么再好的广告体系终有过时的一天。

六、刺激型促销：让消费者的神经时刻为你绷紧

大部分的广告都无法立即对销售产生影响，对行为产生影响的作用是带有刺激性的促销，顾客只有在听到打折、抽奖等信息时才会马上采取行动。

——科特勒

促销即"促进销售"，是指企业运用各种方式方法，向消费者传递产品或服务的信息，从而激发他们的购买欲望，使他们购买企业的产品。实质上促销就是企业用于消费者之间的一种信息沟通活动。

企业促销的主要方式有人员行销、广告宣传、公共关系和营业推广四种，而在人们的观念中，所谓促销，主要是人员现场展销和广告宣传两个方面。

大部分的广告都无法立即对销售产生影响，广告的作用大部分是在心理层面，而不是在行为层面，对行为能产生影响作用的是促销，顾客在听到打折、买一送一的优惠，赠品或抽奖等信息时，往往才会促使他们采取行动。

绝大多数组织都运用销售促销工具，这些组织包括制造商、分销商、零售商等。10 年前，广告与销售促进的比例大约为 60:40。今天，在许多消费品中，销售促进占总预算的 65% ~ 75%。近 20 年来，销售促进的开支逐年增长，速度在不断加快。这跟下面两个因素有关：

1. 内部因素

作为一个有效的行销工具，现在促销更多地为高层管理人员所接受；更多的产品经理有条件使用各种促销工具，并且产品经理们受到了要他们增加销售额的更大的压力。

2. 外部因素

竞争对手频繁地使用促销手段；

品牌数量的增加；

许多产品处在相类似的状态；

由于成本的提高，媒体的庞杂和法律的约束，广告效率已下降；

消费者更看重交易中的优惠；

经销商要求制造商给予更多的优惠。

在各种促销方式中，企业利用刺激型的促销方式能够吸引新的试用者，免费样品的试用就属于这方面的典型做法。新的试用者有三种：同一产品类型中其他品牌消费者、其他产品类型消费者、经常转换品牌消费者。销售促进主要是吸引那些品牌转换消费者，因为其他品牌的消费者不会时常注意促销或者按照促销的意图而行动。而品牌转换消费者首先寻找的是低价格或赠券。但促销措施未必能促使他们成为忠诚的品牌使用者。在那些品牌相似性高的市场上使用促销措施，从短期看确实能使销售量明显增加，但是几乎没有持久的效益。在那些品牌相似性不高的市场中，促销措施能够更加持久地保持自己的销售量。

今天，许多行销经理首先估算交易促销费用，然后是消费者促销的费用，余下的用于广告预算。在一些大企业中，也有不少公司采取这种做法。

可口可乐公司在全球实施"本地思维化，本地化行销"的市场策略，调动全球不同市场的资源，使可口可乐散发出多元化的活力，而这种活力就是靠多元化的促销活动来表现的。

2000年，可口可乐与中国本土品牌强手联想家用电脑联手，借助联想的高科技形象来增加自己的市场份额。与联想联手是可口可乐公司这个饮料市场大王与互联网接轨迈出的第一步，也是其迎合网络时代的需求。联想有着遍布全国大中城市的数百家专卖店和上千家经销商，这个庞大的渠道体系传达的信息能在最短的时间收到并实施，这正是可口可乐所看重的。

可口可乐紧随其市场策略，进入2001年，从元旦春节期间开始，市场上的可口可乐公司推出"阿福"和生肖罐，紧跟其后就是3月"醒目"促销，5月又推出大型暑期促销活动"动感互联你我他"，其间还有金罐为北京申奥成功喝彩。真有点儿令消费者目不暇接，此外，还有申奥金罐活动。可口可乐通过这样的促销，把一个个悬念留给消费者，一会儿都没消停过。可口可乐公司这个百年老店，它的促销活动就像一个充满活力的年轻人，富有激情，让你感到可口可乐永远在你的身边，且"无处不在"地"伴你左右"。

更富有刺激性的促销活动是，可口可乐搭上了Internet时尚潮流的快车，把促销推向一个更高的形式。2001年5月，可口可乐（中国）饮料有限公司采用别具新意的网上直播形式，发布了该公司进入中国市场以来在中国地区规模最大的市场推广活动" 可口可乐—方正电脑·动感互联你我他"，这也是可口可乐在亚洲区第一次尝试以网上直播的促销形式。这次促销活动是一项以互联网为串联平台，为消费者提供最In、最酷的"影音通"多媒体电脑的市场促销计划。可口可乐与方正结盟，互相借力扩大市场，方正为这一联合促销活动设计了7000台特别电脑。一方是代表国内顶尖科技的先锋，另一方则是誉满全球的消费品牌，借助对方的强势，大大提升了双方品牌的知名度和销售量。

对于大的公司而言，促销能够不断地"提醒"消费者，对于市场份额低的竞争者来说，使用销售促进也有利可图。市场份额低的企业负担不起

可与市场领先者相抗衡的大笔广告费。如果它们不提供交易折让，其产品就没法摆到商店的货架上去，不给予消费者刺激就得不到消费者的试用。因此，弱小的品牌通常用价格竞争来设法提高其市场份额。

科特勒的看法是，一个拥有优质品牌的企业，当知名度不高时，要想引起消费者的注意，促销便是一种良好的选择。借助刺激式的促销方式，将可造就新的顾客。这种方式在一些刚进入市场经济的地区来说，有时会产生轰动的效益。例如，波兰的购物者免费得到大批沙宣"洗了就走"洗发水样品，仅仅为了首先使用新产品的特权，只要有商品摆上货架就有人来排队等待购买。有些顾客感动得泪花闪闪。在原捷克斯洛伐克的一个小镇上，当地邮政所所长被选入直销小组内。他高兴得无以复加，为了感谢直销小组的青睐，他还给宝洁的职员送去了玫瑰花。他告诉宝洁的职员："这是这个邮局有史以来最激动人心的事件。能亲身体验即将到来的市场经济，我真是太高兴了。"

虽然没有什么商品促销能够在早已习惯了促销的美国及其他西方国家的消费者中引起那样的激动，制造商们现在正寻找新方法来克服混乱的局面，例如，可以采用赠送优惠券的方式和制作更戏剧化、更能吸引顾客的节目。

尽管有些消费品公司感到它们使用较多的促销活动是出于不得已，宣称它们宁愿增加广告预算以增强企业的拉动力量，但是范里斯（Farris）和奎尔克（Quelch）等行销专家却有不同的看法。他们认为，企业及消费者的一系列利益是通过促销获得的，这是一种双赢的市场策略。促销使制造商得以调整短期内供求的不平衡。它们使制造商能够制定一个较高的牌价以测试什么样的价格水平才是上限，也促使消费者去试用新产品。正因为有了促销的存在，才产生了许多不同的零售形式，如天天低价商店、促销价格商店等，为消费者提供了更多的选择和更多的利益。它们提高了消费者对价格的敏感度，使制造商的商品销售超过了按牌价销售的数量，并达到可以获得规模经济的程度，从而降低了每单位产品的成本。同时，它有助于制造商更好地适应不同消费群体的需要。消费者在享受优惠价的同时，体会了作为一个精明购买者的满意感。因此，无论从哪一个方面看，促销无疑是一种刺激消费者尝试新产品和促使企业改变经营策略的好方式。

七、促销方案：考虑愈周密，消费者愈受刺激

促销的重要性并不亚于广告，促销对于中小企业迅速提升销售业绩尤其有效。因此，行销经理在制订促销方案时一定要从多方面考虑，尽可能做到缜密而少出漏洞，以免造成不必要的损失。

——科特勒

菲利普·科特勒：

行销之父

既然是促销，企业就必须要给予消费者（促销对象）一定的利益，这种利益就是起到促销作用的刺激。这种刺激大多数都是公司的产品，在决定使用某一特定的刺激时，科特勒认为以下几个因素是行销人员必须加以考虑的。

1. 确定所提供刺激的大小

若要使促销获得成功，必须向顾客提供最低限度的刺激物。较高的刺激程度会产生较高的销售反应，但也不是说，为了产生非常高的销售反应，促销人员把刺激物扩大到很高的程度，那样就存在一个促销成本问题。因此刺激物必须是适中的。

2. 把握好促销的持续时间

假如促销的时间太短，许多顾客就可能尝不到甜头，因为他们可能来不及再次购买而促销活动已经结束了。反之，持续的时间太长，交易优待则会失去其"当时发挥作用"的效力。根据有关研究显示，理想的促销持

续时间长约为每季度使用3周左右，其时间长度即是平均购买周期的长度。当然，理想的促销周期要根据不同产品种类乃至不同的产品来具体而定，不能一概而论。

3. 制定参与条件

用于促销的刺激物可向每个人或者经挑选的团体提供。赠品只能够提供给那些递交了盖过购买证明章的消费者。彩票对某些人如某些州的消费者、公司人员的家属、年龄不够法律规定的人等可不予考虑。

4. 选择分发的途径

一张减价15美分的折价券可以通过这样几种途径来分发：如放在包装内在商店里分发，邮寄或附在广告媒体上。每一种分布方法的到达率、成本和影响都不同。

5. 根据需要决定促销活动

促销是企业的一项重要战略决策，行销经理需要制订出全年促销活动的日程安排。尽管有了全年促销活动的日程安排，企业有时根据需要组织一些临时性的促销活动，这就要求短期内组织协作。

6. 确定促销总预算

这可以通过两种方式拟定。一种是从基层做起，行销人员根据所选用的各种促销办法来估计它们的总费用。促销成本是由管理成本（印刷费、邮费和促销活动费）加刺激成本（赠品或减价成本，包括回收率）乘以在这种交易中售出的预期单位数量而组成的。就一项赠送折价券的交易来说，计算成本时要考虑到只有一部分消费者使用所赠的折价券来购买。就一张附在包装中的赠券来讲，交易成本必须包括奖品采购和奖品包装成本再扣减因包装引起的价格增加。

在制订促销总预算时，有一种更为常用的方法是按习惯比例来确定各促销预算费占总促销预算的若干百分比。比如，洗衣机的促销预算占总促销预算的 20%，而电冰箱的促销预算就可能要占到总促销预算的 30%。由于不同品牌在不同市场上受到不同因素的影响，因而不同品牌的促销预算百分比也不一样，并且受产品生命周期的各个阶段及促销的竞争者的促销支出的影响。

促销对于企业来说，其重要性并不亚于广告，尤其是对于不能够在媒体上耗费大笔广告费的中小企业来说更能够通过促销快速地提升企业的销售业绩，因此，行销经理在制订促销方案时一定要从多方面考虑，尽可能地做到缜密而少出漏洞，以免造成不必要的损失。

菲利普·科特勒：行销之父

八、促销方式：因势而异的灵活

> 不同的促销方式各有其优缺点，企业选择促销方式时应以能够最大限度地提高产品的知名度和销售量为目的。
>
> ——科特勒

在促销上，有许多方式可以加以利用。比如广告人员行销、参加展会、实行折扣等都是常用的促销方式，但是，这些方式各有各的优点，也各有各的缺点，因此要灵活地加以选择，以能够最大限度地提高企业产品的知名度和提升产品的销售量为目的。广告在前面已有叙述，在此不再重复。

（一）人员行销方式

人员行销的方式是企业派出行销人员，同顾客面对面地进行交谈，向顾客推荐产品，并竭力说服其购买的活动。这种促销方式有以下优点：

1. 灵活性大

由于行销人员直接同消费者和用户面对面打交道，在行销过程中可随时观察其反应，并揣摩其心理变化，从而可以有针对性地采取必要行动，灵活解决行销中出现的各种问题，并可根据顾客的意见，对促销方式作出相应调整。

2. 针对性强

与广告等促销方式比较，人员行销的针对性更强。首先，目标顾客更加明确；其次，可针对目标顾客的不同特性，采取相应的介绍和说服方法，促使其作出购买决定。

3. 成功率较高

这是由人员行销的针对性、灵活性、直接性所决定的。人员行销当面促成交易，而通过其他方式，如广告、公关等，顾客从接受信息、作出购买决定到实施购买之间还有一段时间间隔，期间可能受到多种因素影响而改变购买意愿。

4. 利于信息反馈

人员行销可以实现信息的双向沟通。在行销过程中，行销人员向顾客介绍产品的同时，可以了解顾客对产品及企业的意见，对顾客需求比较了解，因而能够及时将有关信息反馈给企业管理部门，为决策提供依据。

不过，人员行销的促销方式也有其不足之处，其一是人员行销费用较高，其二是受人为因素影响较大。

科特勒通过对人员行销研究发现，其作用是多方面的：行销人员不仅服务于现有顾客，还要积极寻找和开发潜在顾客，努力开拓市场；他们在把企业和产品信息传递给顾客的同时，也及时将顾客的意见和要求反馈回企业，从而实现信息的双向沟通，因此，行销人员是企业的重要信息通道；通过与顾客接触，行销人员推荐产品、解答疑问，从而促成交易，为企业树立信誉，培养感情，使顾客成为企业长期、忠实的买主。

（二）展销方式

展销也是科特勒看重的促进产品销售的一种很好的方式。行销人员通过把企业的产品陈列在特意制作的展台或展柱里，向参观者（一部分还是顾客）进行展示，同时辅以讲解，使企业产品同较多的人见面，让他们熟悉，达到宣传的效果。展销前具体主持者应做好以下准备：

1. 做好商展计划

为了使展销更好地发挥其宣传作用，行销人员在展销前应做好计划，以免疏忽一些重要的细节。

在进行商展计划时要考虑的要素：

（1）说明目标。说明目标尽可能简明，将这些目标配合公司整体的行销目标。设法使商展成为公司重要目标的一部分。

（2）分析商展。包括参观者的评估、活动计划的回顾、列出所举办的研讨会和促销事件。并说明公司产品与参观商展的哪一部分观众有关。检查设备的陈设。衡量你的摊位位置和其他摊位的关系，也考虑即将举办的活动和你的摊位位置的关联性。①列出展览或展示的产品或服务，描绘一个预先的布置草图；②准备好将要分发的宣传文件、销售订单及可能买主名单；③假如商展会场工作人员在两人以上时，设定好每天摊位工作的进度表；④拟定工作完成的进度表；⑤将你的初步促销工作（如给消费者的信）或如何款待重要客户等工作做个扼要说明；⑥对成本或预算的估计；⑦说明如何衡量商展后的成果。

实际上，计划可分成两个阶段来写。第一个阶段是列出可能出现的问题；第二个阶段则是如何解决问题。

2. 确定商展目标

在展销前，行销人员要先考虑到参加展销将要达到什么样的目标。这

是一件很重要的事，如果事先不做一个目标设定，展销时将会是很盲目的。

当你试着设定目标时，需要考虑下列几项：

（1）增加产品和公司对观众的吸引力。

（2）和现有的顾客交谈接触而取得订单。

（3）从新的客户中找出可能买主名单和订单。

（4）如何对产业和竞争情况更加了解。

对于如何增加销售量或发展新产品用一般性概论描述是不够的。设定目标必须明确地知道：在商展期间每天你将会吸引到多少现有客户，每天能与多少潜在客户交谈接触，什么竞争对手会参加商展，他们将展示什么，是否有机会接触新闻媒体，如果有在哪儿，你能从商展了解到观众的哪些兴趣和生产有哪些新的趋势，这些都是进行展销的人员需要考虑的问题。

在目标设立的过程中，首先是考虑目前的顾客。写下你期望在展览中见到的顾客数目，以及他们的姓名。大略估计所期望的订单数目及每张订单的平均价值。如此就产生了价值目标。其次是考虑预期的目标。销售电话和网络费的平均费用超过 300 美元，而在商展中只超过 150 美元。此时你一天所做的计划比一个星期在办公室里做的还多。使用下列方法以建立预期的目标：

（1）预测展览开放的时间会有多少销售人员在现场。假设展览高峰时段每位销售员每小时接触 10 位顾客，如有 2 位销售员，设定忙碌的 1 个小时内接触 20 位顾客。

展览也许持续 3 天，一天 6 个小时，共 18 个小时。然而，人潮有时会缓慢，你也许觉得 18 个小时中只有 12 个小时是忙碌的，所以 20 × 12 = 240 次接触。（你减少了 6 个小时，如此一来，即使每小时 10 个人的接触过高，仍可行得通。）

（2）预做销售量。假设 20% 的接触有结果，即有 48 件。因商展的观众已事先经过筛选，你可预期较高比率的销售案，约 50%。创造销售目标，包括商品结束后的销售。因此为 24 件。

（3）将销售案件与每张订单的平均价值相乘，建立个人预期的价值目标。

3. 展销要考虑四个方面的问题

（1）销售目标。销售目标包括从商展中订约到收到订单的全部过程，而有关的所有数字均可转为报酬与成本比较。①在摊位完成的可能销售次数；②在摊位与顾客接触的次数；③在商展中完成的销售次数；④商展后，可能销售转成实际销售次数；⑤销售总收入；⑥费用同收入的比率，也是成本相对收益的指标。

（2）增强吸引力和提高形象。在增强展品对参与者的吸引力和提高企业形象方面，促销人员所做的事包括宣传手册的发放、提供生动的展示、教育性的研讨会、发布新闻或开记者会等活动，他们都能够增强公司吸引力或改善公司形象。它的衡量方法可计算接触到的人数并比较成本，或者研究发现有多少人注意到其信息或态度因而改变。①光临商展的顾客人数；②宣传品、样品或赠品发放数目；③在电话、新闻或网络中提及次数；④由专业研究中发现注意力及态度的改变。

（3）现有客户的销售和定位。目前现有客户可计算而得，甚至可指名道姓得出。坐下来思考一下你所希望借由他们完成什么？得到订单、介绍新产品？多少和什么的思考将可能比较出成本与收益。①你曾招待的重要客户、各种媒体的主管和各种协会组织的人数；②有多少销售是通过目前客户介绍而发生或有更密切的接触；③也许你希望加强与重要客户的关系或者认识客户公司中的新进人员。提供热情款待，电影票或运动比赛门票、正式的晚餐都是可行方法，总之尽可能量化你的目标并考虑成本的大小。

（4）学习的目标。通过商展，第一可以了解目前竞争现状。第二是借由讨论会更了解顾客所关心为何。第三可以进行产品评估，由于商展使得购买都能集中到一定的场所，提供了产品评估、研究的机会。而这些目标同样也可量化而与成本比较：在商展中竞争者人数和哪些产品或服务被人所重视，在商展中讨论会参与人数有多少，参观者调查有关产品或服务的

研究计划是什么。

事实上，各大小公司每年花在商展上的金额巨大，有不少公司对此却糊里糊涂。——这对于任何精明的商人都是无法容忍的。

《商展周刊》每年的读者调查中得出的结论令人吃惊，竟然有 1/10 ~ 3/10 的公司根本连商展的目标都没有设立。而其余的公司则说，虽然在展销前有设立目标，但这些目标之中有一半是可以衡量的目标，而另一半则是不可以衡量的。商展研究会的研究指出，虽研究对象中有 7/10 算领先的厂商，但却仅有不到一半的厂商去研究销售成果。公司都希望销售出产品却不知要销售多少产品。他们希望引起购买者的注意力，却不知道采取哪些措施去做到这一点。他们没有标准去衡量自身的表现，因此，改进就更不用说了。

实际情况可能比《商展周刊》的调查还严重。该周刊的发行量与实际上参加商展的公司数量相比还相去甚远，而订阅周刊的公司往往是一些经常办商展的公司。

关于经理们不设立明确的目标一事，理由各不相同。有人说："设立目标只会使我们注意销量而不重视品质。"或者说："若设立目标，大家在达到目标后便不再努力了。"更使人震惊的说法是："如果我设立了明确的目标而无法达到时，很容易遭到老板的责备。"

展销人员往往不愿意承认他们不知道如何去做，这也是一个潜在的原因。不管出于何种原因，科特勒认为这都是不能容忍的。

4. 如何提高展销绩效

商展的名称往往使商展情形暗示了一些心理特征。例如，礼品展示会参观者可能为批发或零售的礼品买者。国际电脑会则表示了电脑购买者。企业决定参展往往基于这展览名称的相符和其宣传者宣称将有一定的观众。这种心理显示也许是正确的，但为了找到所要的特定观众，我们仍应加以注意。

要想追求一种使你的产品接触到所有顾客的商展是不可能的。这是否表示你不必去参加商展展出？当然不是。无论如何你应设法去抓住属于你的观众。通过改善你的展示和确定多大的空间最适合你的观众，就能够把展销会做得更好。

许多专业的商展管理公司会提供一些过去的观众分析数字，这些资讯是由一些外面的研究机构来评估顾客参观情形而得。借助这些数字可以使展商有针对性地制定决策。

然而，一些商展主办者，他们尽可能减少这些研究以降低租金，从另一个方面来讲，他们却增加了自己的利润。他们认为这些统计数字并不能帮助他们增加摊位的出租。（他们认为一般业者总是借口参加商展摊位很贵而不参展，他们只是想降低成本，因此不作任何研究。）他们不了解其实业者正需要这些统计数字来提高其参展的价值。

这种情形目前已日渐改善。由于业者对租金的关心远没有对观众的关心那么看重。研究的支出可转于租金，而主办商展者正想法透过这些研究使业者参展。这从某种角度来说对双方都是有好处的。

此外，有的展商在展销过程中发现，有许多人来到其摊位前却对其展示的产品没有丝毫兴趣。有些人只是好奇，有些人可能是竞争者。我们有时对一些选错的观众介绍我们的产品。有一家大公司调查过40个全国性和地方性的商展，发现平均浪费的接触占与顾客总接触次数的25%，即1/4多！但每个个别摊位变化率甚大，有的高出一倍，也有的低于50%。怎么对待这种情况呢？从销售的观点来看，这些多余而不必要的接触应设法予以排除，但在设定目标时仍要考虑到它们。

其实，只要了解这些浪费因素，就可以对它加以调整，以提高展销的绩效。

（三）其他形式的促销方式

企业在促销产品时，除了广告、人员行销、展销等方式外，还有其他一些常用的促销方式。科特勒认为，以下几种方式都能够产生良好的促销效果：

1. 现金折让

这种促销方式是在顾客购物完毕后提供减价，而不是在零售店购买时给予。消费者购物后将一张指定的"购物证明"寄给制造商，制造商用邮寄的方式"退让"部分购物款项。例如，一向善于进行促销运作的托罗公司选择了在冬季尚未来临之际发起了一场铲雪机的促销攻势，声称如果届时在买主所在地的降雪低于平均水平，则予以全款退还。

2. 赠送物品

为了刺激顾客购买某种产品，企业以较低的代价或免费向其提供某一物品。赠送的物品有好几种方式，一种是附包装赠品，即将赠品附在产品内，或附在包装上。一种是免费邮寄赠品，即消费者交还诸如盒盖之类的购物证据就可获得一份邮寄赠品，如 UPC 编码的盒子。一种是自我清偿性赠品，即以低于一般零售价的价格向需要此种商品的消费者出售的商品。例如，桂格麦片公司在一次促销活动中，在健尔·拉森牌狗食品的包装内放入了价值 500 万美元的金币和银币。赠送物品的促销方式能够使顾客得到直观上的心理满足。

3. 特价包（小额折价交易）

向消费者提供低于常规价格的少额销售商品的一种方法。其做法是在商品包装上或标签上加以附带标明。它们可以采取减价包的形式（如原来买一件商品的价格现在可买两件），或者可以采取组合包的形式，即将两件相关的商品并在一起（如牙刷和牙膏）。例如，空气清新剂公司有时在特价包中把几种空气清新剂放在一起，像喷雾器、地毯清洗剂和固体的空气清新剂。这种促销方式对增加企业的销售量很有帮助。

4. 奖品（竞赛、抽奖、游戏）

这种促销方式是消费者在购买某物品后，向他们提供各种获奖机会。这些机会或者是赢得现金，或是得到一次出国旅游的机会，或是获得某种物品，等等。抽奖则要求消费者将写有其名字的纸条放入一个抽签箱中。游戏则在消费者每次购买商品时请他参加游戏，如纸牌游戏、填字游戏等，这些有可能中奖，而且有时奖品价值相当可观，也可能一无所获。例如，一家桑塔纳汽车制造厂家组织一次抽签活动，抽签中奖时可获得价值3万美元的桑塔纳轿车一辆。

5. 光顾奖励

它是指以现金或其他形式按比例地用来奖励某一主顾或主顾集团的光顾。例如，大多数航空公司搞的"经常乘机者计划"；马里奥特旅馆采用"忠诚的住客"计划来奖励达到一定积分的住客。

6. 共同促销

两个或两个以上的品牌或公司以优惠券、付现金折款或以竞赛方式进行合作，以扩大公司产品的影响力，提升公司形象。各公司的销售人员则促使零售商参与这些促销活动，通过增加陈列和广告面积使它们更好地显露出来。比如，购买几箱罐装水晶淡软饮料、选择者牌咖啡和凯布勒牌盒装饼干后，长途电话用户可从 MCI 那里得到 10 分钟免费电话。

7. 交叉促销

利用一种知名品牌为另一种非竞争的品牌做广告，即属于交叉促销。比如，纳比斯科（Nabisco）公司的饼干广告称包装中有赫尔希巧克力棒，并且该包装盒在购买赫尔希（Hershey）产品时还能折价。通过交叉促销，非竞争品牌可提高其知名度。

8. 免费试用

许多企业在推出新产品前，邀请潜在顾客免费试用产品，以期他们购买此产品。例如，汽车经销商鼓励人们免费试用，以刺激人们的购买欲望。

9. 产品保证

由销售者保证，按规定产品无明显或隐含的毛病，如果在规定期内出毛病，销售者将会修理或退款给顾客。日本汽车公司提供的汽车保用期之长远远超过它们的竞争者。

例如，克莱斯勒汽车公司提供了为期5年的汽车保用期，保用期之长远远超过通用汽车公司和福特汽车公司，因此引起消费者的注意；西尔斯百货公司提供了汽车蓄电池寿命期内终身保修。产品保证的促销方式能够使消费者放心地购买和使用企业的产品，从而起到提升销售量的作用。

如今，企业把促销资金的重点投入到零售商和批发商身上约占63%，而在顾客方面只占37%。贸易促销可以让零售商和批发商把一个品牌送上货架，进行广告宣传，鼓动顾客购买。如今，各类商店的货架上已经是货满为患，要想店家把你公司的货摆到货架上确实不容易，正是由于这种原因，生产商不得不压低价格，实行补助和销售回扣以及给批发商或零售商提供免费商品，以使他们的商品能放上货架，并且长久地卖下去。

生产商可使用好几种商业促销工具。生产商也可直接进行折价销售，即在规定的时间段内以低于标价的价格销售。这些措施可鼓励销售商大批进货。销售商可利用折扣直接获利，或是进行广告宣传，也可降低价格向顾客销售。

促销方式虽然很多，但是一般都要根据企业产品的特点和企业的财务状况加以选择，以达到最大的促销效果。

相关链接（一）

"娃哈哈"初起步广告重拳出击

报纸、广播、杂志、电视向来被称作中国广告媒体的"四大天王"。报纸、杂志和广播都属于"传统媒体"，早在20世纪的30年代，已有不少人在上面刊登广告了。而电视的出现较这三种媒体晚，在中国尤其如此。但是，随着电视逐步进入中国寻常百姓之家，许多人打起了在电视上做广告的主意。

1979 年 1 月 28 日 17 时 50 分，上海电视台就播出了中国内地第一条电视广告——童涵春参桂补酒。

从 20 世纪 80 年代末开始，更多的电视机进入普通人的家，电视广告于是大有急起直追之势。90 年代更是步入巅峰期。有统计资料表明，1996 年，全国电视广告营业额已达 90.8 亿元，居四大媒体之首，其增长速度比"老二"报纸广告高出 1 倍多。

"品牌就是企业发展的最丰盛的资产。企业的牌子如同储蓄的户头，当你不断用广告累计其价值，便尽享其利。"这是生产世界上销量最大的"万宝路"牌香烟的美国烟草大王菲利普·莫里斯公司总裁马克斯讲过的一段话。

作为一家从校办企业走出来的"娃哈哈"公司总裁，不知道宗庆后先生有没有听过马克斯的这段话，不过我们可以相信，他肯定清楚地知道，知名度不等于品牌，但可以肯定的是，品牌一定是名牌，必须有知名度的基础。尤其是在从总体上说信息传递尚有些闭塞的中国市场，对自身产品广泛的传播，借助现代商品社会最直接的手段——广告就显得极为重要。

国务院发展研究中心、信息产业部等部门的专家、学者组成的中国农村市场联合调查研究课题组曾对全国 14 个省市 20000 个农村居民家庭做过一次专项调查。这项调查得出的一个结论是，目前，中国农村消费者最主要的消费信息来源是广告宣传，其中 61% 的农村消费者表示他们获得信息最重要的渠道是电视。33% 的被访问者认为中央电视一台是他们最常收看的频道；最喜爱的电视节目是"电影/电视连续剧"和"中央台新闻"，其收视率高达 71.9% 和 65.5%。收视率最高的时段集中在 19：00—22：00。

另一项调查表明，对于中央电视台的广告 90% 的观众认为都是可信的。据中央电视台前广告部主任谭希松女士称，20 世纪 90 年代中期中国就有电视机 2.9 亿台，电视人口按"2.9×4"计算有近 12 亿。如果每天开机率为 70%，有效电视人口就超过了 8 亿。中央电视台《新闻联播》节

目的收视率经常年测试在 46%～48%，亦即每晚观众达三四亿人，绝对称得上中国乃至世界"第一节目"。即使按北京长城国际广告有限公司较为客观的调查，中国也有 8.52 亿电视人口，《新闻联播》1996 年的平均收视率在 28% 左右（不含地方台转播的收视率）。据此匡算，每晚观众也突破了 2 亿，跟美国的全国人口一样多。

中央电视台作为中国唯一一家国家电视台，只此一家，别无分店，不仅具有全国最高的收视率，而且作为"党和政府的耳目和喉舌"而享有极高的权威性，所以，普通老百姓对播出的广告有着极大的信任度。不仅是娃哈哈公司，在许多意欲争霸全国市场的企业眼里，中央电视台的确是一个有着无比诱惑力的"强磁洞"。因此，新兴的电视广告备受娃哈哈公司注目是一件极平常的事。与媒体交往多年的公司广告部部长杨秀玲分析称，广播比电视有着悠久得多的历史，但总体已日渐式微。报纸和杂志虽然种类数以千计，但在中国的特定国情下，其主流读者却仍属"文化人士"等特定群体，近年都市类报刊的兴旺才使这一状况有所改变。随着中国成为世界级"制造工厂"，电视的普及率的突飞猛进，这种媒体由于辐射面广，形象直观，有声有色，因此对受众文化水平的要求不高，在信息传播上几乎可以说是"信息恢恢、疏而不漏"。世界行销之父菲利普·科特勒认为，生产者产品的试用率决定于受众注意度，而受众注意度又与产品信息的送达率、频率及由此产生的影响力息息相关。毫无疑问，在四大媒体的比较中，电视广告无疑属于传播影响力最大者。

娃哈哈公司对电视广告青睐有加还有两个有别于其他企业的原因：一是娃哈哈各类产品的价格几乎全部走的是几元钱以下的平民化路线，大众色彩很强；二是经过长期探索，娃哈哈逐步形成了地级市以下城镇与农村市场无人可以比肩的巨大的行销网络优势。在这一广阔的市场空间，平时"不读书、不看报"的潜在购买者人数不容忽视。对他们来说，电视正可以把信息传递到他们的头上。

宗庆后正是借助于电视广告这支"空降兵"，把娃哈哈"喝了娃哈哈，吃饭就是香"的广告播进千家万户，从而造就了娃哈哈的迅速崛起。

宗庆后广告运作的手笔之大、气势之强足令"胆小"的人闻之色变。

1988 年 11 月，娃哈哈儿童营养液上市，宗庆后同两家地方电视台洽谈广告。几经商议，对方伸出了两根手指：可不要错以为这个手势是指 2 万，而是不下于 20 万。20 万的数目在今天来说也许仅是小菜一碟，而娃哈哈公司当时全部的流动资金只有 10 万元，即使砸锅卖铁也凑不足。然而宗庆后是很有气魄，听后虽然有些出乎意料，但仍旧面不改色，在合同上签下"宗庆后"的大名。结果是，娃哈哈的广告尚未播完，订单已如雪片般飞来，等着排队提货的大小车辆竟造成娃哈哈公司所在的杭州清泰立交桥北侧原本并不热闹的通道一时为之堵塞。电视广告作为广告媒体中的老大，其威力由此可见一斑。

事实上，广告也并非现代商品社会的产物，其历史至少可上溯几千年。然而直到 2001 年，中国内地广告市场的总额也不到全国生产总值的 1%，人均广告费与世界水平更是无法相比，尽管中国的广告费同世界水平相比是"小巫见大巫"，但谁也不敢否认改革开放 20 多年来，中国广告业从零起步，迅速成长为最火暴的新兴产业。与此相伴的是，没有一个已经或曾经声名大噪的企业及品牌敢斗胆说自己与广告无关。

娃哈哈更精彩绝伦的一出戏是几年后发生在南国广州的千里奔袭。20 世纪 80 年代下半期，得对外开放风气之先的广东人沿铁路、公路线渐次北上，"卧榻之侧，岂容他人酣睡"？可宗庆后偏偏就不信邪地想摸摸老虎屁股。1991 年春夏之交，满载着娃哈哈产品的列车悄然驶进忙碌的广州火车站站台。另一边，娃哈哈与当地电台、电视台早已签下每日滚动播放的高强度广告合同。6 月的某日早晨，广州市民一觉醒来发现，舆论媒体竟如此异口同声，铺天盖地的全是一个声音——娃哈哈！华南虎措手不及，娃哈哈在广州的月销售量已"青云直上"，达 100 万盒之巨。原来，这都是宗庆后的"神机妙算"。当时，广州报刊媒体老大《南方日报》每周的全部广告版面是 5 个整版，而宗庆后"胆大如牛"，一个不漏全吞下了。

自从电视广告显示其无穷威力之后，中国各行业的大批领头企业纷纷加入中央电视台每晚 17 时至 20 时黄金广告时间的争霸战中。由于僧多粥少，中央电视台从 1994 年 11 月起，干脆搞起了竞标的"凭武取士"的做

法。因此，中国广告史上就唱出了一连串"标王奔魁"的精彩刺激的大戏。孔府宴酒、秦池酒、爱多VCD、步步高等标王是你方唱罢我登场，中国的广告业一时蔚为壮观，标王们也通过广告给它们的企业带来了滚滚的利润。

相关链接（二）

汉堡包风雨启示录

1. 有力而又无能的广告

1974年，市场份额长期在4%上下徘徊的汉堡包王公司为了改变这种状况，推出了一项怎么好吃怎么吃（Have It Your Way）的广告宣传活动。公司把这次宣传的重点放在汉堡包王制作汉堡的策略上。根据顾客的要求，公司决定改变只提供几种固定式样的汉堡，而是按照符合顾客口味的方法去制作汉堡包。汉堡包王这次推出的广告活动被认为是汉堡包广告史上最好的一次。

接着，为了保持销售额的增长势头，汉堡包王再接再厉推出一个又一个广告活动。1982年它推出了以"你现在不想吃汉堡包吗？"为口号的"汉堡包大战"的宣传活动。接着1983年推出了火烤对油煎（Broiling vs. Frying）的活动。这次活动的主旨是让人明白汉堡是火烤而不是油煎的。再有，以大转折（Big Switch）为主题的活动一直持续到1985年，所有的这些宣传活动都集中宣传汉堡包王优于麦当劳，这些广告宣传起到了不少作用，公司的市场份额由1983年的7.6%提升至1985年的8.3%，并且还在继续提高。

然而，正当汉堡包王的市场份额达到最高的8.7%，汉堡包人举杯相庆的时候，该公司推出了"寻找赫布"的活动，这项活动后来被证明是汉堡包的一次灾难，令人痛心不已。这项活动以赫布（Herb）为中心人物，广告策划者把他设计成一个古怪而又愚蠢的人。据说，他是世上唯一一个从来没有吃过汉堡包王出品的Whopper的人。汉堡包公司宣称，顾客可以出去寻找赫布，如果谁找到一个Whopper，谁就会赢取一项价值不菲的奖

品。这次活动以彻底失败而告终。原来期望较高的销售额只上升了 1%。远远低于 10% 的预期目标。究其原因，广告在策划时忽略了歧义的存在，顾客都将注意力放在了赫布身上，而非 Whopper。

汉堡包王公司终于醒悟到，自身的形象是与愚蠢的人捆绑在一起的。

赫布宣传活动所带来的结果是，汉堡包王的市场份额持续下降。为了扭转这一局面，汉堡包王在 1986—1987 年推出了以"本市是汉堡包王的天下"为主题的活动，并以"最快的时间做出最好的食物"为宣传口号。1988 年，该公司推出"你想怎样我们就怎样"的活动，这次活动依然着重宣传火烤汉堡。然而，苦苦期待销售额有所增长的汉堡包王公司并没有从这两次宣传活动中得到什么好处。1989 年，汉堡包王公司创新推出"有时，你得不拘常规"的活动宣传这样的理念，那就是在汉堡包制作业中火烤和个人要求就是不拘常规、推陈出新。

为了吸引男性青少年的注意，最近的宣传中，汉堡包王在一系列的广告宣传活动中，效果平平，似乎有点黔驴技穷的味道。在"BK Tee Vee"以 MTV 为手段，快速剪辑，并以一个近乎尖叫的声音喊出"我爱这个地方！"然而，他们却忘记了汉堡包王的大部分消费者——家长和紧张忙碌的人们认为这个广告十分讨厌。

从 80 年代中期开始，汉堡包王已经很难把顾客从对手那里拉过来了。由于公司长期以来一系列没有活力、迅速转变、毫不稳定的宣传活动，使得它无法树立一个牢固的足以同其他公司区别开来的公司形象，这就是汉堡包王公司在广告宣传上的症结所在。

截至 1993 年，汉堡包王的市场份额为 6.1%，比哈迪斯的 4.4% 和温蒂斯的 4.1% 稍微高一点，但同饮食业大王麦当劳所拥有的 15.5% 的市场份额相比，是大大地落后了。此外，汉堡包王的销售额增长速度同其竞争对手相比，简直是蜗牛爬行。于是，五年来汉堡包王公司又在第四次寻找新的广告商，以期能改变宣传思路，推出全新的宣传活动。

2. 隐藏在问题后面的问题

广告宣传活动的失败，表明汉堡包王存在的某些问题。实际上，汉堡包存在的问题不止一个。汉堡包王还因为推出比萨饼和墨西哥煎玉米卷等无关食品而对 Whopper 关注不够。这使顾客摸不着头脑，在许多人的印象中，汉堡包王是质量很差的食品。

如今的顾客对价格非常关心，因而麦当劳和温蒂斯供应的是价位更低的套餐。而汉堡包王却逆潮流而行，以高价位销售，并以它低于平均水平的销售增长速度为由拒绝折价。另外，汉堡包王的套餐服务项目（dinner-basket programme），即配有餐桌服务的套餐，同样表明了汉堡包王仍旧我行我素，并不愿意听取"上帝"的意见。快餐厅的主顾都希望以低价位买到快捷并且高质量的食品，而不是需要坐下来慢慢品尝的昂贵"大餐"。这正是汉堡包王逐渐丧失顾客的原因之一。

3. 开始警醒的汉堡包王

经历了一系列挫折的汉堡包王的管理层终于醒悟到，火烤巨型汉堡包才是他们的拳头产品，决定采用集中宣传火烤的巨型汉堡包以及推出低价位的食品品种的战略。根据这一战略，菜单上 30 个品种很快被删除下来，并推出了以 0.99 美元、1.99 美元和 2.99 美元为特色的新的价位构成。目的是通过这些经济餐与麦当劳在价格上进行竞争。尔后，公司又推出了一系列店内促销活动。这些同迪斯尼电影中的狮子王 Pocahontas 和玩具总动员相联系的促销活动使孩子们和他们的家长都冲着与特价套餐配合在一起的动画电影人物来吃快餐，因而获得了意想不到的成功。

汉堡包王公司又雇用了一家新的广告代理商，进行"脚踏实地"的宣传。这次活动从 1995 年开始实施。"脚踏实地"的广告主要是讲 Whopper 在汉堡包对汉堡包的对抗中，在味道尝试中同麦当劳的巨无霸和温蒂斯的 Single 的对抗情况。在活动中汉堡包王进行了一系列测试，结果证明顾客更喜欢 Whopper。这次宣传活动是汉堡包王十几年来最为成功的一次。汉堡包王公司的高级行销主管保罗·克莱顿说："这些是顾客们的愿望，广告只不过把他们的心声表达了出来。"

汉堡包王开始"脚踏实地"地改变公司的经营之后，1994 年全年该店销售额全面增长 6.1%，利润提升了 28%，总销售额达 75 亿美元。而且，1994 年，该公司顾客数量增加了 13%，创历史新高。这对于任何一家大型汉堡包快餐厅来讲都是个令人惊喜的数目。

尽管汉堡包王不再重复"寻找赫布"那样愚蠢的做法了，但是它要想赢得顾客的心和胃口，对他们来说也并非容易的事。28%的电视观众熟悉汉堡包王最新的广告并十分喜欢，36%的人却认为那根本没用。不利的反响对一家要夺回那么多地盘，并要把更多顾客引到它的7600家餐厅的公司来说，等待他们的将是一件极其艰巨的任务。

菲利普·科特勒：
行销之父

第五章

销售渠道：畅通无阻

不同的企业、不同的产品适用不同的销售渠道，不论怎样，渠道必须畅通无阻，才能使产品快速、高效地到达消费者手中，而一支好的经销商同盟队伍可以帮助企业完成这个艰巨的任务。为此，企业必须帮助、监督经销商，并给予经销商实惠，使其愿意为企业两肋插刀。

一、渠道是对的，消费者就是你的

> 企业在各种各样的行销方式中，应选择出一种使产品经济而容易到达消费者手中的方式。
>
> ——科特勒

随着市场经济的不断发展，行销者对各种各样的行销手段不断地加以探索，摸索出不少新的行销方式。由于这些新的行销方式在实践中已被证实很有用，从而被愈来愈多的商家加以利用。选对了销售方法，就能获得最佳的销售效果。渠道是对的，消费者就是你的，顾客就是你的。科特勒将这些行销方式归纳为以下几大类。

1. 以可口可乐为代表的大众行销方式

始于16世纪的工业革命，使得产业界能够利用机器对日常生活用品如肥皂、牙膏、饮料和食品进行大量生产、大量配销与大规模广告推广的能力。虽然其中有许多产品原来是以散装(bulk)的方式销售，但愈来愈多的产品开始以有品牌的包装方式呈现。可口可乐公司运用大量的广告对顾客进行宣传，使顾客对该品牌产生需求，零售商也因此必须保有一定量的产品存货。同时，该公司对零售商提供直接激励(例如经销商促销)，促使零售商对其密集投放广告的品牌大批进货，并陈列于显眼的位置。通过密集广告主打品牌(也就是行销中的"拉曳"[pull]策略)，加上激励经销商进货并陈列这些主打品牌(也就是行销中的"推进"[push]策略)，这样，可口可乐公司可确保在店主与购物者心中的稳固地位。这种以广大顾客为目标的销售方式通常称为大众行销。

在过去很长一段时间里，大众行销的方式成为众多商家的销售方法，但是现在已有些评论家预测大众行销将越来越难以适应市场发展的需要。他们指出，大众市场正分解为较小且为数更多的细分市场，每一细分市场都有极为特殊的品位与需求，因此需要目标更明确、行销。今日的行销预算不足以负担某一大众化品牌导入和广告所需的高昂成本，尤其是如果它只是一个"模仿"（metoo）的品牌。另外，如今日益细分化（fragmentation）的媒体，使得给一般大众有效传送信息的费用更加昂贵。

大众行销曾经辉煌过很长的历史，就此预言大众行销即将没落，似乎还言之尚早。由于世界经济发展的极大不平衡，使得大众行销仍存在很大的现实基础。对苏联地区的人民而言，过去 70 年他们无法享受到高品质的产品。因此，由计划经济（planned economies）到自由市场经济（free market economies）的转变为从事大众行销的人员创造出千载难逢的良机。像麦当劳、耐克和宝洁等公司，都迅速进入这一地区推广它们大量生产的产品，并把众多热衷于购买著名品牌的消费者纳入自己未来争取的对象。

大众行销正在世界的各个角落迅速发展。例如，在印度尼西亚、印度和中国，已有数百万人将之视为前景远大的赚取外快甚至致富的良机。不过，大众行销已被某些公司滥用，这些公司言过其实地宣称其所可能带来的潜在收入，并且制造一些无人愿意向其经销商购买的毫无价值的产品。它们口中所称的"金字塔行销计划"（pyramid selling schemes），与正规的且已具规模的从事大众行销的公司所执行的"网络行销"（network marketing，注：此处所谓的 network，意指人际网络，与时下流行的电脑网络不同）或"多层次行销"（multilevel marketing）截然不同。

2. 以戴尔为代表的电话行销方式

电话的高度发展，使得每个住户几乎都能装上一部甚至多部电话。利用电话进行商业活动已被不少商家认识到，而麦克·戴尔利用电话进行电脑直销开创了一个新的时代。

大部分的个人电脑制造商，像 IBM、惠普、康柏等，都透过零售商来销售产品。这比其他方式更能以较低的成本快速地建立起全国性通路。麦克·戴尔曾评估愿意不必实际看货，而以电话来订购个人电脑的潜在消费

者的实际人数。戴尔电脑市场占有率的成长速度迫使其他以零售通路为主的制造商，不得不重新思索原来的通路策略。戴尔·盖特威（Gateway，译注：此为全美第二大电脑直销商）与其他直效行销厂商，都以较低的成本、较低的售价、更为顾家化的产品而著称，并且每周7天、每天24小时，顾客都可通过电话与公司取得联系。康柏、IBM和其他厂商，也开始玩起所谓"双通路"（dual distribution）的细腻策略，它们可以直接或通过零售商对顾客进行销售。

此举招致零售商的极大抱怨，并威胁取消贩卖这些品牌。因此，制造商必须说服经销商，以说明公司所贩卖的是不同类型的电脑；即使产品一样，也会与经销商的售价一致。

选择直接销售的公司，还必须做更进一步的选择。举例而言，许多保险公司通过本身在当地的业务代理商直接进行销售的任务。通过代理商所销售的第一年汽车保险可能为250美元；而人寿保险的保单则可能高达1100美元。保险公司在前面数年可能无法从中获利，甚至无法回收成本，它们只有祈祷能留住客户，并希望客户在这几年内不要出差错。然而，像"直接投保保险公司"（Insurance Direct）等其他保险业者，已开始通过电话和网际网络，以相当低的价格来销售保险。这使得许多原本以代理商为主的保险公司，开始玩起以电话行销（telemark eting）作为第二种通路的游戏，或者干脆完全放弃代理商制度。要知道，同时采用此两种互相竞争的通路实属不易，即使电话行销算是直接通路。我们常常发现，若是公司增加与当地经销商形成竞争的电话行销营运手法，要想赢得当地销售人员的支持恐怕不是那么容易的事。

零售商之间在消费市场上彼此激烈竞争的战役正不断上演着（例如，小零售商对抗大零售商、大零售商之间彼此竞争）。除此之外，"足不出户的购物方式"（home based shopping）与"店面为主的购物方式"（store based shopping）之间的战争也开始发生了。现在的消费者可待在家中，以更多种方式来订购更多类型的商品，完全用不着开车出门、四处找停车位，并在店内大排长龙，我们可待在家中通过下列6种通路方式来订购商品，商品的内容包括：衣服、电器、家电用品、家具与数不清的其他物品，等等。这些方式是：

（1）寄至家中的目录。

（2）寄至家中的直接邮件所提供的优惠。

（3）电视上的家庭购物节目。

（4）报纸、杂志、收音机、电视上所提供的优惠。

（5）拨电话至家中的电话行销。

（6）通过网络下订单。

科特勒观察到，人们愈来愈喜欢足不出户的购物方式，这种方式将比以店面为主的购物方式的成长速度来得快。这主要是人们越来越觉得时间不够用造成的。事实上，店面为主的购物方式每年只以2%的速度缓慢增长；而某些迎合足不出户的购物方式的通路，成长速度却高达两位数。

3. 以耐吉城为代表的娱乐行销方式

科特勒指出，由于生活节奏越来越快，人们越来越渴求一种轻松的休闲购物方式，耐吉城这种寓娱乐休闲和购物为一体的销售方式受到顾客的欢迎。

时下，零售商所面临的挑战，便在于如何设法将顾客拉回店中。但假如店内的售价较高、停车不易、服务欠佳、店内摆设索然乏味，它们势必会输掉这场战役。另一方面，独具匠心的零售商作战方式，则是借由加强购物体验——增加趣味性、娱乐性，或顾客的愉悦感以达到吸引并取悦顾客的目的。

以下便是一些范例：

耐吉城（Niketown）：怎样做才能吸引顾客光临贩卖运动鞋和运动服的商店呢？我们在芝加哥密西根大道上三层楼高的耐吉城找到了答案。进入店内的顾客首先面对一幅麦可乔登的巨幅海报，穿越两旁陈列着各式运动用品的部门，你将见识到为强化购物体验营造特殊气氛的声光效果。在篮球用品部门，甚至有一座篮球场！该店已成为游客最常造访的景点，它所吸引的外地游客人数之多，已经使著名的芝加哥——艺术中心（Art Institute of Chicago）也感到自愧不如。

庞诺书店：庞诺书店的出现代表一个书店的新时代开始了。它们旗下的书店所贩卖的书籍种类不但相当多，还提供桌椅给顾客使用，并规划有咖啡点心区，营业时间从上午九点至晚间十一点，每周七天都开放营业；定期安排作者演讲或其他发布会。果然，庞诺书店的顾客整日川流不息，许多人甚至把它当做晚餐后的去处。从各方面来看，庞诺书店同一个社区中心几乎没有多大区别。

4. 以雅芳为代表的上门行销方式

卖方必须决定出目标市场能购得商品的方式。它们对此可有两种选择：直接销售或通过中间商销售。生产化妆品的雅芳公司采用的是直接销售，而且是上门销售的方式，结果获得极大成功。

大部分的化妆品公司，例如，露华浓（Revlon）、雅诗兰黛（Estee Lauder）、兰蔻（Lancme）都将产品销售给零售商，再由零售商卖给消费者。而当雅芳打算如法炮制时，却无法说服零售商提供货架空间。所以雅芳只好诉诸直接通路的手法，雇用"雅芳小姐"挨家挨户地行销雅芳的产品。雅芳的销售人员已超过100万名，并且以直销业者的姿态大获成功。后来其他的公司也群起仿效雅芳的模式，而且增加了像是聚会行销（party selling，例如玫琳凯和特百惠）与多层次直销（multilevel marketing，例如安利）等多种新的模式。

显而易见，现有的销售渠道已面临众多的挑战。不过，虽然市场上已出现新颖且更具吸引力的销售渠道，但企业也了解它们已在既有通路的选择上投注了相当大的心力，并视其为唇齿相依的关键。举例而言，汽车制造商传统上是通过加盟经销商来贩售汽车，但由于许多人指出他们在购买新车或旧车时经常遭遇不愉快的事情，例如，咄咄逼人式的强迫行销、说谎与其他不好的事情等，因此，愈来愈多的顾客希望能以另一种不同的方式来购买汽车，也许是向制造商直营的代理商、同时出售多种品牌汽车的代理商，或是经由网际网络来选购。但汽车制造商也受到诸多限制，例如，受到与加盟经销商的合约束缚，造成它们对目前通路的调整似乎难有太大的作为。与此同时，汽车王国（Auto Nation）和汽车广场（CarMax）

等新成立的公司，在选择或发展更有效的销售渠道上，都采取了适合自己产品的销售方式。

二、价格比别人的低，未必卖得比别人的火

菲利普·科特勒：行销之父

企业争夺市场时，其市场能力全面地体现在"控制什么"以及"怎么控制"上，而优秀的经营者常常把经销商的利益摆在非常重要的位置上。

——科特勒

在现今的企业界，各种时髦的行销理论满天乱飞，然而，全天下所有的行销理论万变不离其宗，无非是在产品、消费者和顾客的需求关系上提出一些新颖奇巧的服务理念，在实战中，这些以理念创新为特征的行销理论因其无法直接转换为可以操作的运作模式而让一线的行销人员"听起来似乎很有道理，但实际做起来却很难"。

科特勒认为，商家角逐天下市场，无非是一个控制与反控制的过程。作为企业的战略决策者，其市场能力则全面地体现在"控制什么"以及"怎么控制"上。

1. 通过控制价差、区域、品种和节奏来控制行销商和零销商

在这种做法中，价差是"重中之重"，是控制的"枢纽"，因为它关系到行销链中的每一个环节的利益分配。

其实价差与价格，是两个完全不同的概念。价差指的是产品从厂家到消费者手中经过的所有批零渠道（就饮料、家电等产品而言一般有 3～4 个环节）之间的利益分配。高价的产品如果没有诱人的价差分配，仍然无法引起经销商的积极性，而低价产品如果价差控制得当，仍然可以以量大

而为经销商带来利润。有序地分配各级经销层次的利益空间，不但是生产商的责任，更是其控制市场的核心所在。

生产商推出任何一项促销活动或政策，首先必须考虑的便是设计一套层次分明、分配合理的价差体系。当今很多企业在行销中，喜欢"超低空"，以低价轰炸市场，以为只要自己的价格比别家的低，肯定卖得就比别人的火，其实未必。因为没有考虑价差的低价，无疑让经销商无利可图。经销商不给厂商努力行销，不把厂家的产品摆在柜台上，买卖交易的"最后一公里"仍然无法到达。一般而言，低价策略在新产品进入一个成熟市场时会因其对原有市场价格体系的摧毁而达到出人意料的效果，可是在长效经营中却可能是一个有害无益的兴奋剂。

一般地，企业往往把促销措施直接针对终端消费者，科特勒指出，如果把促销重点放在经销商，企业根据一定阶段内的市场变动、竞争对手的异动以及自身产品的配备，推出各种各样的促销政策，常年循环，月月如是，这样反而更加有效。

原因何在？科特勒道出个中缘由：针对经销商的促销政策，既激发了各层经销商的积极性，又保证了各自的利润，因而可以形成促进销售而不扰乱整个市场的价格体系。相反，依赖直接让利于消费者的促销，则造成经销商无利可图而缺乏动力，最终竞相降价而把零售价格打乱。

事实上，品牌商对经销商和消费者往往有一个本末上的判断。品牌商在推出一个新产品时，首先应该做的一件事，是以强力把市场冲开，造成销售的预期。这期间自然要把所有的人力、财力、物力倾注到网络渠道上，培育起忠诚的客户群体。在完成这一工作之后，则应该把工作的重点转移到消费者身上，只要经销体系内的价差体系形成，就应该把更多的优惠政策放到零售终端上。而更多企业进行的却往往是相反的操作。

2. 无偿授权和帮助经销商开拓销售

为了扩大销售和引进竞争机制，很多企业喜欢在一个区域内选择 3～4 个经销商，希望通过它们之间的竞争来拓展市场，保持销售额的上扬。科特勒认为，其实有效的策略却是选择一家进行授权经销，企业委派人员无偿地帮助其开展销售，并保证没有外来货物冲击到该区域，而经销商则必须向企业预付货款，不折不扣地实施企业下达的各种促销政策和活动，努力完成年初既定的销售任务。

优秀的经营者常常是把经销商的利益摆在非常重要的地位。对那些有可能伤害其利益的行销行为，均应加以反对。很多企业在做行销时，往往考虑自己的利润，认为只要把货卖到经销商手上，就算是大功告成了，而恰当的做法则是倒过来替经销商考虑其利润的空间。

有一则行销案例颇可借鉴。一家台湾的饮料巨鳄在大陆市场大力推广冰红茶，其广告和促销均十分有力，市场被迅速轰开，"冰红茶"的消费概念得以确立，很快出现了各地经销商纷纷抢货的现象。就在此时，公司立即推出了搭货政策，凡进冰红茶必须搭售一定比例的方便面，没多久，市场就出现逆滞，而竞争对手则利用其先期打开的市场空隙，迅速抢入，台湾品牌原来的行销优势顿时减弱许多。从中可以看出，生产商保护经销商利益从而战略性地控制市场是何等重要。

随着经济的不断发展，市场的控制权将越来越集中到一些超级品牌手上。科特勒指出，在这种情况下，质量和服务已经成为参与竞争的前提而不是决定胜负的关键。在这样的时候，品牌商如何调动经销商的积极性，与其形成长久的战略合作关系，并通过有序的价差体系共同赢得市场，是一个十分值得关注和研究的课题。

3. 严格禁止经销商冲货现象

行销者的能力，最主要体现在控制力上，而区域之间的控制尤为困难。行销者最头痛的问题之一，是各区域市场之间的冲货。

由于地域的差异，各地经济状况、消费能力及开发程度的不同，产品的销售量差异极大。为了激活市场，总部应对各地的到岸价格、促销配套力度和给予经销商的政策也有所差异，因而，各经销商根据政策的不同，偷偷地将一地的产品冲到另一地销售的情况便难免发生。这种状况频繁出现，必将造成市场之间的秩序紊乱，如蚁噬大堤，往往在不经意间让一个有序的市场体系溃于一旦。这在行销史上，已有无数企业因此坠马，一蹶

菲利普·科特勒：行销之父

不振。

针对这种情况，科特勒建议成立一个专门的机构，巡回每一地区所有销售渠道，专门查处冲货的经销商，一旦查出就要严惩不贷，决不姑息。此外还是要严格分配和控制好各级经销商的势力半径。一方面充分保护其在本区域内的销售利益，另一方面则严禁其对外倾销。即放弃了以往广招经销商、来者不拒的策略，开始精选合作对象，从众多的经销商中发展、扶植大客户，同时，有意识地缩小经销商的辐射半径，促使其精耕细作，挖掘本区域市场的潜力。

品种和节奏的控制，则体现出作为一家成熟的市场强势企业的自信和能力。一家企业在一定阶段的行销策略的设定，无非主要根据以下几种考量要素：消费者的需求、本公司的开发、竞争对手的举措。高市场占有率的产品常常成为其他企业设定行销策略的"假想敌"。竞争对手针对这些产品进行渠道抢夺和市场促销。这时应对的策略是：以我为主，进行适度调整，避其锋芒，以持久力取胜。

三、批发商行销策略：对目标群的服务独树一帜

为每一个人提供服务是批发商的致命缺陷，批发商应该明确自己的目标市场，选准一个目标顾客群，设计有力的供应体系。

——科特勒

1. 批发商、零售商与制造商之间的利害关系

一般来说，制造商总是制造产品，然后将产品批发给批发商，批发商再批发给零售商。但是也有许多另外的情况，即制造商直接把产品卖给零售商。因为制造商总是拥有越过批发商的选择权，或者用更主动、积极的

批发商来取代某个低效率的批发商的权利。制造商对于批发商的不满主要有：他们不积极地行销制造商的产品，而只是坐等订单；他们不肯多存货，以至不能尽快地供应顾客订货；他们不能向制造商提供有关市场现状和竞争情况的情报；他们不能吸引高质量的经理人员以及降低自己的成本；他们为其服务所索取的费用太高。

当大型的制造商和零售商直接沟通时，批发商甚至表现出不愿干的倾向。但是，有见识的批发商则认为他们遇到了挑战，并开始了自身业务的重组。大多数成功的批发分销商改革他们的服务，以满足他们的供应商和目标顾客需要的改变。他们认识到他们必须增加渠道的价值，必须通过投资更多的先进的材料处理技术和信息系统来减少他们的运作成本。

近年来批发商正经受着不断加大的竞争压力。他们面临着新竞争对手的出现、消费者更大的需求、新技术的发展以及大企业、社团组织和零售业顾客采用更为直接的购物程序等问题。所以，他们不得不改进有关目标市场、市场定位及行销组合等方面的战略决策。

2. 选准目标市场

科特勒指出，企业为每一个人提供服务是批发商致命的缺陷，这种观念应该完全摒弃，批发商应该明确自己的目标市场，他们可以按顾客的规模（如只面向大零售商）、顾客的类型（如只面向方便食品商店）、所需要的服务（如需要赊货的顾客）或者其他目标，选择一个目标顾客群。在这个目标顾客群里，他们可以找出较有利的顾客，设计有力的供应物和顾客建立好的关系。他们可以提出一个自动再订购系统，建立管理培训和顾问制度，甚至还可以创办一个自愿连锁组织。对于那些赢利较少的顾客可以采取要求他们接受大额订货或增收小批量货的额外费用等。

3. 寻找独具一格的服务组合

批发商的主要任务是经营各制造商直接"下发"的产品。批发商迫于巨大的压力，花色品种必须齐全，并且要备有充足的库存，以便随时供货。但是这样会影响赢利。如今，批发商正在重新研究应该经营多少品种

最为适当，并且只选择那些赢利较多的商品。他们还在研究，在与顾客建立良好关系的过程中，何种服务最为重要，哪些服务可以取消，哪些应该酌收费用。这里的关键在于找出一种被顾客视为是有价值的独具一格的服务组合。唯有如此才能取胜。

4. 尝试新的定价策略

成本加成成为批发商一贯采用的办法，比如说以 20% 抵补自己的开支。其中，开支可占 17%，余下 3% 就是利润。杂货批发商的平均利润一般在 2% 以下。现在，批发商正在开始试用新的定价方法。他们可能以减少某些产品的毛利，赢得新的重要的顾客。当他们能凭此扩大供应商的销售机会时，他们就会要求供应商给予特别的价格折让。

5. 建立一个整体促销战略

批发商获得促销目标主要依赖他们的销售员。即使如此，大多数批发商依然把行销看成是一个行销员和一个客户的交谈，而不是把它当做向主要客户行销商品、建立联系和提供服务的协同努力。至于非人员促销，批发商可以从零售商所应用树立形象的技术中获得目标。

科特勒认为，经销商需要发展一个整体促销战略，包括贸易广告、销售促进和公共宣传。此外供应商的一些宣传材料和计划方案也值得充分利用起来。

6. 运用现代化设施提高效率

慎重选择销售地点和设施对批发商来说是一件举足轻重的事情。批发商一般在租金低、税收低的地区设店营业，而且在办公建筑、设施及系统等方面投资很少。因此，其材料处理系统和订单处理系统常常是落伍的。为适应成本不断上升的形势，先进的大批发商正投资开发仓储自动化和联机订货的系统。订货单从零售商的系统直接输入批发商电脑，各种产品由机械设备提取，并自动运往运货平台，在那里集中装运。大多数大的批发商现在都在使用电脑处理会计、付账、存货控制和预测等业务。当今的批发商正在调整其服务方式以适应目标顾客的需要，并探索出降低成本达成交易的方法。

四、零售商行销策略：让顾客在享受中购买

如何方便顾客购物，并使顾客在购物中得到享受，已成为零售商成功经营的趋势。

——科特勒

1. 各种零售方式的优劣比较

根据产品花色品种的宽度与长度，科特勒将零售商分为专用品商店、百货商店、超级市场、方便商店、超级商店、特级商场等几类，并对其优劣进行了详细的比较。

（1）专用品商店。经营的产品线较窄，但花色品种较齐全。今天，专用品商店正繁荣发展。对市场细分、市场目标和产品专门化原则的较多应用，使店家更需要关注具体的产品及市场细分。

（2）百货商店。百货商店产品线较宽。这种商店在 20 世纪上半期发展迅速。然而过去几十年间，一方面百货商店不得不向经营集中、自由的专用品商店让出不少地盘；另一方面，又不得不让位于高效、低价的折扣商店。针对上述情况，许多百货商店建立了"讨价还价室"及其他类似的商店形式，以便和专用品商店竞争。同时，其他一些百货店正试行邮购及电话销售业务。服务是导致分化的关键因素。百货商店，如诺世全公司，正重新关注服务，以留住老客户并赢得新顾客。

百货商店面对着日益增加的折扣商店和专业商店的竞争，正在进行东山再起的战争。历史上居于市中心的许多商店在郊区购物中心开设分店，那里有宽敞的停车场，购买者来自人口增长较快并且有较高收入

菲利普·科特勒：

行销之父

的地区。其他一些则对其商店形式进行改变，有些则试用邮购和电话订货的方法。

（3）方便商店。方便商店的特点是拥有品种有限、周转率高的方便产品线，方便商店的主要市场由青年人和蓝领工人构成。20世纪90代以来，由于该市场的缩减，方便商店业也出现产品过剩的现象。为此，许多连锁店开始考虑女性顾客，对商店进行重新设计。它们增加色彩，改善照明，播放影像健身活动，并且把价格定得更有竞争力。还有一些方便连锁店正采用微观行销法，即根据商店附近居民的具体需求出售专门商品。

（4）超级市场。顾客光顾最频繁的零售店形式。然而如今它们也面临销售增长缓慢的情况，这是因为低人口增长率以及来自方便商店、折扣食品店和超级商店的高度竞争。另外，外出就餐方式的快速增长也使超级市场遭到沉重打击。因此，大多数超级市场正改进措施以吸引更多的顾客。为吸引顾客，许多超级市场已经扩大规模，开设大堂面包房和美食柜台，同时设立供应新鲜海货的专门部门，并提供事先包装好可供携带的食品。而另一些超级市场正采取措施降低成本，以更高效率的运营来降低价格，从而可以更有效地与折扣零售商们展开竞争。

（5）超级商店。超级商店比通常的超级市场规模大得多。它们经营种类繁多的食物商品、非食物商品等日用品，并提供服务。赛夫威公司、佩克恩佩公司以及"路标"超级购物中心都属于这类商店。在过去十几年中，赛夫威公司新设的商店中80%是超级商店。

沃马特公司、凯马特公司及其他折扣零售商们现在也不断兴建超级购物中心，这些购物中心综合了偏重杂货商品的食品商店和折扣商店的特点。在美国，超级购物中心以每年25%的增长率发展，而与之相比较，超级市场业的增长率仅为1%。

近年来出现了不少所谓的"目录杀手"，这些"目录杀手"属于真正巨型专用品店的超级商店。它们经营品种齐全的特殊产品系列，并拥有知识渊博的职员。

（6）特级商场。它们是大型的超级商店，占地可能有6个足球场大小。尽管在欧洲和世界其他地区，特级商场经营相当成功，但在美国却成效甚微。尽管规模很大，但特级商场产品花色有限，而且购物所需的长距离行走也使许多顾客望而生畏。

今天的零售商急欲寻找新的行销战略，以招揽和挽留顾客。过去，他们挽留顾客的方法是销售特别的或独特的花色品种，提供比竞争者更多更好的服务，提供商店信用卡使顾客能赊购商品。可是，现在这一切都已变得面目全非了。现在，诸如卡尔文·克连、依佐和李维等全国品牌，不仅在大多数百货公司及其专营店可以看到，并且也可在大型综合商场和折扣商店里看到。全国性品牌的生产商为全力扩大销售量，它们将贴有品牌的商品到处销售。结果是零售商店的面貌越来越没有自己的特色。

在服务项目上的分工差异在逐渐缩小。许多百货公司削减其服务项目，而许多折扣商店却增加了服务项目。顾客变成了精明的采购员，对价格更加敏感。他们看不出有什么道理要为相同的品牌付出更多的钱，特别是当服务的差别不大或微不足道时。由于银行信用卡越来越被所有的商店接受，他们觉得不必从每个商店赊购商品。

超级市场面对的是超级商店的竞争，它们开始扩大店面，经营大量的品种繁多的商品和提高设备等级，超级商店还增加了它们的促销预算，大量转向私人品牌，从而增加赢利。

2. 确定目标市场并进行定位

商店应面向高档、中档还是低档顾客？目标顾客需要的是多样化、品种编配的深度、方便还是低价？零售商必须首先确定目标市场并进行市场定位。等到确定好目标市场并勾勒出轮廓时，零售商才能对产品编配、服务、定价、广告制作、商店装潢或其他一些能支持商店地位的问题作出一致的决策。

科特勒对于零售商不能明确目标市场并进行清晰定位自己的业务感到很心痛，认为他们试图出售能满足所有市场的商品，但结果却无一市场得到满足。相反，不少成功的零售商对目标市场和定位相当明确。即使是沃马特公司、凯马特公司和西尔斯公司等大商店，也必须明确自己的目标市

场以有效地制定市场行销战略。实际上，近年来，沃马特公司由于目标市场和市场定位十分明确，已取代西尔斯公司和凯马特公司，成为全国零售商中的老大。

3. 采用科学原理确定产品品种

科特勒认为，商店要经营哪些产品品种以及通过什么样的途径去采办，是零售商在经营之前就应确定好的。一旦零售商对产品品种战略决策以后，就必须决定它的采办资源、政策和具体做法。在一家超级市场连锁店的公司总部，专家采购人员（有时叫做商品经理）具有开发品种搭配和听取销售人员介绍新品牌的责任。在一些连锁商店，这些采购人员有权接受或拒绝新品目，但是，在有些连锁店，他们的权力仅限于甄别一些显然要拒绝或接受的新品目上，否则他们就只能将新产品品目提交给连锁店所属的采购委员会审批。

即使一个品目已被一家连锁商店采购委员会接受，连锁商店的经理人员也许还是不经销它。大约 1/3 的商品是必须存货的，并且大约有 2/3 是由商店经理自行决策定购的。

在美国，每周生产商提供给全美超级市场的新品目介于 150～250 种之间，制造商面临的主要挑战是设法使商店接受新品目，但商店购买者的拒绝率为 70%。制造商非常感兴趣的是采购者、采购委员会和商店经理人员所采用的产品接受标准。A. C. 尼尔逊公司发现购买者的受影响程度按重要性排列是，消费者接受的强烈证据、一个设计出色的广告、促销计划和对贸易的总财务刺激。

令科特勒感到欣慰的是，经过长期的锻炼，零售商正在迅速改善其采购技能，正在逐步掌握需求预测原理、商品选择、存货控制、店面安排和商品陈列，同时，正在大量利用计算机来保持目前的存货数量，计算经济的订购数量，准备订单和分析花在买主和产品上的金额。超市连锁店现在用扫描仪数据管理每个商店的商品组合，这优于逐个商店的管理。对于这些做法科特勒深表赞赏。

4. 采用灵活而实用的定价策略

　　零售商非常关心的一个问题就是商品的价格如何定，价格必须根据目标市场、产品服务分配组合和竞争的有关情况来加以确定。所有的零售商都希望以高价销售并能扩大销售量，但是往往难以两全其美。零售商大部分可分为高成本和低销量（如高级品商店）或低成本和高销量（如大型综合商场和折扣商店）两大类。在这两类中还可以进一步细分。例如，设在好莱坞贝弗利山的罗狄欧大道上的碧姬（Bijan）公司所售的服装的定价从1000美元开始，鞋子的最低价格是400美元。另一个极端的例子是纽约的超级折扣商店，价格比一般的折扣商店还要低得多。

　　零售商还必须重视定价战术。科特勒对零售商的建议是，对某些产品标价较低，以此作为招徕商品或是作为牺牲品，有时可以举行全部商品的大减价，并对周转较慢的商品采取降低标价的方法。例如，一家鞋店打算在该店出售的鞋子中50%按正常标价出售，25%按鞋子成本加成40%，25%按成本出售。

　　零售商放弃"促销定价"而偏向天天低价（DELP）已成为一种趋势。对此，科特勒持肯定态度，他认为天天低价降低了广告费用，定价趋于稳定，使商店公平和可信赖性的形象加强，因而获得更多的零售利润。通用汽车公司的土星事业部，发出低价目表并拒绝与经销商讨价还价。沃尔玛在实践天天低价。费德（Feather）引证了一个报告指出，超市连锁店推行天天低价的赢利率一般比促销定价要高。从这一点上来说也正说明了零售商越来越偏爱"天天低价"的做法了。

5. 地点好坏决定成败

　　科特勒指出，零售商的地点是其吸引顾客能力的关键，而且建造或租赁设施的成本对零售商的利润有很大影响。难怪零售商在强调成功的三个要素时这样表达：地点，地点，还是地点！这样，地点决策就成为零售商最重要的决策之一。小零售商不得不选择他们能找到或有支付能力的地点。大零售商常聘请专家，采用先进方法选择营业地点。近年来两家最精

明的选址专家，是减价商店麦克斯和大型玩具商场美国玩具反斗城。两者都将大部分新分店设在新兴发展地区，那里的人口与其消费者基础正相适应。而沃马特公司是"地点竞赛"中无可争议的赢家，它的策略是在小型郊区市场上成为第一家大型综合商场，这一策略是它取得非凡成功的关键之一。

不难发现，如今大多数商店聚集在一起，一方面增强了招徕顾客的能力，另一方面也给消费者带来了"一处购物"的便利。商店聚集地的主要形式是中心商业区和购物中心。

直到20世纪50年代，零售聚集的主要形式一直是中心商业区。每个大城镇都有中心商业区，其中包括了百货公司、专用品商店、银行和电影院。由于居民开始迁往郊区，加上交通拥挤、停车困难等问题，这些中心商业区也开始衰退。一些城市商人便在郊区开设购物中心分店，于是中心商业区的衰退不断加剧。近年来，许多城市和商人们正建造商业大街，提供地下停车场，以振兴城镇购物区。一些中心商业区出现回升势头，而另一些则继续缓慢下滑，趋势永远是随着经济的发展而不断变化的。

6. 促销：多头并举

现在，广泛使用促销工作来产生交易和购买已成为零售商的普遍做法。它们发布广告，进行特价销售，发放节约金钱的赠券，最近增加了经常购买者的优惠活动，对店内食品样品品尝，以及在货架上或结账处发放赠券等。每个零售商利用促销工具以支持并加强其形象定位。高级商店会在《时尚》和《哈泼》等流行时装杂志上刊登广告。高级商店对培训销售人员总是不遗余力，教他们如何接待顾客，理解其需求并消除其疑虑，处理其意见。廉价零售商安排它们的商品促销可讨价还价和宣传省钱，同时又保留了服务和销售帮助。

关于促销，零售商应采取多种形式，以不断更新的方式进行，才能产生很好的效果。

7. 让顾客在享受中购买商品

正如某公司的一名高级主管说的："成功主要来自于商店良好的环境气氛和高质量的生活情趣。"

任何一位顾客都希望自己能在一个拥有良好氛围的商店中购物。针对这一点，越来越多的零售商将商店设计成剧院，将顾客带入非凡的令人激动的购物环境之中。例如，出售玩具的舒华兹公司在芝加哥的先进社区北密歇根大道上开设了一间有三层营业楼的玩具店，顾客们需排队进入购物。进入商店，顾客乘自动扶梯直上三楼，然后便在拥挤的人群中穿梭于琳琅满目的乐高展示厅、芭比娃娃专售部以及巨型充气动物，甚至会说话的树木之间。与此相似，巴恩斯与诺布尔公司（书店）通过气氛设计使消费者的购书活动成为娱乐。该公司认识到："对顾客而言，购物是一种社交活动。在人群中人们彼此交流，发现新事物，享受戏剧般的令人眼花缭乱的展示，并置身于有趣且出人意料的事物之中。"因此，巴恩斯与诺布尔商店设计出木质结构、色调柔和的传统图书馆式的气氛以取悦书迷，并利用尖端的现代建筑构图法和纵深远景法营造出风格独特的展示厅，令购书者中的戏迷们感到赏心悦目。商店还为顾客提供了宽敞的空间，使顾客们彼此交流，宾至如归。顾客们可坐在厚实的桌椅旁浏览书卷，也可汇集于专门设计的咖啡屋欢聚一堂。

为了争取顾客，许多商店争相把自己的商店设计得跟游乐场一样。

在将商店变成剧院过程中，最引人注目的可能要数明尼阿波利斯附近的美国大街了。容纳800多家专用品商店的美国大街是个名副其实的游乐场。在一个大顶棚下，容纳了一家占地7英亩，拥有23种旋转游艺项目和其他喜闻乐见活动的诺茨伯里农庄游乐园，一家溜冰场，一个以展示数百种海洋生物和海豚表演为特色的水下世界以及一个二层楼的小型高尔夫球场。

美国奥斯曼超级运动场也位于其中，它拥有一个篮球场，一个拳击馆，一个棒球击球室，一个50英尺的射击区和一个模拟滑雪道。

三株公司的行销巨网

1. "农村包围城市"战略

中国农村，地广人多，貌似最具市场潜力，可是低下的消费能力、不通畅的广告通路，特别是十分不健全的销售网络，一向让对此垂涎三尺的企业徘徊再三，最终无功而返。在过去的数十年中，在这一片天地里，获得成功的寥若晨星，三株和娃哈哈便是两个经常被一并提及的企业。而进入内部进行细细剖析就可以发现，这两家企业其实走的是两条完全迥异的道路，因而结局也非常不同。

崇拜毛泽东"农村包围城市"思想的三株总裁吴炳新，显然是一位具有战略眼光的企业大师。他没有匆忙地靠硬性广告开路，而是花了将近一年的时间来构筑他的农村行销网络建设。他为三株的农村市场推广设计了四级行销体系，即地级子公司、县级办事处、乡镇级宣传站、村级宣传员。他利用中国低廉的人力成本优势，开展人海战术，聘用了数以十万计的大学生充实到县级、乡镇级的办事处和宣传站。同时，他还创造了一种"无成本广告模式"，即发给每个宣传站和村级宣传员一桶颜料和数张三株口服液的广告模板，要求他们把"三株口服液"刷在乡村每一个可以刷字的土墙、电线杆、道路护栏、牲口栏圈和茅厕上，以至于当时每一个来到乡村的人都会十分吃惊地发现，在中国大地的每一个有人烟的角落，都可以看到三株的墙体广告。

同时，吴炳新还设计出了一套"8级干部体制"，总裁是1级，副总裁是2级，四大中心主任是2.5级，各个省的总经理是3级，一些重要的沿海中心城市如杭州、苏州公司的经理则是4级。依次类推，总部先后与大约5000名各级经理签订了"终身合同"，吴炳新显然希望通过这一制度来稳定经理骨干层。

随着三株公司的派生产品日益增多，组织结构也发生了新的变化。颇有研究价值的是，三株最终形成的组织形态是集西方事业部制与中国解放战争时期军队建制于一体的杂交物。一方面，根据新产品的推出，总部成

立了不同的事业部，各部独立运作，各自建制，实行垂直领导。另一方面，在各大区及主要省份，为了保证三株产品的协调运转，又成立了"市场前线指挥部"，在总部则成立"市场前线总指挥委员会"。吴炳新描述道："市场前线总指挥委员会相当于国家军委，各省机构变成市场前线指挥部后，相当于前政委。以军事化管理模式运筹商战，意味着军事化的行动，而军事化的最大特点就是绝对服从命令。"

2.15万人的集团军销售队伍

且不论吴炳新的这些推理是否有真实的内在逻辑性，至少在市场推导的初期，这种军事化的体制是起到了一定的作用的。据称，最鼎盛时，三株在全国所有大城市、省会城市和绝大部分地级市注册了600个子公司，在县、乡、镇有2000个办事处，各级行销人员总数超过了15万人。吴炳新曾豪言："除了邮政网以外，在国内我还不知道谁的网络比我大。"1996年，正是凭借着这样一支庞大的行销铁流，吴炳新发动了所谓的夏季、秋季、冬季三大战役，三株的传单、横幅、招贴和标语贴遍全中国，一举实现销售额80亿元，农村市场的销售额已经占到了三株总销售额的60%。

3."三株"留给人们的启示

1996年6月3日，湖南邵阳一位年届七旬的老人因服用三株口服液后不适，医治无效而死亡。此事在当地媒体披露后，引起全国性恐慌。"三株"信誉一时跌到谷底，大量产品积压在仓库卖不出去。"一日无粮千兵散"，"三株"庞大无比的销售队伍土崩瓦解，"三株"也几乎濒临倒闭。

尽管"三株"这位巨人轰然倒地，却不能就此以成败论英雄。其实，"三株"失败的根源在于被胜利冲昏了头脑，一味盲目地扩张。"三株"在全国率先探索出一条独特的行销之路：利用中国农村廉价的劳动力组建了一支销售兼宣传的大军，在极短的时间内取得了令人难以相信的成绩。这点是值得所有行销专家们认真思考和借鉴的。

相关链接（二）

突破传统的"偶像"

1. 绕过中间商的梦想

位于马萨诸塞州比勒里卡的偶像音响器材（Icon Acoustics）公司是美国著名的音响器材公司之一，它的董事长兼创始人戴夫·弗考斯在年轻时就有一个伟大的梦想，但他花了相当长的一段时间才得以实现。他在康奈尔大学学习时，带着对声频工程学的浓厚兴趣主修了电子工程学专业。毕业后，他开始为康庄（Conrad Johnson）——一家生产 high end 音响装置的公司工作。他的工作是设计扬声器。在短短 4 年内，他设计出了 13 种样品模型。于是，他决定另起炉灶，创办自己的公司。

首先，戴夫为自己的公司找到了一个合适的市场位置。他认为其他扬声器制造商都忽视了这一领域。这一位置对应的顾客群中包括"发烧友"——喜欢听音乐并喜欢鉴赏和使用一流立体声音响器材的一类人。这些富有的、有着良好教育的顾客是真正着迷于立体声音响器材本身的人。

戴夫所面临的一个主要问题，就是如何销售偶像公司的产品。在康庄公司工作时，他了解到大多数制造商主要是通过立体声音响销售商来销售他们的产品。但是，戴夫对这些销售商中的大多数都不持认可态度。他觉得这些销售总是采用强硬手段迫使生产商接受薄利，而且这些销售商只关注那些可以提供批量生产样品的著名制造商。这样一来，那些能够提供按顾客具体要求制造产品的公司就很难进入市场。也许最令人感到头痛的是，戴夫认为现有销售商卖给顾客的常常不是最好的，而是当月的库存产品。

戴夫的打算是绕过现有的销售商网络，直接把 high end 立体声扬声器卖给发烧友。通过直接把产品卖给顾客的形式，戴夫不仅能避免零售商的加价，还能以合理的价格、提供顶级质量的产品和服务赢得顾客。

戴夫在他 28 岁时动手实现自己的梦想。一些过去了解戴夫的工作和成绩的顾客成为其热情的支持者，并为偶像公司投资了 189000 美元。利用这些钱和他自己的 10000 美元，戴夫在一个工业用停车场的一幢租来的楼里正式创立了偶像公司。

2. 投向"蛋糕"的目光

在美国，估计有 335 家立体声扬声器制造商在争相瓜分每年 302 亿美元的音响配件市场。其中有 100 家制造商向市场提供低频和中频的产品，因为这一市场占据整个市场容量的 90% 和一半市场价值。各个企业不仅要互相竞争，同时美国的制造商还要同提供便宜或适中价格产品的日本企业进行竞争。这就使得余下的 235 家制造商争相瓜分 10% 的市场容量和 50% 的市场价值。

这部分就是供应 high end 的市场，戴夫把敏锐的眼光投向了这块"蛋糕"。

3. 让产品在真正的环境里检验

戴夫开发了两种款式：Lumen 和 Parsec 以满足他的发烧友们。Lumen 这种产品高 18 英寸，重 96 磅。该产品被设计成立式底座。而落地式的 Parsec 高 47 英寸，重 96 磅。这两种款式都采用按顾客要求制作的外壳。戴夫能在一天之内亲手制成并造出两对 Lumen 扬声器或者一对 Parsec 扬声器。为了保证有充足的零件库存，他必须将其资本中的 50000 美元用于购买昂贵的零部件。

戴夫给 Lumen 和 Parsec 分别定价 795 美元和 1795 美元。这样的售价可以给他带来 50% 的毛利。他确信传统的零售商会按双倍的价格出售同样的产品。顾客还可以通过拨打免费的 800 电话，向偶像公司预订扬声器或直接从戴夫那里听取建议。偶像公司支付运费及经由联邦速递公司运送的回程运费。一对 Parsec 的往返运费为 486 美元。

戴夫之所以要承担返程运费，是因为他的促销战略的一个重要组成部分就是，用户可在 30 天内在家试用产品，而无须承担任何义务。在他的宣传广告中，戴夫称这一举措为 43200 分钟无任何压力的试听。在此试听阶段，让顾客能够在他们自己真正的环境中检验扬声器的效果，而不是在销售商的展示厅中。

4. 把产品展现给顾客

戴夫认为 high end 的普通顾客不会无缘无故地购买扬声器。他们需要

高质量的产品和美妙的音效，同时他们也需要一种独特的外型。因此，戴夫在扬声器的外型上大下工夫。他希望能设计制造出一种独一无二的造型，表现出公司行销过程中推崇的形象。他在出色的促销材料上花了40000多美元。他还设计了一种贴在扬声器上的薄片型标志。这一标志上写着："这台扬声器是由××（技师的名字）亲手制成的，美国马萨诸塞州偶像音响器材公司出品。"

下一步，就是要让这句话成为音响爱好者耳熟能详的口号，戴夫将注意力集中在各类商业杂志和商业性展示会的评论上。在纽约的一次展览会上，与会者投票评选200个品牌中音质最好的扬声器。这次评选中，偶像公司的 Parsec 名列第15名。在前10名的品牌中，最便宜的也得要2400美元一对，其中有6个扬声器品牌标价8000美元到18000美元不等。在《立体音响》杂志上发表的一篇文章中，评论员是这样评价偶像公司生产的扬声器的："整体声音十分浑厚、富有动感，低音部分十分有力。零部件和组装质量无疑都是一流的。"

《立体声评论》是一家拥有最高发行量（600000册）的消费者杂志。戴夫计划在这家杂志上刊登一幅一流的四色宣传广告画。他还希望《立体音响》杂志能再刊登一篇肯定性的评论文章。

5. 收获

反思第一年的商界生涯，戴夫越过了企业家都要面临的所有障碍，也学到了很多。他遇到过零件质量问题，那是与第一个外壳供应商之间的问题。接下来，他又遇到了主要部件的短缺问题。在这之前，他和第二个供应商又搞得一团糟。尽管决心避免债务问题，他还是从银行借了350000美元。产品的外壳和一些生产用部件的价格不断上涨，产品的回退率也比预计的高出不少（过去的6个月里有19%的回退率）。价格和成本的提高对实现利润来讲，都是重大的压力。这些都迫使戴夫抬高产品价格（升至前面提到的价格）。即使价格有所抬高，其利润率仍低于50%的目标。

尽管有以上的不尽如人意，戴夫对所取得的进展还是很满意的。价格的提高并未影响到需求。仅有的几则广告和口头宣传起到了很大作用。平均下来，每天戴夫要接5次电话，而每7个电话中就会有一桩买卖成交。

然而，戴夫也感受到了长时间工作和低酬劳的压力。今年他不能付给自己很高的薪水，只有 9500 美元。

审视他最近的财务计划之后，戴夫认为最近两年只会是盈亏平衡。接下来，他就可以大赚其钱了。他在设想两款更令人心动的新型扬声器——Micron（每对 2495 美元）和 Millennium（每对 7995 美元），他还在考虑他的扬声器能否在国外市场争得一席之地。他是应该将这种直销策略同样应用于外国市场呢，还是应该选择销售商？不管怎样，梦还在继续。

菲利普·科特勒：
行销之父

第六章

抢占市场：及时和巩固

企业应评估自己的优势，而后选取一个恰当的细分市场进行切入。进入市场的企业要在产品上不断加以改进，并生产系列产品从正面和侧翼维护自己，保持自己的地位。

一、选准目标市场，然后专心"钉"下去

　　每个企业必须找到它最好满足的市场部分，而不是试图在整个市场内竞争，有时甚至只是为了打败竞争对手而必须这样做。

——科特勒

（一）市场细分的含义和作用

　　市场细分的概念是美国市场行销专家温德尔·史密斯于 1956 年在总结企业根据顾客的不同需求组织生产的经验而提出来的。由于这个理论具有极高的实用价值而受到了广泛重视和普遍应用，成为企业市场行销战略的一个核心部分。

　　所谓市场细分，是指企业根据消费者对产品的需求欲望、购买行为与购买习惯的差异，把整个市场划分为两个甚至更多个消费群体，从而有助于企业确定目标市场的过程。

　　在行销发展历史上，企业认识到，它们根本不可能占领整个市场，或者至少不能以同一种方式吸引住所有的购买者，因为购买者实在太多、太分散，而且他们的需要和购买习惯也各不相同。此外，企业满足不同部分市场的能力也有巨大差异。科特勒认为，每个企业都必须找到它能最好满足的市场部分，而不是试图在整个市场内竞争，有时甚至只是为了打败竞争对手而必须这样做。

　　市场行销的初具现代形态到比较成熟，大致经历了大规模行销、产品多样化行销、目标市场行销 3 个阶段。

　　第一阶段：大规模行销阶段。企业面向整个市场大量生产销售同一品

种规格的产品，试图满足所有顾客对同类产品的需求。这种做法在西方工业化初期广泛存在。如 20 世纪 20 年代美国福特汽车公司生产的 T 型车，以及市场上的自行车、手表等许多商品，都是以同一面孔出现的，不考虑需求的差异性。大规模行销是由于市场商品供不应求的原因造成的，这样做可以为企业节省产品的生产和行销成本，取得规模经济效益。但是，这种做法使产品形式单一，不能满足市场多样化的需求，没有竞争力。

第二阶段：产品多样化行销阶段。企业生产经营多种不同规格、质量、特色和风格的同类产品，以满足各类顾客的不同需要，为顾客提供较大的选择范围。

第三阶段：目标市场行销阶段。企业通过市场细分选择一个或几个细分部分作为自己的目标市场，专门研究目标市场的需求特点并针对其特点设计适当产品，确定适当价格。选用适当的分销渠道和促销手段，开展市场行销活动。例如，化妆品公司针对人体不同部分的需要，把润肤膏细分为身用、手用、面用、眼角用，或者婴儿用、妇女用、老人用；饮料公司根据减肥者的需要专门研制减肥保健饮料。毫无疑问，按照消费者的不同需要划分市场，可以使企业有针对性地提供不同的产品去满足消费者，以充分利用新的市场机会，占领更大的市场。

随着市场的不断深化和消费者的不断成熟，大规模行销和产品多样化行销已经适应不了市场的需要，因而现在的企业纷纷改道。采用目标市场行销战略，目标市场行销能够更好地帮助企业找到市场行销的机会。可为每一个目标市场开发适销对路的产品，调整产品的价格、销售渠道和广告宣传，从而快捷有效地进入目标市场。他们可以把注意力集中在有较大购买兴趣的顾客身上，而不必分散企业的有限资源。

（二）对市场细分的不同方法

市场细分的目的是为了找到适合企业进攻和发展的市场部分。一般来说，我们可以按照地理、人口、心理和行为四个方面加以细分。

1. 地理细分

按地理环境细分即根据消费者生活的地理环境来细分市场，这是一种传统的细分方法。地理环境包括地理区域（国家、地区、南方、北方、城市、乡村等）、地形、气候、生产力布局、人口密度、交通运输和通信条件等。由于地理条件的不同，会形成不同的消费习惯和偏好，消费者的需求就会有差异。

如今，许多公司正使自己的产品、广告、促销和销售活动当地化，用以适应个别地区、城市甚至居民区的需要。如宝洁公司在洛杉矶、旧金山、圣地亚哥、迈阿密和南得克萨斯主要销售碧浪洗衣粉，原因是西班牙裔消费者大多集中在这些地区。

其他的公司则致力于开发还未被商品大潮访问过的处女地。例如，由于主要的城市和郊区竞争十分激烈，许多大公司正转到美国的小城镇上开店。

按照地理因素进行市场细分较为明显，比较容易衡量和运用，它基本上是一个相对稳定的因素，但却不是影响消费者需求的唯一因素，同一地理环境里的消费者也常有不同的需求和行为，因此，还必须考虑其他因素。

2. 人口细分

所谓人口细分，就是企业按照人口变量进行市场细分。人口变量包括消费者的年龄、职业、性别、收入、家庭生命周期、教育、社会阶层、国籍、宗教、种族等。按人口因素细分市场是市场细分的一个极重要的依据和标准。

人口细分可以从以下几方面进行：

（1）年龄和生命周期阶段。消费者的欲望和能力随年龄而有很大的不同。奇巴公司（Gerber）认识到这一点并开始在它传统的婴儿食品以外开发新产品线。它的新"格兰杜巴斯"产品线是专为一岁儿童生产的。由于婴儿出生率的下降，婴儿用奶期的增长和孩子进入固体食物哺育的提前，

这些原因促进该公司进入新的细分市场。该公司希望购买奇巴婴儿食品的父母将随着孩子的长大，接受奇巴的格兰杜巴斯产品。又如，美国一家玩具制造商，按婴儿从 3 个月到 1 岁的需求特点，设计了 12 种玩具，使家长和亲友很容易给孩子买到合适的玩具，玩具销售量因而增加。

但是，年龄和生命周期这两个变量是复杂的。例如，福特汽车公司在开发野马牌汽车的目标市场时，就是利用购买者的年龄来划分的；该车是专为迎合那些想拥有一辆价格不贵，而又外观华丽的年轻人而设计的。

（2）性别。性别细分一直运用于服装、理发、化妆品和杂志领域。其他领域的市场行销者偶尔也注意到性别细分的机会。比如，有些原本男女通用的物品，后来也有人创立了女子专用品牌，如国外一些企业针对妇女需要，生产女用香烟，味道规格、包装以及宣传广告都与普通香烟有所区别。另外，眼镜、手表等生产企业针对男女不同特点设计产品，也是根据这一因素进行细分的。

（3）职业和教育程度。消费者的职业不同也会引起不同的消费需求，如教师、演员、工人对服装鞋帽和化妆品等产品的需要，是不完全相同的，有时差别还很大。消费者受教育程度的不同也必然形成不同的消费行为和需求特点，这是由于文化水平影响着人们的价值观和审美观。

此外，消费者的家庭生命周期、国籍、种族、社会阶层、宗教等，也是影响其购买行为的重要因素，企业在细分市场时应给予充分注意。

（4）收入。按收入细分市场是另一长期习惯做法。它运用于诸如汽车、服装、游船、旅游、化妆品等产品和服务行业。然而，根据收入的不同也不一定能测出一件特定产品的最佳买主。蓝领劳动者也能列入最早购买彩色电视机的买主行列，因为对他们来说，购买彩色电视机比上电影院和餐馆更便宜。最经济的汽车并非由真正较穷的人购买，而是由那些在他们自己心目中感到与他们抱负相比是贫困的人所购买。另一方面，中等价格和昂贵的汽车则由各个社会阶层中富裕的人士所购买。

此外，代沟也是细分市场的一个方法。梅拉德斯（Meredith）和斯库（Schewe）提议将重点放在他们称为军团的代沟细分上。"军团"是指一大群人，他们曾经经历过深深影响他们态度和喜好的重大事件。有的军团经历过大萧条时期，有的军团则经历过世界大战，有的则经历过越南战争，等等，企业经常用他们的肖像及其卓越经历的图片进行宣传，结果效果很好。

3. 心理细分

心理细分是指按社会阶层、生活方式或个性特征等，把消费者分成不同的群体。处在同一人口因素群体中的人们可能会有不同的心理构成。心理细分又可按照两个方面加以细分。

（1）生活态度。辨别消费者的生活态度可以从其兴趣点（家庭、食物、消遣等）、活动内容（工作、娱乐、锻炼等）、意见（包括对社会经济、教育问题等）等方面着手。例如，可将消费者分为紧跟潮流者、主动进取者、因循保守者、享乐主义者，等等，据此来确定自己的目标市场及行销组合策略。有些汽车生产公司为"安分守己"的消费者设计经济、安全、低污染的汽车；为"玩车族"设计灵敏度高的、华丽的汽车，等等。

（2）个性。由于消费者的个性千姿百态，因而其需求和购买动机是很不相同的。例如，妇女由于个性的差别，在化妆品的选择上各有所好，基本上可分为随意型、唯美型、科学型、本色型、时髦型、生态型六种类型，化妆品公司在开发新产品时必须把这些因素考虑进去，以做到有的放矢地开拓市场。

本田为它的低座小摩托车做的市场行销广告就是一个很好的个性市场细分例子。如果仅从表面上看，人们会以为本田的狂欢、精英和航空牌低座小摩托车针对的是爱赶新潮的 14~22 岁的人。但实际上，公司做的广告却适合于一个更广泛的个性群体。因此，在一则广告中，画面是一个兴高采烈的小孩在他的床上蹦上蹦下。通过画外音的解释："你这一生都在试图到达那儿。"使观众们想起当年冲破束缚、逆父母说教而行的那种愉快兴奋的感觉。这暗示着当他们骑在一辆本田摩托车上时，会再次体味这份感觉。因此，本田看起来是把年轻的消费者作为目标，但它的广告却吸引了所有年龄群中追求时尚和独立个性的人。本田摩托对人们天性中反叛、独立的一面具有吸引力。

消费者的个性可分为外向与内向、坚强与懦弱、独立与依赖、竞争性与非竞争性、显耀性与沉默性等。因此，企业应努力建立自己的品牌个性，以吸引与这些品牌个性有共同点的个性消费者，如服装可分成豪华型、朴素型、保守型、新潮型，等等。事实上，有不少企业运用这一变量进行细分市场获得成功，如中外合资"威娜宝"洗发用品就是专为现代职业妇女设计的，力求满足她们既要从事紧张工作，又要保持整洁优雅形象的愿望，并把这一思想体现在广告形象中，从而树立了该产品的品牌个性。

4. 行为细分

行为细分是指按照购买者对产品的了解程度、态度、使用以及反应，把消费者划分为特定的群体。行为变量被许多行销人员认为是进行细分市场的最好方法。行为细分又可以分为以下几个方面：

（1）时机。根据消费者产生需要、购买或使用产品的时机，可将他们区分开来。例如，由于商务、度假或家事等有关时机需要，就必须乘飞机旅行。一家航空公司就可以向人们提供针对某种情况的专门服务。例如，租机航空公司专门为旅游的人们提供服务。

时机细分可以帮助公司开拓产品的使用范围。例如，美国人在用早餐时通常要饮用橘子汁。橘子汁公司就可以尝试宣传在午餐或晚餐时饮用橘子汁。此外，某些节日（如母亲节和父亲节），可以被利用来增加糖果和鲜花的销售量。在万圣节前夕，孩子们有"挨户要礼物"的习惯，柯蒂斯糖果公司便利用在万圣节前来促销糖果。因为这时每家每户都会准备好把糖果分发给来他们家中串门的小客人。

（2）利益。消费者往往因为各有不同的购买动机，追求不同的利益，而购买不同的产品和品牌。

采用利益细分法的最好例子之一便是牙膏市场。调查发现有四种利益细分市场：经济型、药物型、化妆型和口感型。每一个利益群都有特殊的人口、行为和心理特征。例如，那些想防蛀牙的人往往有一个大家庭，不仅牙膏用量大，而且保守。除此之外，每一个细分市场还有自己喜爱的某

种品牌。现在绝大多数品牌能够吸引住一个细分市场。例如，佳洁士牙膏强调保护作用，因此吸引了家庭细分市场，而艾姆看起来和尝起来都不错，因而备受儿童喜爱。

企业可运用利润细分法来分清楚它们想吸引的利益细分市场，以及该市场的特征和主要的竞争品牌。

（3）使用频率。按消费者的使用频率不同，一般可以分为少量使用者、中量使用者、大量使用者。这种细分战略又叫做数量细分。大量使用者显然在实际和潜在购买者总数中所占比重不大，但他们所消费的商品数量在商品消费总量中却非常可观。研究表明，某种产品的大量使用者往往有某些共同的人品的、心理的特征和接触广告媒体的习惯。以啤酒为例，据调查发现41%的人喝啤酒。少量饮用者虽然占据啤酒饮用者总数的绝大多数，但他们所饮用的啤酒总量仅占13%，而大量饮用者消耗了啤酒总量的87%，是少量饮用者消耗量的7倍以上。根据这一市场特点，大多数啤酒公司都把目标定在大量啤酒饮用者身上，并使用各种广告号召去吸引他们，如像米勒·立德的广告："尝试得越多，所选择的品种越少。"一种产品的大量使用者时常会有共同的人文和心理方面的特点以及接受某种传播媒体的习惯。仍以大量啤酒饮用者为例，他们有下列共同特征：与少量啤酒饮用者相比较，他们更多地来自劳工阶级；年龄在25岁~50岁；每天看大量电视，并且喜欢观赏体育节目。诸如此类的特征，对于行销人员在进行定价、选择广告传播媒体等策略上都非常具有参考价值。

此外，还有按照消费者对产品的态度、购买的结构阶段等，还可对市场进行细分。不论根据哪一种方法对市场细分，目的都是为了给企业开发新产品或进入某市场提供可靠的依据，更好地集中企业有限的资源去占领这个市场。

（三）确定目标市场

市场细分的目的是为了选择目标市场。在市场细分的基础上，科特勒认为，企业首先要认真评估各个细分市场部分，然后根据自己的行销目标

和资源条件选择适当的目标市场，并决定自己在目标市场上的相应战略。

企业为了选择适当的目标市场，必须对各个细分市场加以评估。

首先，企业要评估细分市场有没有适当的规模和潜力。较小的市场相对于大企业来说，不值得涉足；而较大的市场对于小企业来说，又缺乏足够的能力进入，并且小企业在大市场也无力与大公司进行竞争。市场增长潜力的大小，直接关系到企业销售和利润的增长。

其次，企业要考虑的是市场的吸引力，这主要是指长期获利的大小。在目标市场上，企业必须对现实的竞争者、潜在的竞争者、替代产品、购买者和供应者这五种力量进行评估。假如某个市场已有为数众多、实力强大的竞争者，该市场就没有吸引力；假如某个市场可能吸引新的竞争者加入，他们将会投入新的生产能力和大量资源，并争夺市场占有率，那么这个市场也没有吸引力；假如某个市场存在现实的潜在的替代产品，这个市场就不具有吸引力；假如某个市场购买者的谈判能力很强或正在加强，他们强求降价，或对产品和服务非常苛求，并强化卖方之间的竞争，那么，这个市场就缺乏吸引力；假如企业的供应者——原材料和设备供应商、公用事业、银行等，能够随意提高价格或降低产品和服务质量，或减少供应数量，该市场就缺乏吸引力。

最后，有些市场虽然规模大小适合，也具有吸引力，但是还必须考虑这些市场是否符合企业的长远目标，如不符合，就必须放弃；如果企业不具备在这些年获胜所必要的资源和能力，这些市场也要放弃。

在对细分市场进行评估之后，企业就要决定采取什么样的战略进入目标市场，也就是决定要进入的那个市场部分，即企业拟投其所好，为之服务的那个顾客群。在现代市场经济条件下，任何产品的市场都有许多顾客群。他们各有不同的需要，而且分散在不同地区。因此，科特勒指出，任何企业都不可能很好地满足所有的顾客群的不同需要，为了提高企业的经济效益，并根据自己的任务目标、资源和特长，等等，权衡利弊，决定进入哪个或哪些市场部分，为哪个或哪些市场部分服务。科特勒指出，企业在选择目标市场时有三种战略可供选择：

1. 无差异性目标市场战略

无差异性目标市场行销战略是指企业在市场细分之后，只注重市场的共性，决定只推出单一产品，运用单一的市场行销组合，力求在一定程度上适合尽可能多的顾客的需要。采取这种战略可以使产品的品种、规格、款式简单，有利于标准化与大规模生产，有利于降低生产、存货、运输、研究、促销等成本费用，取得规模效益。例如，美国可口可乐公司，有好几年对顾客始终如一，总是以单一瓶装、单一口味、单一广告主题走遍世界。再如香烟的行销，除了品牌不同外，都是 3/4 英寸长，白色烟盒，锡箔包装，同时广告主题皆是强调抽烟时的喜悦与快感。这种技巧视市场为一个具有单一需求曲线的物体，其行销重点置于顾客需求的共同处而非差异处，所以公司所设计的产品和行销计划都是以吸引广大购买群为目的，而常使用大量单一配销通路、大量广告媒体，以及单一的广告主题。但是，这种战略也有其缺点，那就是目标市场战略引起的激烈竞争。一个实行无差异行销战略的公司，一般地针对最大细分市场来发展产品和行销计划，但当好几个公司都如此做时，便可能发生大市场内的竞争激烈，而小市场却未获满足的矛盾现象。例如，有很多人喜欢看电视连续剧，因此电视上每天都有连续剧。喜欢看电视连续剧的观众自然会有节目可供选择，但不喜欢连续剧的观众虽为数不少，却常被提供节目的厂商所忽略。这种现象便是 Kuehu 与 Day 所称的"多数谬误"（majority fallacy）。因此激烈的竞争将可能使得最大细分市场中的获利低于其他较小细分市场中的获利。认清了这一点，可促使企业重新评估较小细分市场中的潜在机会。

科特勒指出，采取无差异目标市场战略要求企业具有大规模生产线，能够进行大规模生产、具有广泛的分销渠道，能把产品送达所有消费者，以及企业的产品质量的优秀，在消费者中有广泛的影响力。

2. 差异性目标市场战略

差异性目标市场战略是指企业在市场细分的基础上，同时为几个细分市场服务，企业设计不同的产品，并在渠道、促销和定价方面都加以相应的改变，以适应和满足各个细分市场上消费者的需要。从而占领多个细分市场。

差异性目标市场战略是在企业间激烈竞争的情况下发展出来的。科特勒认为，由于市场激烈竞争，为了减少行销风险，企业可以采取多品种、小批量的生产的方式以满足不同消费者的需求，扩大产品的销售量，从而提高企业的竞争力和市场占有率。差异性目标市场战略多为大企业所采用，通过多样化的产品线和多样化的分销渠道，通常会增加企业的总销售额；而且，如果企业的产品同时在几个细分市场上占优势，消费者对企业的信任感就会提高，从而提高重复购买率。例如，美国通用（GM）汽车公司，在它与福特汽车公司竞争的早期，曾尝试生产一种适合任务水准、目的与个性的车子，再透过产品和行销方法的差异，创造高销售额纪录，并在每个市场区隔内深度发展。该公司认为，在每个细分市场中的深度发展，将加强顾客对公司的整体了解，进而加强对产品的忠诚性而造成重复购买。通用汽车公司利用这种差异行销策略，对付福特的无差异战略，终因配合了市场变化趋势，夺取了福特汽车的领先地位，而成为美国乃至世界最大的汽车生产公司之一。差异市场行销不足之处是因采取多品种、小批量的生产销售，会使企业的生产成本和市场行销费用（如产品改进成本、生产成本、管理费用、存货成本、促销成本等）增加。有些企业曾实行了"超细分战略"，即许多市场被过分地细分，而导致产品价格不断提高，企业产量、销售量和利润都受到影响。于是，一种叫做"反市场细分"的战略应运而生。反细分战略并不反对市场细分，而是将许多过于狭小的子市场组合起来，以便能以较低的价格去满足这些市场的需求。由此可见，采取差异化市场行销策略究竟差异到什么程度，需要根据实际情况权衡利弊得失再制定决策。如果将市场分得过细，提供的产品过多，则效益递减，得不偿失。

近年来，由于竞争日趋激烈，采取差异行销战略的企业也日渐增多，这意味着企业以多种产品、多条配销通路以及多种推广媒体，去满足不同消费者的不同需求。也正因差异行销战略能够更贴切地满足各细分市场中的顾客，所以常常创造出较无差异行销策略更高的销售量。

实践证明，经由差异产品线及差异配销通路，产品常能获得优良的销售成绩。例如，①可口可乐开始有不同大小的瓶装和罐装产品。②香烟已有了不同长度过滤嘴，更有所谓的薄荷凉烟，顾客可依需要自由选择他所喜爱的品牌或各种型号的香烟。③以前的雪佛莱（Chevrolet）只是单一形式而低价的汽车，近年则有了几种不同的形式及车体，而其价格与特征也各不相同。它已着手生产一系列汽车，以满足显然不同的细分市场，而舍去了只设计一种车子卖给每一个人的传统做法。④象牙肥皂（Lvory）是美国宝洁公司（Procter & Gamble）的主要品牌，但目前只不过是该公司针对不同顾客需要，所生产的多种产品之一而已。

不仅在消费品行销领域有日趋差异行销策略之势，在工业行销领域也有此趋势。厂商接受不同购买者不同规格的订购情形日益普遍，例如，国际收割公司（International Harvester）卖出的每一个卡车队，均是依据顾客所订的规格制造的。

虽然差异行销策略可获得较高的销售量，但是它也会增加各种营运成本。

通过以上讨论，科特勒认为，企业采取差异化市场行销策略，企业必须具备以下条件：

（1）企业的人力、物力、财力比较雄厚，能进行多品种生产。

（2）企业的技术水平、设计能力能够适应多品种生产的要求。

（3）企业的行销管理人员水平较高，能适应多种市场的要求。

（4）产品销售额的提高大于行销费用增加的比例。

只有具备这四种条件的企业才能采用这种战略进入目标市场。

3. 集中性目标市场战略

这种战略是指企业集中全部力量，以一个或少数几个性质相似的子市场作为目标市场，试图在较少的子市场上获得较大的市场占有率。实行这种行销战略的企业，一般是资源有限的中小企业，或是初次进入新市场的大企业。企业根据服务对象比较集中的特点，对一个或几个特定子市场有较深的了解，而且在生产和市场行销方面实行专业化，可以比较容易地在

这一特定市场取得优势。如果企业对子市场选择得当，可以获得较高的投资回报率。因此，企业可在市场细分的基础上，选择行销对象比较集中的细分市场，实行专业化生产和销售，用一种行销手段满足该市场上消费者的需求。这就是实行集中性目标市场策略的具体做法。

在此列举集中性目标市场战略的例子：

有许多出版公司分别集中精力于小学、初中、高中或大学等不同市场，甚至在不同阶层内再加细分。美国的理查·欧文（Rchard D. Irwin）公司便是集中精力于大学的经济与企管方面的教科书；而约翰威利（John Willeey & Sons）公司则集中于大学的数学方面的教科书。

大众（Volkswagon）汽车公司一向是集中全力于性能优良的经济型汽车市场。

"丽婴房"便是专门在婴儿用品市场中全力发展。

科特勒认为，企业实行集中性目标市场战略具有以下优点：

第一，由于企业销售的对象集中，因而对市场有较全面的了解，使产品容易满足消费者的要求，因而能够提高企业在一个或几个细分市场上的占有率。

第二，企业的生产实行专业化、批量化，因而生产成本可以降低；同时，单一经营也可以减少销售费用。

第三，因为产品单一，能够集中力量搞设计，工艺水平和劳动者的熟练程度都可以提高，使企业生产出质量良好的名牌产品，满足消费者需要，增加销售量，提高利润率。采用这种战略需要的人力、物力和财力都较其他战略要少，比较容易占领市场，因而是中小企业的首选战略。

但是，采用这种战略风险较大，原因在于采用这种战略所确定的目标市场范围比较狭窄，一旦市场情况突然逆转，如消费者的需求发生变动，出现强有力的竞争对手，企业有可能很快陷入困境。因而，企业实行这种战略时，首先应对市场进行认真调查研究，找准方向，以减少市场风险。此外，企业应具备出奇制胜的专门人才或专门技术，足以吸引细分市场上的目标顾客。

（四） 制约目标市场选择的因素

企业在选择目标市场战略时不能随心所欲，而要考虑到企业市场的状况以及自身的特点。科特勒认为，企业资源、市场差异性、竞争者的数量、竞争对手的战略、产品同质性、产品生命周期阶段这六个方面的因素是企业必须加以认真考虑的。

1. 企业资源

企业资源包括企业的设备、资金、技术等资源状况和行销能力的强弱。如果企业规模较大，技术力量、行销力量较强，资金雄厚，有可能占领较大的市场，就可以实行差异目标市场行销战略。否则，最好实行无差异市场战略或集中性目标市场战略行销。

2. 市场差异性

如果市场上所有顾客在同一时期偏好差不多，购买的数量差不多，并且对市场行销刺激的反应也一样，则宜实行无差异目标市场战略。反之，如果市场需求的差异较大，则以采用差异性目标市场战略或集中性目标市场战略为宜。

3. 竞争者的数量

在选择细分市场时，如果竞争者数量很多，为了把目标顾客吸引到自己周围来，企业就要采取差异性目标市场战略。相反，如果竞争者的数量很少，企业就宜采取无差异性目标市场战略，以满足消费者的需要。

4. 竞争对手的战略

在选择目标市场战略时，企业必须考虑竞争对手状况。一般来说，企业的目标市场战略应与竞争者不一样，甚至反其道而行之。如果竞争对手实行的是无差异目标市场行销战略，并且竞争对手十分强大，那么企业应实行集中市场行销或更深一层的差异市场行销。如果企业的竞争对手比较弱小，必要时可采取与之相同的战略，凭借实力将其击败。当然，这些只是一般原则，并没有固定模式，行销者在实践中应根据竞争力量对比和市场具体情况做出灵活选择。

5. 产品同质性

产品的同质性指产品在性能、特点等方面的差异很小。对于同质产品或需求上共性较大的产品，如面粉、食盐、食糖等产品，其需求的差异性很小，因而被视作"同质"产品，实行无差异市场行销是较为普遍的可行做法。对于差异性较大的产品，如服装、化妆品、家用电器等，则属于"异质"产品，企业应实行差异性目标市场战略或集中性目标市场战略。

6. 产品生命周期阶段

企业对处于不同生命周期阶段的产品，应当采取不同的目标市场战略。处于投入期和成长期的新产品，由于市场竞争者尚少，企业的主要任务是探测市场需求的大小，行销重点是开拓和巩固消费者的偏好，最好实行无差异市场目标市场战略行销或针对某一特定子市场实行集中性目标市场战略；当产品进入成熟期时，市场竞争激烈，消费者需求日益多样化，那么企业就应顺应市场变化，改用差异性目标市场行销战略以开拓新市场，满足消费者的新需求，延长产品生命周期；在产品进入衰退期，则应采取集中性目标市场战略，集中力量于最有利的细分市场，尽可能延长产品生命周期，挖掘更多利润。

二、先期占领市场，让别人永远只有跟风的份儿

对于市场开拓型的企业而言，应实行"先期占领市场"的战略。从较大的市场份额和优良的销售渠道、产品种类及产品质量来看，开拓者往往占有持续的优势。

——科特勒

科特勒认为，一种新产品进入市场的时机是非常重要的，甚至是这种产品成败的关键。

一般来说，一个公司在进入市场时只有两种选择：一种是力争首先进入一个新产品市场，一种是让一个对手先期进入，而后待该市场一旦证明可以发展就紧跟其后。但是，这里存在一个战略性问题：领先一步开拓一个新产品市场和等待别人先尝试，孰优孰劣？

科特勒认为，对于市场开拓型的企业而言，应实行"先期占领市场"的战略。这个战略是建立在这样一个基础之上：从较大的市场份额和优良的经销渠道、产品种类及产品质量来看，开拓者往往占有持续的优势。

1. 开拓者通常比后来者更能吸引顾客和经销商的注意

对许多新产品来说，顾客一开始对产品的性能和特点对产品价值的作用不太了解。要了解顾客对各种性能的偏好以及顾客对产品的期望水平，都需要时间。这样开拓者们就可以按照他们的口味来照顾顾客的偏好，为顾客评估后来者制造的产品确定参考标准。开拓性产品能成为整个同类产品中的原型或"原创"产品，追随者只能跟在后面模仿。

开拓性产品在市场出现时往往是比较新奇的，因而比后来者更能吸引顾客和经销商的注意。而且还有一个好处，开拓性产品的宣传不会受到竞

争者的干扰，甚至从长远来看，后来者要想达到与开拓者同样的效果必须连续花费更多的广告费。

科特勒指出，开拓者能够给经销制定标准，占据最好的位置或挑选最出色的经销商，这是市场开拓者的一大优势所在。开拓性产品有成为第一个值得信赖的品牌的机会。后来者必须说服消费者承担转换到一个未曾尝试过、质量仍为未知数的品牌的费用和风险，这是后来者的不利之处。

在不少工业市场上，有这样一种情况普遍存在，那就是经销商不愿承接第二期或第三期出现的商品，尤其是在产品技术比较复杂，又要求库存大量产品和配件的情况下更是如此。

众多高科技产品对顾客的价值不仅取决于产品的性能和质量，而且取决于使用者的总数。举例而言，可视电话的价值就依赖于相同或者兼容的系统的用户数量。开拓者显然有机会趁竞争者进入这个市场之前，打下一个大型的安装基础。这就削弱了后来者引入不同产品的能力。

2. 先期进入市场者通常占据较高的市场份额

首先进入市场能够使开拓者先于其他任何竞争者确立生产量，并积累研究开发及市场经验。这一潜在的成本优势能被先期进入市场者用于获取更大的差价或通过降价以阻止竞争者进入市场的方法来保护来源于顾客的优势。

如果在对紧缺资源需求尚低，因而价格较低时，市场开拓者有机会获取这些资源。在某些情况下，他们不可能垄断一种重要的投产要素。不过，假如资源继续紧缺，价格上涨，那么会刺激企业去寻找其他原料或替代品。刚进入市场之初，哪种资源会变得至关重要往往难以确定。其实，一种紧缺的资源同样能为所有者提供从开拓者手里获利的机会。

3. 在不同的时期，开拓者和后来者的获利情况大不一样

一般来说，开拓者享有较高的市场份额，而后来者则享有相对较低的成本。于是这样一个问题便产生了——两种优势究竟哪个更强还是或者两者难分上下。

菲利普·科特勒：行销之父

早在 1987 年，肯德基就在北京前门开设了它在中国的第一家快餐店，成为在中国的第一家西式餐厅。五年以后，麦当劳中国公司才在王府井开设了它在中国的第一家店（麦当劳在中国内地最早出现在深圳，由其香港公司经营）。

20 世纪 80 年代后期，肯德基就开始考虑如何打入人口最多的中国市场，发掘这个巨大市场中所蕴涵的巨大潜力。前景虽然乐观，但是诸多现实难题也使肯德基的决策者们十分头痛，犹豫不决。因为，面前的中国市场是完全陌生的：肯德基的纯西方风味能为中国消费者所接受吗？开发中国市场，不但需要技术资源，更为重要的是还需要宝贵的管理资源。另外一个问题是，从中国不能汇出大量的硬通货（是指国际信用较好、币值稳定、汇价呈坚挺状态的货币）利润，即使是中等水平的汇出也不大可能。最重要的是，要打入中国市场就必须选择一个特定的投资地点，而这又带有很大的不确定性。

但肯德基始终坚信美式快餐在远东市场有着巨大的潜力。肯德基认为："中国这个市场太重要了，以至下了很大决心把它作为一个公司的业务加以开发"。

麦当劳、肯德基在产品和经营理念等方面其实相差无几。在中国，肯德基之所以比对手暂时领先的奥秘，实际上在于它比麦当劳早一步进入中国市场，正所谓"一步领先，步步为先"。

通过这个例子我们可以看出，如果市场份额的优势更大些，开拓者应该获利更多。如果成本优势更大些，那么后来者获利更多。1997 年，马克斯·克里森与其同事对皮姆斯数据库进行了一项研究，他们研究得出的结论是，开拓者在商业市场上的不利条件要比在消费品市场上少。不过，在进入市场后的头几年，通常开拓者获利更多，尤其是在消费品市场上。值得警惕的是，这种优势随着市场的不断成熟而渐渐淡化，随后转变为一种劣势。

一个公司如果考虑开拓新市场，为了稳妥起见，应该对优势与劣势的潜在来源细致评估之后再进行决策。对一种基于开拓的可持续的长期优势的期望应保持适度。市场份额优势通常更容易获得，但这是以经营效率为代价的，科特勒劝诫开拓者应该保持灵活，而且毫不犹豫地向后来者学习的经营态度。

三、发现潜在市场，挖掘水面下的冰山

潜在市场的概念，一是现有竞争者的触角尚未伸及的地理区域，一是客观存在但尚未被竞争者发现的顾客群。

——科特勒

菲利普·科特勒：行销之父

几乎每个商业领域的人都感到，现在的市场竞争太激烈了，要想在这个市场中继续生存已属不易，要想保持领先地位更是难上加难，因为众多的追随者以及新加入该领域的公司多如牛毛。因此，众多的商家都在极尽他们的思维，力求发现新的市场机会，并争取在竞争对手尚未采取行动之前就迅速占领。因为不管怎么说，消费者对先期进入市场的企业总存在一种"先入为主"的思想定式。

1988年摩托罗拉刚进入中国无线电通信这个市场时，整个无线电通信行业离成熟期尚远，因此摩托罗拉的当务之急不是进行市场细分，而是谋划怎样发展这个行业。当时寻呼机对中国内地的消费者而言很了不起，显得很神秘。摩托罗拉正是瞄准了这个有巨大潜力的市场，当然首先要了解的是中国政府对整个电信行业发展的计划。当时有线电话在中国的市场占有率不是很高，中国政府正准备花大精力发展无线电通信，因此，摩托罗拉首先获得了中国政府的大力支持。同时，摩托罗拉也面临着其他的挑战：当时欧美国家的寻呼机已有一系列产品，在中国应推出怎么样的产品或产品组合才能满足中国消费者的需求呢？通过调查，摩托罗拉了解到，在中国，无线电通信这个市场虽然是刚刚起步，但中国消费者希望他们能够拥有一流技术和一流产品。因而在进行广告攻势时，摩托罗拉的着眼点放在建立品牌的基本要素上：高质量，让消费者一想到摩托罗拉就想到有质量保证，以最领先的产品使消费者获得最大的益处。

随着市场的不断开放与成熟，消费者的需要也随之发生变化。寻呼机由单一的商业工具产生出新的需求，产生了新的消费群体。同时，由于寻呼机发展到20世纪90年代后期技术含量越来越低，有不少小生产商逐渐进入。在1995年年底，市场已出现了质的变化：大中城市的寻呼机市场占有率已经很高，可与中国香港、新加坡等城市媲美，已达到或接近市场饱和。

在地域上，还有其他待开发的新的市场。摩托罗拉的市场地域共分三类城市，第一类城市包括北京、上海和广州。这三个城市带领了整个周边地区的市场发展。如北京对北方地区，上海对长江三角洲地区，广州对珠江三角洲地区都有很强的辐射、引导作用。可是通过市场调研发现，这类城市的市场基本上已经达到饱和或趋向饱和。于是，摩托罗拉把重点放在第二、三类城市，专为满足底线城市消费者的需求规划产品，另一方面也努力激活一些没有潜力的市场。因为这样的一些潜在市场，正如潜藏在水面下的山，比之显现在水面上的部分，要大得多。

正是摩托罗拉在寻找市场上见人所未见，领先一步抢占，因而在中国市场上夺得了先机。

中国不仅是世界上最大的电信潜在市场，而且将是全球轿车市场增长最快的国家，在2005年前估计能以年均9%以上的速度增长，而此后更是能以两位数的速度增长。根据中国的经济发展水平和国家已出台及将出台的一些鼓励私人购车的政策，可以预计经济型和中低档的轿车的销量将维持较好的增长趋势。结合国外轿车市场的发展经验，我们认为轿车市场销量将达100万辆，2010年将达200万辆，其中排量1~2升的私人用汽车增长最快。这将是一个潜力巨大的市场。世界许多国家的汽车制造商对此早有关注。

在发现潜在市场并加以占领上，有一件极有趣的事：

1977年，一位名为汤姆·达克的美国行销员制订了一项娱乐性的退休计划。他用一万美元在一个小车场买下9辆旧车，再加上原有的4辆车，和他的太太一起在家门口开始做起了旧车出租业务。

他本来是打算给退休后的自己找点儿事干，根本没想到办大公司，成为赚大钱的企业家。经过 7 年的经营，他的丑小鸭汽车出租公司拥有的特许联号已达 500 个，年交易额达 5000 万美元。

本来达克开始并不想生意而在无意中却做起了生意。但由于那时没有其他人做旧车出租业务，在现有市场上的出租汽车公司出租的都是新车，而达克正好填补了市场空白。

那时，出租车市场的大户是赫尔斯公司，他们的收费标准比较高，每天 15~25 美元并以那些公务在身的旅行者为主要对象。达克把自己的目标顾客锁定在那些出外旅游度假的家庭以及自己的车正在维修的人身上，这些顾客租车的费用都是自己掏腰包，因而不愿多花钱。

在不经意间达克"发现"了这个潜在市场。他的目标顾客群正是眼下出租车市场所遗忘的一个阶层，但这个平民阶层的数量却非常可观。因此，为了适应这部分消费者的消费水平，达克把出租价格定得很低，每天的收费仅为 4.95 美元，再加上 5 美分一英里的"里程收费"。达克的出租旧车生意异常兴隆，有些寻找商机的投资者纷纷找上门来请求同他合作。在这样的情况下，达克就干脆在 1979 年年初，也就是他经营旧车出租业务不到两年后，正式成立了"丑小鸭"汽车出租公司，搞起了特许经营。

"丑小鸭"的成功使达克重新焕发出青春活力，他有一个伟大的梦想，希望在全美国把旧车出租的网点"扩大"到 6000 家，超过美国最大的汽车出租公司——赫尔斯公司而成为出租行业的领导者。

潜在市场总是存在的，至于如何去发现，则有赖于企业能够向市场伸出它们敏感的触角。

四、量身打造目标顾客的个性化需求

> 在目标顾客行销上，顾客级行销手法无疑是最精确的。针对
> 每一位个别的顾客，公司都设计有量身订制的产品、服务或沟通
> 方式，从而满足消费的个性化。
>
> ——科特勒

企业在进行决策时，面临的一个问题是：是采取与他人一样的市场态度，还是具有自己的独特性？

有一种极端是公司提供标准产品和服务给整个市场的大众行销，例如，可口可乐公司希望它著名的饮料能让每个人触手可及；柯达则假定它尽人皆知的黄色纸盒底片，能满足每位摄影者的需要。

另外一种不同的做法是执行目标行销（Target Marketing）。公司所设计的产品与服务，只针对一个或多个市场区隔，而不是针对整个市场。宝洁公司的海伦仙度丝洗发精，是专门为那些有头皮屑困扰的人所设计的产品，而戴姆勒公司生产的宾士轿车则是为那些渴望拥有豪华的内部装饰以及引擎精良的富有买主制作的。

其实，在目标顾客行销上，顾客级行销手法无疑是最精确的。针对每一位个别的顾客，公司都设计有量身订制的产品、服务或沟通方式。例如，原本大量建造相同房屋形式的建筑商可以和每位买主洽谈，询问他需要什么式样的房屋，然后根据其愿望进行设计。而宝马汽车公司的做法是让潜在顾客通过网站，把自己所喜爱的汽车式样要求传递给公司，然后公司便为其量身定做。

工业革命使产业开始具备大量生产、大量经销与大量广告的能力，例如肥皂、饮料、食品和牙膏等消费品。如今日益分化的媒体，使你有效地

传递信息给一般消费者的费用更加高涨。半个世纪前，大部分的美国人只阅读《生活》杂志，而今可供选择的杂志超过 1 万种，以前只收看三字电视网中一些评价最高的、黄金时段的节目，而现在他们可以收看五十多个频道的电视节目。这虽然并不意味着大众行销即将没落，但是由此也反映出一个市场趋势，即消费的个性化。

在 1956 年，温铎·史密斯发表一篇名为《选择产品差异化和市场差异化作为替代性行销策略》的开创性文章，将提供多种差异产品的公司，和为特定市场区隔设计产品的公司作一对照。市场区隔派人士主张，每一市场都由许多顾客群体所组成，每一群体都或多或少地有一些不同的需求与欲望。举例来说，购买牙膏的顾客或是为了防止蛀牙、或是为了口气更清新，或是使牙齿更加洁白，他们是根据这些目的进行选择的。因此，不同的牙膏品牌都大力宣传某项产品功能，以期成为目标区隔所选择的牙膏品牌。

菲利普·科特勒：

行销之父

其实，早在 20 世纪 80 年代以前，通用汽车公司就已经认识到区隔化的重要性，从而采取相应措施，最终超越福特汽车（Ford）而成为美国最大的汽车制造厂商。当老亨利·福特（Henry Ford）说"可给消费者任何颜色，只要它是黑色的"（译注：此句话已成为名言，言外之意是讽刺老亨利·福特自以为是消费者导向，事实上仍是生产导向者）时，通用汽车所采用的设计和供应汽车的策略，使它所生产的汽车更能"适合各种荷包、目的与人格"。正是由于老福特的狂妄自大，仅仅三四年间，福特汽车的市场占有率就从 55%，大幅滑落为 12%。

事实上，任何一个企业都很难做到使每一位顾客都满意。顾客各有所好，他们不会都喜欢在同一家餐厅吃饭、喝同一种软饮料，开同一个牌子的小汽车，住同一家旅馆，选择同一所大学就读或喜欢看同一部电影。针对这一特点，市场人员就得从市场细分开始。科特勒认为，根据顾客所喜欢或需要的产品和行销组合的不同，可以把他们分成具有明显特征的消费群体。企业应根据消费者在人文、心理以及行为上的差异来进行市场细分。然后，公司能够找出可以为它们带来最大机会的服务对象，正是这部分消费群体更有可能购买公司的产品。

科特勒主张企业为每一个目标市场开发一个市场供应品。公司开发供应品是以目标购买者进行定位（positioned）的，这些供应品的性能要能够给顾客带来他们最关心的利益。例如，富豪车的目标顾客是那些把安全作为第一考虑的购买者，因此，沃尔沃公司（Volvo）把富豪车定位为消费者所能买到的最安全的小汽车上。

科特勒认为，采用目标行销战略时，企业可把市场细分为许多极细微的区隔。事实上，我们可以将市场分为品牌区隔（brand segment level）、利基（niche level）和市场分子（market cell level）三个层级。

1. 区隔

许多市场都可划分为许多范围广大的区隔。"利益区隔"是指追求相似利益的人所形成的群体，比如，有的消费者追求的是低廉的售价，有的人希望产品具有高品质，还有些人追求优异的服务。

奔驰公司在服务上有与众不同的理解，他们的看法是，服务不仅体现在实际行销的过程中，而且在售前和售后的服务也绝不容忽视。奔驰把售前服务的理念扩大到市场调查这一环节。公司总部同分布在世界各地的分公司之间保持着经常性的联系，对市场的变化能及时地做出行销策略的调整。奔驰认为，按照顾客的需要，及时地推出他们喜欢的高品质产品，不过是优质服务的起点，而不是服务的终结。

在奔驰的服务理念中，他们感到，售前的动人许诺，远不如售后的优质服务重要。

早在两德合并前的联邦德国内，奔驰就设立了1700多个服务网点，在公路上平均不到25公里就有一家奔驰维修服务点，公司雇用了近6万人为奔驰用户提供维修和保养服务，形成了一张巨大无比的维修网。在奔驰全球的服务体系中就业的员工与其生产技术人员的数量相当。所有这些措施无疑都说明奔驰对售后服务的重视程度在众多的企业中是名列前茅的。

奔驰公司特别强调"无故障性"，他们认为出现故障就是公司的责任。奔驰汽车的广告称："如果有人发现奔驰汽车发生故障被修理车拖走，我们将赠送你1万元奖金。"这并不表示奔驰汽车一点儿故障都没有，而是当奔驰车出现故障时，它的售后服务人员将提供周到细致的服务。即使是因车主不慎而引发的故障，奔驰公司的服务人员仍会一视同仁地加以对待。充满人情味的服务，最终使奔驰公司赢得了越来越多的忠实消费者，有的客户甚至一代又一代都只用奔驰车。

事实上，任何市场都能够以数种不同的方式加以区隔。行销人员希望能通过市场区隔辨认出实质上未被满足，又具获利性市场机会的需求。在标示出一组区隔时，行销人员有两种选择：行销人员可把重心放在一种区隔，或是两种以上的区隔，而对每一区隔都提供不同且适当的产品或服务。

科特勒认为，实行单一区隔行销有以下三种好处：

在定义明确的市场中，公司所面对的竞争较少，也更能了解竞争对手是谁。

公司可更容易地标示出区隔内的个别消费者，与他们会面、召开小组讨论（focus group），并设计出专门符合他们需要且具吸引力的产品或服务。

公司有较大的机会变成该区隔中消费者"首选的供应商"（supplier of choice），以及获得最大的市场占有率和利润。

不过，从事单一区隔行销的企业也必须冒有一定的风险：随着消费者需求的转移，该区隔内的消费者将会越来越少；进入这一区隔的企业将因数量增多而使每位竞争者获利的机会减少。鉴于这些风险的存在，越来越多的公司改用多区隔行销：即使某一区隔的获利潜力减弱，公司的财富仍可因其他区隔获利而得到弥补。除此之外，多区隔行销可让公司享有某种程度的规模经济（economies of scale）与范畴经济（economies of scope），因此在竞争的每一区隔上可为公司带来成本上的优势。

2. 利基

这是指一群为数不多的顾客，他们的需求更为特殊，或是与众不同的需求组合。

事实上，跑车的市场可进一步细分出顾客数量更少的空缺：希望拥有

高价、马力强劲的赛车型汽车（像是法拉利［Ferrari］或林宝坚尼［Lamborghini］）的客户；希望价格没那么昂贵、造型不那么像赛车但马力强劲的汽车（例如保时捷［Porsche］）的顾客；希望造型较为传统却拥有跑车马力表现的汽车（例如BMW）的顾客；希望价格不太昂贵、有跑车造型但无跑车马力表现的汽车（例如福特的野马［Mustang］车型）的顾客。这都是一个个比较小的空缺，顾客人数较少。

科特勒认为，把重心放在服务某一空缺内的顾客有几个优点，这些优点可使企业有机会更进一步了解每一位顾客、面对的竞争者非常之少（完全没有、有一名，或可能两名），并且由于提供空缺的公司能以专业的资源满足这些愿意多付一些钱的顾客，因而获得利润的可能性比较大。但是，瞄准这些空缺的企业所面临的问题和从事单一区隔的行销人员一样——担心遇上空缺缩水的情况（亦即顾客减少）。公司必须时时注意，以使空缺不致变成空洞。如仍有顾虑的话，公司便应该采取"多空缺"（multiniche）策略，而非单一空缺策略，以便失之东隅，收之桑榆。

今日在许多市场中，利基（niche）已成为起码的标准。罗伯特·布拉特博格（Robert Blattberg）和约翰·戴顿（John Deighton）说："今日因市场过小而企业无法在获利的情况下予以服务的空缺，将会因为行销效率的提高而变得可行。"公司必须在挑选空缺，或是接受空缺竞争者的迎头痛击之间做出选择。目前已有强烈的证据表明，空缺之中尚有空缺存在。赫蒙·西蒙（Hermann Simon）在其著作《不为人知的冠军》中提到一项令人吃惊的事实，一些获利丰厚的德国公司，它在个别空缺中的全球市场占有率之大，简直使人难以置信，不少人却从来不了解它们的情况。

泰特拉（Tetra）拥有全世界80%的热带鱼市场；

史戴纳光学（Steiner Optical）拥有全世界80%的军用望远镜市场；

赫纳（Hohner）拥有全世界85%的口琴市场；

贝赫尔（Becher）拥有全世界50%的巨型雨伞市场。

这些不为人知的冠军市场，它们基本上都是家族企业或是由近亲掌控，而且历史悠久。它们的成功源于如下原因：

把全部心力投放在顾客身上，并提供优异的产品质量、有求必应的服务与准时的运送，不过他们收取的费用也是很高的。

最高管理阶层与重要客户定期直接联络。

强调目标放在改善顾客价值的持续创新。

这些企业将优秀的产品质量重心和地理性差异相结合，并建立起本身在这一狭小行业内的响亮名声。

3. 市场分子

公司也许想标示出数量更少的顾客，而他们所具有的共同需求又足以提供市场机会，这些人便是所谓的"市场分子（market cell）"。今日许多公司都已建立包含有顾客的人口统计变数、过去的购买纪录、偏好，与其他特征的顾客资料库（customer database）。美国运通（American Express）和其他信用卡公司所持有的顾客剖析资料，已高达数吨之多。目录邮购公司、电话公司、公共事业公司（指水力公司、电力公司和瓦斯公司等）、银行和保险公司等，也都有可分析的"资料库"。像 IBM、安达信管理顾问公司（Andersen Consulting），和电子资料系统公司（EDS，译注：此公司的创办人即屡次参选美国总统的德州富商罗斯·裴洛［Ross Perot］）等企业，都已提供一种名为"资料搜集（data mining）"的服务，利用高性能的分析与统计技术，发掘出关于顾客的有趣模式。请看以下例子：

某家拥有 200 万名顾客的大型服装目录公司，邀请 IBM 为它采集资料，并协助它找出顾客分类。最后，IBM 的研究人员标示出 500 个"市场分子"，而非提出一般常见的 5 种区隔或是 50 种空缺。举例来说，IBM 发现这家目录邮购公司中有 850 名顾客曾经同时购买蓝色的衬衫和红色的领带！这个有趣的发现表明，这些人比该公司一般的顾客更有兴趣购买深蓝色的夹克。因此，研究人员建议该公司值得寄一封信给这 850 名顾客，以表达他们对这些顾客光临的谢意，并对此种款式的深蓝色夹克提供特价。假如该公司接受这个建议，这些"市场分子"应有 10%，即 85 名顾客再来光顾公司的服装市场并买下货物。

科特勒指出，不管市场区隔也好，利基顾客也好，或是市场分子也好，其存在的基础是经济的高度发展，使行销方式发生了改变。当然，另

一个基本条件是在地理、人文条件的影响下人们具有不同的个性。顾客追求适合他们个性化的产品与服务，而企业在激烈的市场竞争中，只有努力去发现顾客的这种需求并加以满足。

为满足一些客户的个性化需求，奔驰推出了"定制汽车"的概念。在公司的生产车间里，未成型的汽车上都挂有一块牌子，上面标明了客户姓名、车型款式颜色以及这位客户的特殊要求。当一些商家将这些具有独特个性要求的顾客拒之门外时，奔驰却对他们敞开怀抱并对他们给予足够的尊重。公司根据他们的个性和爱好进行量身定制。当这些客户前来取货时，奔驰公司会给他们赠送一台儿童玩的汽车模型。奔驰在向客人提供人性化服务的同时，也把市场开发的种子播撒在这些客户的下一代身上。

世界电脑销售巨子戴尔电脑公司的销售理念是：按照客户要求制造电脑，并向客户直接发货。这使戴尔公司能够更有效和明确地了解客户需求，继而迅速地作出回应。

现代消费市场出现了强烈的个性化需求趋势。标准化、大规模的产品制造已使人们生厌，顾客希望自己所购买的是个性化的、真正属于自己的、独一无二的商品。目前，该公司市场的定制行销模式主要有这样几种：

（1）思想参与型。企业往往事先不做设计，把设计权由消费者去完成，在与消费者直接沟通中，获得消费者头脑中的设计思想、生活理念。

（2）消费者迎合型。企业通过捕捉不同消费者的消费习性、个性偏好，进行迎合其口味、爱好的开发设计，做到多品种、多风格、多变化、小批量，以凸显消费者个性风格。

（3）体验参与型。消费者参与定制的全过程，在体验中获得最适合自己的产品。如皮鞋、服装、首饰以及自行车、灯饰品的定制，都可选择体验参与型。

（4）选择参与型。一些产品本身构造比较复杂，顾客参与程度比较低时，企业往往预先设计好范围，让消费者进行调整、变换或更新组装来满足自己的特定要求。

个性化消费已经逐渐成为趋势，企业的运作必须充分认识到这一点，适时地调整自己的经营策略。

五、光顾被市场遗忘的角落

　　企业如能努力发现市场空缺并专注经营，其利润往往都非常可观，并且市场相对稳定，风险较小。

——科特勒

菲利普·科特勒：

行销之父

　　科特勒认为，在竞争激烈的市场上，一些实力较小的公司根本无法与实力强大的公司抗衡，在这种情况下，较小公司要想在市场上立足并发展，一个好的做法就是成为一小块儿市场上的领导者或补缺者。也就是说，小公司应极力与大公司竞争，它们的目标市场是小市场或大公司不感兴趣的、被大公司遗忘的角落，这些角落有时是大有所为的。

　　逻辑技术国际公司（Logitech International）生产各种各样的计算机鼠标，在全球成功地销售了 3 亿美元。该公司平均每 1.6 秒生产一只鼠标，左手和右手使用的都有。

　　采用电波遥控的无线鼠标，鼠标形状像小孩玩儿的真实老鼠，三维鼠标使用户感到他在随屏幕目标物移动。那些只顾生产电脑主机的电脑生产商似乎对这个小小的鼠标缺乏兴趣，因而被逻辑技术国际公司"乘虚"而入。生产这种鼠标是如此成功，以至于逻辑技术公司跟在微软公司后面放在了千家万户的电脑桌上。

　　另一个例子是生产特种面罩的泰克纳医疗产品公司（Tecnol Medical Products），由于集中经营医院面罩，泰克纳公司面对两个竞争对手：强生和 3M 公司。为了避免同这两个强手对抗，泰克纳由生产普通的面罩生产线改为生产为护理人员防传染的特种面罩，改变产品之后，利润滚滚而来。现在，原先无人知晓的泰克纳使强生和 3M 感到吃惊，因为它已成为美国医院的头号面罩供应商。

选择一个大公司忽视或不感兴趣的市场仅仅是这些公司成功的一个方面。在开发和生产室内产品时保持低成本，不断创新，每年的新产品有一打以上，捕获小竞争者以扩展和延伸它提供的产品。

建立业务单位或公司，其实，也有不少大公司对市场补缺感兴趣，它们正在加强这方面的能力。

啤酒业（The Beer Industry）小的啤酒商（如金字塔啤酒［Pyramid-Ale］和皮特的威克特啤酒［Pete's Wicked Ale］），在 20 世纪 90 年代后期的啤酒市场上表现出潜力。看到啤酒市场如此大有钱赚，安休斯·布希，米勒，阿道夫·库尔和施特罗·布鲁沃等四大啤酒商推出它们自己的特制啤酒。例如，安休斯推出依尔克山啤，米勒推出热狗和冰啤，库尔推出乔治·基利安。但因为消费者不想从这些大公司购买特制啤酒，这些公司只好在标贴上避开自己的名字以吸引购买者。米勒公司甚至在广告上说它的热狗和冰啤来自于板路啤酒商。很多人知道板路这个名字是 19 世纪米尔沃克啤酒商的产物，它已消失多年了。

伊利诺伊工具厂（Illnois Tools Works）生产几千种产品如螺丝刀、铁钉、自行车头盔、宠物颈圈、背包、食品包装袋等。该工厂有 90 个享有高度自主权的部门。

当一个部门把一个新产品开发出来并在市场中运作良好后，开发人员就被转到一个新的实体机构中去。

这些公司都力图找出一个既安全又有利可图的市场补缺战略；科特勒指出，一个理想的市场补缺战略应具备下列特性：①有足够的市场规模及购买力；②主要竞争者对此毫无兴趣；③有成长的潜力；④公司可凭借已建立的顾客信誉来防卫主要竞争者的挑战。

在市场补缺中，专业化成为成功的关键。下面是市场补缺者所担任的特殊角色：

（1）最终用户专家。公司专门为某一类型的最终使用顾客服务。例如，价值增加再售商（Value - Added Reseller，VAR）定制特殊的计算机软硬件以满足目标顾客群的需要，并在这个过程中获得利润。

（2）顾客规模专家。公司可集中力量，向小型、中型或大型的客户销售。许多补缺者专门为小客户服务，因为它们往往被大公司所忽视。

（3）纵向专家。公司专业化于某种垂直水平的生产—分配周期。例如，一个铜公司可能集中于生产原铜、铜制零件或铜制成品。

（4）特定顾客专家。公司把销售对象限定在一个或少数几个主要的顾客。有不少公司把它们的全部产品出售给一个公司，如西尔斯公司或通用汽车公司这样的大主顾。

（5）地理区域专家。公司把销售只集中在某个地方、地区或世界的某一区域。

（6）产品或产品线专家。公司只生产一种产品线或产品。例如，一个公司专门为显微镜生产镜片；一家零售店只卖领带。

（7）产品特色专家。公司专业生产某一种产品或产品特色。例如，加利福尼亚州的汽车出租代理商中有一个破损车出租行，它只出租"残破"的汽车。

（8）服务专家。公司提供一种或多种其他公司所没有的服务。例如，银行进行电话贷款和亲自把钱递交给顾客。

（9）定制专家。公司按照每个客户的订单定制产品。

（10）质量—价格专家。公司选择在低档或高档的市场经营。例如，惠普公司在袖珍计算器市场专门生产高质量、高价格的产品。

（11）渠道专家。公司只为一种分销渠道服务。例如，一家软饮料公司决定只生产超大容量的软饮料，仅仅在加油站出售。

低占有率的厂商也可获利，而聪敏地追求补缺是其根本策略，科特勒在对高绩效的低占有率公司采取的策略进行研究后，找出了前者表现较佳的原因：

（1）许多市场占有率低但是具有较高利润的公司是在相当稳定的低成长市场中生产经常被采购的工业零件或补充品；这些公司并不常改变其产品，他们的产品以标准化为主，且公司提供很少的额外服务，这些企业大都是从事高附加价值的产业。

（2）这些公司极为专业，往往只从事某一种产品的生产，而不是包罗万象。

（3）他们生产的产品通常以高品质及中低价格著称。

（4）他们的单位成本通常都比较低，因为他们把主要的精力都集中在产品线上，而在产品的研究发展，新产品的导入、广告、促销及销售力的支持上花费较少。

事实上，市场空缺的存在还是比较多的，企业须努力发现并专注经营，其利润往往都很可观。此外还有一个好处，即市场相对稳定，风险较小。

六、"虎口"也可"夺食"

第六章 抢占市场：及时和巩固

> 后来者抢占原来的市场占有者的地盘一般是通过提供较低售价、有所改进的同类产品，并辅以巧妙的竞争策略。
>
> ——科特勒

虽然开辟新的市场仍有许多机会存在，但是目前的大部分企业在创建之时都是打算从别人已经建立的市场中分得一杯羹。当公司进入已被占领的市场时，应采取什么样的行销战略去突破呢？美国学者比加迪克（Biggadick）对40个最近抢夺已被原有公司占据了市场的公司进行研究。研究结果表明10个市场进入者采用低价格战略，9个同原有公司的价格一样，21个用高价进入。

此外，他还发现其中28个公司具有较高的质量，5个质量与原有公司相当，7个质量较差。绝大多数的挤占市场者采取的做法是，提供一条专门的产品线并为一个较狭窄的细分市场服务。约有1/5的挤占市场都设法创建一个新分销渠道。一半以上的挤占市场者提供了较高水平的顾客服务。并且有一半以上的挤占市场者在销售队伍、广告和促销上，比原先占有市场的公司花费较少。科特勒进一步总结，这类市场"入侵者"行销组合的形式为：提供较高的价格和较高的质量；具有较狭窄的产品线；专注于较狭窄的细分市场；拥有类似的分销渠道；提供高质量的服务；在销售队伍、广告和促销上较低的支出。

有些学者研究了用新产品进入诸如吉露或联邦快递品牌占主导地位市场的战略，发现在这些品牌中，包括许多市场开拓者，由于它们已在市场上站住了脚跟，要进攻它们相当不容易，因为其他人对新产品已有判别的标准。科特勒因此认为，一个稍微不同的新品牌可以以稍高的价格出现而不会受到攻击；而相似品牌被看成毫无特色而不被消费者喜欢。它们在赢取较好利润的战略上采用了以下四种中的一种。

（1）差别化。在定位上，力图远离占统治地位的品牌，定出的价格相同或高于它，在广告宣传上大力开支，以建立新品牌和令人可信的取代占统治地位的品牌，本田摩托车向哈雷—戴维森公司挑战。便属于这方面的典型例子。

（2）补缺。市场定位力图远离占统治地位的品牌，高价、低广告预算以获取利润，保持补缺，如纽因州的纯天然牙膏汤姆同佳洁士竞争即属市场补缺的好例子。

（3）溢价。在定位上力图接近占统治地位的品牌，在广告开支上投入较少，但卖高价以体现其市场地位高，高登发巧克力和哈根达斯冰淇淋向标准品牌挑战便属于这方面的例子。

（4）挑战者。在定位上力图接近占统治地位的品牌，大量广告开支和价格相同或高于它，作为同类型的标准向其挑战，百事可乐向可口可乐挑战便属于这方面的典型例子。

人们常把肯德基当成麦当劳快餐连锁店的老对手。然而它在菲律宾遇到的最大敌人并非肯德基，而是一家叫做优力比的当地企业。

一向在国际市场所向披靡的快餐巨人，为何会在菲律宾这个小地方栽了跟斗？优力比的行销模式令人顿生兴趣。

当麦当劳进驻菲律宾时，优力比没有仓促应战。它首先对菲律宾人的口味和食品爱好习惯进行了广泛调查，尤其对儿童的研究更是不遗余力，因为麦当劳的一大半顾客都是这些几岁至十几岁的少年儿童。经过深入调

查，优力比发现，菲律宾人大多喜欢又辣又甜的食品并且喜欢吃大米饭，这种传统的饮食习惯在短期内难以改变。此外，它还发现，由于菲律宾与美国由来已久的关系，特别是在第二次世界大战后，美国军队曾长期在菲律宾驻扎，因此相当多的菲律宾人对美国食品并不反感。为此，优力比作出一种非常有针对性的行销策略，很快在其连锁店里得以贯彻。

优力比采取了一种市场跟随的方式，推出了汉堡包、炸鸡和意大利面条等快餐食品，并向顾客提供了与麦当劳一样快速、标准化的服务。就连对餐厅内布置的做法也让它搬了过来：孩子们喜爱的卡通人物、快乐的广告歌曲和热闹的氛围。

但是，优力比对麦当劳模式并非生吞活剥。它自己开发了特制的甜酸酱和辣椒调料，并用大米饭取代了炸薯条，优力比的快餐因此既具有浓厚的美国快餐特色，又迎合了菲律宾人的饮食习惯，做到了"洋为我用"。在价格策略上，优力比的食品价格普遍比麦当劳低5%～10%。不仅如此，优力比还大力抢占黄金地段，对麦当劳形成包围之势。占据"天时、地利、人和"优势的优力比，深受广大顾客的欢迎，尤其是儿童的喜爱，营业额连年猛增，已在菲律宾开设有200家连锁店，占据了菲律宾汉堡包市场的半壁河山，令麦当劳汗颜不已。这可以说是"虎口夺食"的典范。

国外专家考察了成功进入市场并最终成为市场领导者的公司所实行的行销战略。在详细分析了30多个案例之后，发现这些案例都显示了仿造者如何替代原来的创新者。以下这些市场进入者即属其中的佼佼者：

产 品	创新者	仿造者
圆珠笔	Reynolds	派克
文字处理软件	Word Star	WordPerfect
信用卡	Diners´ Club	威士卡和万事达卡
食品加工器	Cuisinart	布莱克—德克尔
CAT 扫描设备	EMI	通用电气公司
展示版软件	Unicalc	Later Word
计算器	Bowmar	得州仪器公司

科特勒研究发现，仿造者抢占原来的市场占有者的地盘是通过提供较低售价、有所改进的产品，并辅以巧妙的竞争策略。

在 20 世纪 80 年代早期，耐克公司赢得了一场被许多人现在称之为"运动鞋大战"开局战役的胜利。那时耐克公司开发了一种锻炼用的跑鞋，实际上买这种鞋的人大部分不是为了体育锻炼，更多的人是为了乐趣。这种鞋非常畅销，耐克公司因此取代跑鞋市场的领导者阿迪达斯，冲到了年销售额 60 亿美元的美国运动鞋市场的前列。不过潮流变化很快，稍不注意，领先者很快就会落伍，耐克的领先地位并未长久。1986 年，新秀锐步公司通过推出新式的软皮、带空气层的鞋而从后面赶上了耐克公司，它把闷热的运动鞋变成了受年轻人欢迎的时尚代表，并因此夺取了很大的市场份额。至 1987 年，锐步公司获得了超过 30% 的市场份额，而耐克则下跌到 18%。

耐克在 1988 年开始了反击。它以重新兴旺的"性能"市场为目标，启用运动明星，以 2000 万美元的代价展开了一场强有力的"且请一试"的广告战役。公司为适应不断细分的运动鞋市场的趋势，一口气推出了几十种新产品。到 1990 年，耐克给只要人们想得到的运动鞋，甚至给拉拉队活动和帆板冲浪等也制造了专用鞋。耐克目前在运动鞋市场上所占的份额又回升至 37%，而锐步的份额则降到了不足 20%。在篮球鞋市场上，耐克更是占据了令人吃惊的份额，达 50%，相对而言，锐步只占了 15% 市场份额。

现在，由于运动鞋能够作为自我表达的一种方式，成为首要的时尚代表，所以人们的选择受许多因素的影响。因此在这个潮起潮落的市场中理解消费者行为是非常困难的，而试图去预测消费者行为将更为困难。

今天，运动鞋大战仍硝烟弥漫，耐克公司密切关注着新趋势及新的竞争对手。耐克知道，要想赢得运动鞋大战的胜利，甚至仅仅为了维持生存就必须对消费者行为有深刻的了解。

七、把"蛋糕"做大，保住放"蛋糕"的托盘

　　企业可以通过寻找新的顾客，发现产品的新用途以及鼓励顾客更多地使用其产品而达到扩大和巩固市场的目的。

——科特勒

（一）扩大市场的三种方法

　　如果总市场扩大以后，优势厂商通常比普通厂商获利较多。科特勒认为，通常领导者可以采用下列三种方法来扩大整个市场：寻找新顾客、发现新用途及鼓励更多地使用。

1. 寻找新顾客（New users）

　　每个产品类别都可以吸引新的购买者，这些潜在的顾客可能目前不知道此类产品，或因其价格不当或缺乏某种特性而拒绝购买此类产品。因而厂商可以从三种群体中找寻新使用者，例如，香水制造商可以想办法说服那些不使用香水的女人使用香水，或说服男人开始使用香水，或销售香水至其他国家，这都是增加新使用者的方法。

　　娇生是一家生产婴儿洗发精的公司，在婴儿洗发精领域占据领导地位。当人口出生率开始降低时，该公司就已关心其产品的未来销售成长，其行销人员在行销过程中发现到一个有趣的现象：家庭中的其他成员偶尔也使用此婴儿洗发精来洗发，根据这个发现该公司于是决定发展一项广告运动来创造成人对婴儿洗发精的偏好。实际上，并没有用多长时间，娇生婴儿洗发精在整个洗发精市场中即位居榜首。

又如波音公司曾面临 B – 747 巨无霸喷射机订单剧减的情形，因为各航空公司都感觉他们已有足够的飞机来满足现有的需求。波音公司发扬群策群力的作风，结果有人提出：如果要增加 B – 747 的销售，其关键在于协助航空公司招徕更多的旅客。大多数的航空公司只是相互竞争现有的旅客而没有尝试吸引新的旅客搭乘飞机。波音公司分析了各潜在飞行的区隔后结论如下：劳动阶层搭乘飞机者非常有限，其实他们是有能力搭乘飞机的。于是，波音公司鼓励航空公司与旅游业创造旅行包机，并向工会、教会及一些协会推销。此举在欧洲非常成功，这使饱受顾客不足的美国飞机制造商看到了新的希望。

2. 发现新用途（New uses）

扩大市场的一个做法是发现并推广现有产品的新用法。例如，一般美国人每星期有三个早上吃干麦片早餐。如果生产者能说服人们在其他时间也吃麦片，便能赚钱；因而某些麦片生产公司便加大力度宣传其味道如甜点以增加其食使用频率。

在发现产品的新用途上，杜邦公司做得很出色。每当尼龙快进入其产品生命周期的成熟阶段时，就会发现某些新用途。该公司在生产尼龙上，首先是用来做降落伞的合成纤维；然后发现尼龙能够制作女袜；后来又把它作为妇女上衣及男士衬衫的主要原料；接着又成为汽车轮胎、沙发椅套及地毯的原料。每项新用途皆为产品开始了新的生命周期，而杜邦公司也就在不断地发现产品的新用途这样一种模式下不断地获得利润。

此外，并非公司本身发现新用途，而是使用者提供公司新用途。如凡士林当初只不过是用作机器的润滑剂，但数年后，使用者把它作为皮肤软膏、愈痉剂及整发液等，而生产者自然是"顺应民心"，按照他们的愿望生产出更加符合使用的产品。

以制造碳酸氢钠出名的安汉姆（Arm & Hammer）公司，其现有的产品已销售了125年而达停滞阶段。碳酸氢钠有数以百计的用途，公司发现有些消费者把碳酸氢钠用作冰箱的除臭剂，于是便决定发动大量的广告与公共报导活动，集中宣传这种用途，结果成功地使美国1/2的家庭把装有

碳酸氢钠的开放型盒子放入冰箱内以作除臭之用。几年后，安汉姆公司又发现消费者用它来扑灭厨房的油火，于是又一次大力宣传它的这种用途，公司也因此获得了更大的销售量。

不论是对工业产品而言，还是对消费品而言，企业的一个重要任务是监视消费者如何使用其产品，汪恩希培（Von Hippel）在研究新工业产品的构想是如何产生时，结果发现大部分的构想来自使用者，而非公司的研究发展实验室，这个发现指出了行销研究对公司成长与利润方面的贡献有其显著的重要性。

3. 鼓励更多地使用（More usage）

第三个市场扩张方法就是说服人们在每个场合使用更多的产品。如洗发水公司如此劝告顾客在洗发时若要想去掉头皮屑，用两份比用一份将更有效。

在刺激每次高使用率方面，法国的米其林轮胎公司做得可谓高人一等。该公司过去一直都在寻求如何鼓励汽车拥有者，每年驾驶更多的里程，从而需要更多的轮胎，这样公司就可以卖出更多的轮胎。怎样让汽车拥有者多跑路呢？他们构想出一个方法，即以三颗星的系统来评价法国境内的旅馆，为此出版了一本旅馆指南的书。书中报道大多数最好的旅馆皆在法国南部，因此到了周末，开着车到法国南部去度假的人比原来大为增加，公司轮胎的销售量也增加了。

（二）扩大市场占有率要以利润为基础

市场领导者也可以通过进一步增加它们的市场份额而提高其利润率。

一项行销战略对利润的影响（英文简称为 PIMS）的研究项目发现，赢利率（用税前投资报酬率来衡量）是随着相关市场份额呈线性上升的。此研究指出，市场份额在 10% 以下的<u>企业</u>，其平均投资报酬率在 11% 左右，其市场份额有 10% 的差异，则税前投资报酬率将有 5% 的差异。由于 PIMS 的研究结果具有较高的实用价值，因而导致许多公司把扩大市场份额作为其行动目标。例如，通用电气公司已决定：它要求在其每一个市场中至少应成为第一位或第二位，否则就退出。通用电气公司因为不能在计算机业务和空调业务这些行业中取得领先地位，于是就主动放弃了。

不过，PIMS 研究也被一些人认为论据不够充足，或甚至有人指责它荒诞无稽。哈默麦希（Hamermesh）宣称有的企业的市场份额虽然较低，但其利润率高，而这种企业多得实在难以计数。两位市场研究专家乌（Woo）和库珀（Cooper）举出了 40 个市场份额低，而税前报酬率高达 20%，甚至还要高些的企业。这些企业的产品质量很高，而相对其高质量来说价格中等或偏低，产品经营范围较窄，总成本较低。其中大部分公司都生产工业部件或材料。

科特勒指出，对于中型公司来说，不可以认为增加市场占有率就会自动地改善其获利率，这要根据他们在增加市场占有率时所采取的策略加以确定。企业研究人员早已列举出许多高市场占有率但获利率很低的公司，而同时也有许多低市场占有率但却拥有高获利率的公司。如果仅仅是为了换取较高的市场占有率，那么企业所付出的代价可能远超过所得利益。科特勒同时认为，公司在决定盲目地追求增加市场占有率之前，下列三个因素必须加以仔细考虑：

（1）造成反托拉斯行动的可能性。那些嫉妒的竞争者很可能因优势厂商的进一步争夺市场占有率而大声抱怨企业实行"垄断"，在这种情况下许多企业不敢在市场占有率上做得太过火。

（2）经济成本。在高市场占有率后若想再进一步扩大市场占有率，其利润很可能因成本的迅速上升而下降。一家已拥有 60% 市场占有率的公司若想进一步扩大其市场份额，必须考虑某些顾客对公司产生讨厌情绪，而去忠实于竞争供应商，或具有奇特的需要，或较偏好与小供应商交易。此外，竞争者可能因为其日渐下降的市场占有率，而采取有力的防御措施，而法律性的工作、公共关系及游说议员的成本也将与市场占有率一起上升。领先者最好能专注于扩大总市场的大小而不要为增加市场占有率而不知好歹地去努力，有时甚至以选择性地降低在较弱领域的市场占有率，而争取到更优势的市场。

（3）公司在试图取得较高的市场占有率时，可能会采用错误的行销组合策略，因而无法增加其利润。虽然有些行销组合变数在建立市场占有率方面较为有效，但这并不能保证它们能够获得较高的利润。科特勒认为，只有在下列两种情况下，较高的占有率同较高的利润才能挂起钩来：

单位成本随着市场占有率的扩大而下降：由于领先者的工厂较大而享有较大的经济规模，从而使单位成本下降。这是指一种既能有效地取得市场占有率又能增加获利率的行销策略，即狂热地在产业中追求最低的成本，并将节省下来的成本以低价格分享给顾客。亨利·福特在 20 世纪 20 年代销售汽车的策略以及德州仪器在 60 年代销售电晶体的策略就属于这种做法。

公司提供极高质量的产品并索取额外的价格，但此额外的价格比提供较高品质的成本大。克罗斯比（Crosby）在其《品质免费论》（Quality is Free）的书中认为，企业在提高产品质量上并不会增加公司太多的成本，因为公司可通过以较少的废料与售后服务等方法节省回来。但是这类产品必须为消费者所需并且愿意付出额外的价格，此额外的售价才是较高利润的基础。此种能获利的市场占有率成长策略，是由 IBM、卡特匹勒及米其林等公司所采用的。

总之，目前的市场领先者都已经学会了如何扩大总市场，保卫它们现有的市场及在有利润的情况下增加市场占有率等方面的艺术。宝洁公司堪称这方面的典范。

在全美消费包装品中，宝洁公司被认为是最有技巧的行销者。免洗婴儿尿布（Pampers）、洗洁剂（Tide）、卫生纸（Charmin）、纸巾（Bounty）、洗衣精（Downy）、牙膏（Crest）、洗发精（Head & Shoulders）及漱口液（Scope）等市场上，它所拥有的产品都是居于第一位的。科特勒通过对宝洁的长期研究得出这样的结论，它的市场领导地位建立在下列几个方面的基础之上：

（1）了解顾客。宝洁公司通过连续不断的市场行销研究和收集信息来研究自己的顾客以及有关贸易的情况。该公司在它所有的产品上印上了800 受话方付费的电话号码。有什么不满或建议的消费者可以免费打电话给该公司。

（2）产品创新。在产品创新上，宝洁公司可谓不遗余力，它的研究与开发费高达 12 亿美元（占销售额的 3.4%），这在包装消费品公司中是最高的。它拥有 2500 个实用专利保护 250 种产权技术，它部分的创新工作是开发为消费者提供新利益的品牌。例如，宝洁公司花了 10 年的时间研究和开发了第一个有效防蛀牙膏——佳洁士。为了减除肥胖患者的苦恼，它最近创新了减肥品奥林（Olean），自从它被美国食品与药品管理局批准后，在咸味零食市场上成为近 10 年来最成功的新食品。

（3）质量战略。宝洁公司的产品质量高于一般标准的产品的质量。产品一旦推向市场后，公司就随时准备改进该产品的质量。当公司宣布推出"新的和改进的"产品时，其产品质量又上了一个台阶。

（4）扩展产品线。宝洁公司生产的品牌有多种规模和形式。这就给予它的品牌以更多的货架陈列空间，以防止出现竞争者认为市场上还有未被满足的需求而挤进来的局面。

（5）品牌扩展战略。宝洁公司经常使用它强有力的品牌名称去推出新产品。例如，象牙牌已从肥皂扩展到液体肥皂和一种清洁剂。在一个赞誉很佳的现有品牌名称下推出一种新产品，可以得到较快的承认和较多的信赖度，因此可以省去许多广告开销。

（6）多品牌战略。宝洁公司在同类产品中推出了几个品牌。例如，它生产 8 个品牌的洗手皂和 6 个品牌的洗发露。每种品牌都针对有某种特殊需要的消费者，并能与特定的竞争者的品牌进行竞争。每一个品牌经理为公司的资源进行竞争。最近，宝洁公司开始减少它广泛的产品、规模、风味和品种，此举使得公司的成本下降了不少。

（7）大量的广告投入。宝洁公司是美国最大的消费包装商品的广告客户。它每年的广告开销超过 30 亿美元。它不仅借助电视的力量创造强有力的消费者知名度和偏好，而且现在还在网上树立它的品牌形象并成为领导者。在 1998 年，宝洁主持了行业中的最高级会议，有来自因特网和消费者行销公司的 400 名最高执行官参加。此举的目的是，怎样在网上合作、减少摩擦从而最好的销售产品。

（8）踏实进取的销售队伍。在1998年，《销售与行销管理》杂志在评选25支最佳销售队伍时，宝洁公司的销售队伍位居前列。宝洁的销售队伍与零售商的紧密合作是宝洁走向成功的关键，如它与著名的沃尔玛公司的合作。它有150名人员与这个零售巨人一起工作，协助沃尔玛改进工作，包括它所送到商店的产品和管理过程。

（9）有效的销售促进。宝洁公司有一个销售促进部门，该部门专门负责协助品牌经理以最有效的促销方式来完成特定目标。这个部门收集各种消费者与交易形态的结果，从而发展出专业感及测知各种情况下的效能。同时，宝洁将销售促进的运用降至最低点，而比较喜好借广告来塑造长期的消费者偏好。

（10）竞争有力。宝洁公司在压制胆敢同它竞争的企业时，常给予对方当头棒喝。它愿意花费大量的财力对抗新的竞争品牌，以狙击对手。

（11）制造效率。宝洁公司在行销效率上闻名遐迩，在制造方面更是无人能及。该公司花费巨资发展及改进其生产作业，从而在整个产业中成本最低。

（12）品牌管理系统。品牌管理系统乃是宝洁公司的首创之举，由一位主管全权负责一个品牌的发展。这一系统已被许多竞争者所仿效，但总没有宝洁那样成功，宝洁经过多年的经验后，已经能非常熟练地利用这个做法。

（三）巩固市场

企业一方面要大力拓展市场，另一方面要把已经占领的市场及时巩固下来，否则，企业占领再多的市场而没有巩固也是毫无用处的，因为竞争对手或潜在的竞争对手很可能把企业以巨大的付出所换来的市场夺走。

科特勒告诫，对于市场争夺者，市场占有者要想巩固地盘，通常的做法是在对手尚未站稳脚跟之前就将其从市场上赶走，否则一旦对方羽翼丰满，再要把对手赶出去就难了。

约翰逊兄弟公司是美国止痛药市场的执牛耳者，它生产的泰利诺止痛药曾在20世纪70年代的美国市场一枝独秀，但梅尔公司却很不服气，准备进占泰利诺的止痛药市场。

经过周密地筹备，梅尔公司于1975年6月向市场投放了一种名为"达特利"的新止痛药，这种药几乎具有与泰利诺一样的功能：止痛且安全无害。梅尔公司决定用这种新药向约翰逊公司发起进攻。

市场的后来者常采取的做法是以低廉的价格进入市场。梅尔公司也没有例外，它挑起了价格战。在市场上，100粒泰利诺的零售价是2.85美元，而同样数量的达特利却只需1.85美元，两者相差整整1美元，这实在是一个不小的吸引顾客的有利因素。在打响价格战的同时，梅尔公司还以强烈的广告进行轰炸，以期最迅速地在止痛药市场占据滩头阵地。

在一般情况下，市场领导者在面临对手发起价格攻势时，往往会抱着一种观望的心理。看看自己的销售是否会受到影响，看看对手究竟有多大的弹药支持，看看消费者的反应究竟怎样，然后再采取相应的行动。这种做法非常普遍。

可是，约翰逊公司的想法却不一样。他们认为，必须在对手立足未稳之前，彻底地将其从市场上撵出去，否则将犯"姑息养奸"的错误而给自己造成危害。

于是，在梅尔公司发动价格攻势的一周之后，约翰逊公司迅速作出回应，在所有市场上降低泰利诺的价格，并堂堂正正地向对手下了应战书。

情况对梅尔公司很不妙。在得知约翰逊公司的通知后，知道面临的是一个强大的对手，它必须抢时间迅速占领市场要点，否则只有坐以待毙。梅尔公司为此预付了电视广告休息时段的费用，它的目的很明显，就是要以最快的速度将自己零售网点的队伍调动起来进行作战。

但是，梅尔公司在进攻时由于过于着急，很快就让约翰逊公司找到了突破口，他们采取旁敲侧击的手段，控告一些媒体播放了非法广告，以至于广播电视通信网等媒体在不得已的情况下，只好对达特利广告进行修改，将"最低的美国价"改成"达特利只花更少的钱，少得多"。即使这样，约翰逊公司仍不罢休，再次进行抗议，"少得多"也被删掉了。最后，哥伦比亚广播公司等几家大媒体干脆拒绝为达特利做广告，梅尔公司的攻

菲利普·科特勒：

行销之父

200

势就这样被约翰逊公司巧妙地阻止住了，约翰逊公司保住了自己的市场。

科特勒还发现，市场占有者对付进攻者的另一做法是采取"赶尽杀绝"的策略。

休布雷公司是一家生产伏特加酒的著名企业，其市场占有率达23%。在20世纪60年代，有一种新伏特加酒进入市场，准备同休布雷公司争夺市场。休布雷公司的斯米诺夫酒已在市场上卖得红火，但是新酒的质量一点儿也不比休布雷公司的酒差。并且它的售价比斯米诺夫低，每瓶低1美元。很显然，这种新酒采取了"低价优质"的新市场进入策略。

面对新酒的进犯，休布雷公司没有急于应战，而是仔细研究对手的情况，精心构筑自己的防线。首先，在继续销售斯米诺夫品牌的基础上，他们再推出"瑞色加"和"波波"两个新品牌。其次，三只品牌组成三支精锐部队，分别占据伏特加市场上高档、中档和低档三个市场。高档市场的消费者不会在乎商品售价的高低，而只注重品牌是否能为其带来精神需求方面的满足。因此，休布雷公司不仅没有降低斯米诺夫的售价，反而每瓶售价提高1美元，牢牢地占住了高档酒市场不给敌手任何进入高档市场的机会。再次，在成功防住高档市场之时，休布雷公司以"波波"品牌占据低价市场，也不给敌手任何机会。他们把"波波"的价格定得比新伏特加酒低得多。最后，把"瑞色加"的价格订的和敌手一样，用"瑞色加"在中档市场同进攻者决一死战。

由于防御周密，休布雷公司发起反击之时，新伏特加酒根本无法抵挡，节节败退，等它退入低价市场时，又碰到"波波"品牌的有力打击，这场酒类市场的保卫战最后以休布雷公司获得全线胜利，巩固了其在伏特加市场上的霸主地位而告终。

在对付进攻者上，市场占有者往往利用自己的优势进行狙击，从而打败进攻者。

新伏特加酒显然想通过价格战来建立自己的根据地，因为它的质量比斯米诺夫要好，与对手拼价格具有优势。休布雷公司的应对决策非常高明，它没有陷入对手挑起的价格战的战场，而是在布置好防御力量的基础上，再给对手致命一击，彻底打败进攻者。

当然，这都是些光明正大的进攻者，对于市场占有者来说，最可怕的是潜在的进攻者。

怎样辨别现有的竞争者或潜在的竞争者呢？一个公司识别竞争者似乎是一项简单的工作。索尼公司知道松下公司是它的主要竞争者；可口可乐公司知道百事可乐公司是其主要的竞争者。然而，公司实际的和潜在的竞争者很可能潜藏在市场的任何一个角落。科特勒提醒道，表面的竞争对手比较容易对付，最怕的是潜藏的竞争对手。一个公司更可能被新出现的对手或新技术，而非当前的竞争者打败。

因特网是最近几年才兴起的，许多公司因为只把注意力集中在它们强大的竞争对手上，而忽略了因特网这个后起之秀。举个例子，几年前，巴诺公司（Barners & Noble）和博德（Border）两个图书连锁店相互竞争，看谁能建立最大的图书城，谁能够给图书阅览者提供舒服的沙发，一边看书一边喝咖啡的地方。然而，正当这些大书店考虑在它们的咖啡厅里用什么存放书时，杰弗里·贝左斯（Jeffrey Bezos）建立了一个名叫亚马逊在线的网上图书帝国。贝左斯富有创新精神的网上书店能够在不需建立图书库存目录的情况下，向读者提供无限制的图书。现在，醒悟过来的巴诺公司和博德公司在建立它们的网上书店这一业务上你追我赶。然而，"竞争近视"，即人们往往更注意表面的竞争者，而不是潜在的竞争者的做法已经导致一些公司倒闭了。

吸取了巴诺公司和博德公司的教训后，在 1996 年，有 230 年历史的大不列颠百科全书公司做出壮士断腕的举措，解散了它所有的公司销售人员。该公司改为网上售书的做法，顾客只需一个月在因特网站上花 5 美元，即可获得价值为 1250 美元的 32 册系列全书。对计算机精通的孩子可以从网上或光盘上获得他们所需的信息，比如说微软的 Encarta 光盘，以及售价仅为 50 美元的光盘包括一本百科全书的内容。最棒的是该公司有权与微软公司合作。向客户提供与 Encarta 相关的内容，而没有绝对禁止。

科特勒总结道，市场领导者要想保住自己的地盘。最好的做法是持续不断地创新。市场领导者应不满足于现状，在产品创新、销售配套以及如何降低成本方面都要不断提高，通过不断地把节省下来的价值惠予顾客才

能牢牢地巩固市场。

相关链接

娃哈哈与乐百氏饮料争霸战

创办于 1989 年，以 95 万元起家的乐百氏果奶，在何伯权的经营下，经过一系列行销，逐渐成为中国饮料市场的领头羊。

然而，对于饮料这个高利润的行业，许多企业早已垂涎欲滴。在 1992 年，一个劲敌进入果奶市场。这个劲敌就是来自人间天堂杭州的娃哈哈。娃哈哈在其英明领袖宗庆后的带领下，决定在果奶市场上同乐百氏一争高下。这一场市场争夺战可谓尘沙滚滚，硝烟弥漫，一直打了 6 年之久。乐百氏和娃哈哈这两个年轻的对手，一个是市场的弄潮儿，一个是商海中的好手，一场好战，硬是把一个不到两亿元的果奶市场容量扩展到 40 多亿元，增长了 20 多倍。

果奶主要是针对 10 岁以下的儿童市场。而尤为有趣的是，与别的儿童产品如服装、奶粉等不同，根据调查，竟有 6 成以上的儿童在购买果奶时会指定品牌。因此，宗庆后和何伯权面对的是一个十足的感性消费群体。在品牌力、产品力和促销力等方面，他们进行了一场全面的竞争。

在品牌形象的塑造方面，宗庆后和何伯权堪称绝顶高手，娃哈哈果奶的"妈妈我要喝"以及乐百氏的"今天你喝了没有"的广告词，都以一种暗示诉求的方式来打动少年儿童。在 1992 年，何伯权出于品牌创新的考虑，还曾推出过另一个乳酸奶品牌——反斗星，这种产品零售价位比乐百氏稍高，主要在大中城市销售，何伯权的原意是打造一个比乐百氏更为高档和时尚的儿童饮料品牌，但是，由于"反斗星"的品味带有浓厚的粤港色彩，难以被长江流域以北的消费者接受，仅仅两三年后，反斗星便不得不退缩回广东、福建等南方市场。

20 世纪 90 年代中后期的中国消费品市场，刚刚从计划经济中走出来，如同一片久旱的土地，消费需求空前旺盛，你只要给出一个"购买的理由"那就没有你喝不到汤的情形。那又是一个被"概念"包围的市场，谁

如果发明了一个新的"消费概念"，并在行销方面有所作为，那更会成为大大的赢家。在娃哈哈与乐百氏的果奶大战中，正涵盖了这方面的因素。

作为果奶市场后进者的娃哈哈，凭借儿童营养液所打下的强大的市场基础和品牌力，在气势上竟毫不逊色于乐百氏。宗庆后更是以多变、出人意料的行销手段而屡屡抢得先机。1994年，娃哈哈推出了6种口味的系列果奶，6瓶果奶为一封，一字排开，在商店里，占去了一大片的零售空间，乐百氏糊里糊涂挨了一棒，第一次在市场上被娃哈哈压了一头。但是何伯权确实身手不凡。1995年，何伯权突发奇招，针对33.2%的少年儿童钙质摄入不足的问题，率先推出以儿童补钙为目的的乐百氏钙奶，并且成功地获得了中国营养学会的推荐。

乐百氏钙奶的推出，市场的主动权又回到了乐百氏的身边。早期的乳酸奶只定位于一个消闲、美味的饮料，而钙奶概念的推出则引入了功能这个行销概念，自此果奶市场空间被深度拓展，而市场大战更是全面升级。第二年，娃哈哈推出了AD钙奶，它打出的宣传广告是"维护健康和营养平衡，更有利于钙质的吸收"。AD钙奶得到的推荐机构似乎更高一阶——国际营养学院。

两家企业你来我往，战招频出。在1998年，乐百氏又推出"健康快车"乳酸奶，它在概念的创造方面几乎达到了登峰造极的地步：AD钙奶加双歧因子，国家"八五"重点科研攻关成果，首家由国家卫生部签发保健食品批准证书。乐百氏似乎胜券在握，何伯权也踌躇满志。

宗庆后不想学乐百氏的样子，也去搞个什么卫生部的推荐证书，为了应战，娃哈哈则推出200毫升大容量AD钙奶，在价格不变的前提下，以容量增多来吸引少年儿童和家长。在1999年，乐百氏也顺势推出同类大容量钙奶，并以令人目不暇接的速度开发出了旋风钙奶、粒粒果钙奶等系列产品。而娃哈哈则又在营养成分上继续加力，推出了新一代的娃哈哈铁锌钙奶。

娃哈哈同乐百氏数年交手，使两家企业的领导人产生了惺惺相惜的感情，相互留下了不错的印象。而相对来说，宗庆后很欣赏何伯权在策划创意上的时尚灵性和龙虎之气，而何伯权则对宗庆后的行销天才更为佩服。

菲利普·科特勒：
行销之父

204

在 1998 年，有一位叫周桦的记者采访何伯权，问："你最欣赏的人是谁？"何伯权说："娃哈哈的宗庆后。"

宗庆后与何伯权在年龄上相差将近 20 岁，而在性格上则均属内秀型，平日寡言善谋，擅长吸收，敏于变化，并且在重大时刻能果敢决断，不惮于冒险。而在竞争手段上，两人都喜欢鸣鼓而战，不好使小阴谋，对一些不入流的阴招、损招更是不屑一顾。在某种意义上，正是这种职业性格使他们具备了成为顶尖级企业家和行销大师的素质。

早在 1995 年，就有专家预测果奶产品的生命周期已到尽头，它势必会被膨化食品、果冻等新的产品形态所替代，可是，娃哈哈、乐百氏在营养概念上的创新，使这一预言数度落空。快速的概念更替，使市场始终处于一种兴奋的状态，消费深度和空间均被拓展，果奶产品的半衰期被一再推迟。在 1996 年，在果奶市场上打得不亦乐乎的娃哈哈突然宣布进军饮用水市场。

仅 6 个多月后，乐百氏亦宣布推出纯净水。从此，娃哈哈的"我的眼里只有你"和乐百氏的"27 层净化"的广告词深深地植入了中国广大消费者的头脑里。

娃哈哈与乐百氏在纯净水市场上再度"复制"了果奶大战的竞争效应，两家企业在品牌塑造上进行轮番的广告轰炸。1997 年，乐百氏的销售额窜升至 17 亿元，而娃哈哈更是高达 21 亿元之巨。

也就在 1997 年，两家企业进行了 6 年之久的市场争夺战，渐渐显出强弱之势，乐百氏突现凝滞，与娃哈哈的差距越拉越大，至 2001 年年底，乐百氏的销售额仅为娃哈哈的 1/4。

第七章
品牌战略：顾客心中的太阳

没有品牌的企业只能够实行薄利多销，而且随时有被挤垮的危险。品牌可以给企业带来丰厚的利润并且使自己的市场份额固若金汤。在企业所有的事情中最重要的一件就是打造出一个或数个光芒四射的品牌。

一、品牌是消费者的字典里最常用的那个词

> 品牌名称是个性化品牌的基础，是品牌的外在表现。一个好的品牌能够吸引一批忠诚的消费者，为企业带来长久的利润。
>
> ——科特勒

品牌是制造商或经销商加在商品上用以区别其他企业商品的标志，以免与其他同类产品发生混淆。例如，美国米高梅电影公司以一只怒吼的狮子作为品牌标志。品牌名称是指品牌中可以用语言称呼的部分。例如，索尼是日本著名的品牌名称。

在1997年，据有关研究品牌的机构调查评估，世界十大顶级品牌是：可口可乐、万宝路、IBM、麦当劳、迪斯尼、索尼、柯达、英特尔、吉列和百威。可口可乐价值480亿美元，万宝路价值470亿美元。

1. 品牌的竞争优势

科特勒指出，一个好的品牌为企业提供了许多竞争优势：

（1）由于其高水平的消费者品牌知晓程度和忠诚度，公司行销成本降低了。

（2）由于顾客希望分销商与零售商经营这些品牌，这加强了公司对他们讨价还价的能力。

（3）由于该品牌有更高的认知品质，公司可比竞争者卖更高的价格。

（4）由于该品牌有高信誉，公司可容易地开展品牌拓展。

（5）在激烈的价格竞争中，品牌给公司提供了某些保护作用。

现在，建立品牌已变得如此重要，以至于几乎没有无牌产品。盐装在有品牌的容器里，普通螺母和螺栓的包装上贴有经销商的标签，汽车零部

件，如火花塞、轮胎、过滤器等都有自己的品牌名称，以区别于汽车制造商的牌子。甚至水果和蔬菜也被冠上了品牌，如新奇士橘子、都乐菠萝和奇昆特香蕉。

2. 品牌的作用

一般说来，使用品牌能起到以下几方面的作用：

（1）品牌经注册登记，即可得到法律的保护，防止别人模仿、抄袭或假冒，保护了企业的正当权益。

（2）使用品牌，则产品的特色和质量特征被简明地表达出来，便于卖主管理订货，也便于顾客选购。品牌起着监督企业产品、保证质量的作用。企业创造一个受广大顾客欢迎的名牌产品，在顾客中建立的良好声誉并不是自封的，而是顾客公认的。有了品牌，销售者就能够比较容易地处理订单和追查问题。因此布斯奇啤酒公司接到的是100箱密歇劳伯牌啤酒的订单，而不是要"一些你们的好啤酒"。建立品牌还能吸引一批忠诚的消费者，为企业带来利润。

（3）品牌可以促进销售，使销售者能够细分市场，找到属于自己的顾客。

3. 品牌的命名

品牌虽然能够为企业带来许多优势，但是，在为产品或服务命名时，公司会面临许多种可能性：它可选用人名（本田、卡尔文·克莱因）、地点（美国航空、肯德基）、品质（喜互惠超市、金霸王电池）、生活方式（体重守护者、健康选择）或是自行创造一个名字（埃克森石油 [Exxon]、柯达）。科特勒认为，不论何种品牌名称在命名时应具有如下五个要求：

（1）它必须与众不同。例如，野马汽车、柯达胶卷、埃克森石油。

（2）它应暗示出产品的利益。例如，美憩（Beautyrest）床垫、名匠（Craftsman）工具、准子（Accutron）手表。

（3）它应能暗示动态或颜色等产品的特点。例如，新奇士（Sunkist）甜橙、速广（Spic and Span）清洁剂、火鸟（Firebird）汽车。

（4）它必须易于发音、认读、记忆，且名字宜短。例如，汰渍洗衣粉、佳洁士牙膏、泡浮（Puffs）洗衣粉。

（5）它在其他的国家或语言中不能有不好的意义。例如，对于讲西班牙语的国家而言，Nova 是一个糟糕的汽车名称，因为它的意思是"动不了"。

品牌名称是个性化品牌的基础，是品牌的外在表现，其优劣会直接影响品牌形象及其市场表现。可口可乐公司在 Coca－Cola 系列产品的中文译名可以说是煞费苦心。可口可乐进入中国市场时，为了能使产品为中国人所接受，该公司特意请在伦敦任教职的精通语言文字、谙熟消费者心理的华裔教师设计中文译名，他苦思良久后才译成了经典的"可口可乐"。该译名采取了双声叠韵方式，音意俱佳，不仅念来朗朗上口，同时又显示了饮料的功效和消费者的心理需求。这个备受翻译界人士赞赏的中文名字，甚至被认为是比原名更美的翻译。可口可乐在中国迅速发展，这个名字功不可没。而"sprite"饮料的翻译也属上乘之作，"sprite"汉语的意思是"魔鬼"、"妖精"。可口可乐的经营者们深知中国传统文化，懂得中国人对"魔鬼"和"妖精"的反感和憎恶。经过几个方案的比较，决定将"sprite"的音译演化为"雪碧"，以此作为这种饮料在中国的名称和广告宣传的重点。"雪碧"这两个字含有纯洁、清凉的意思，自然深受人们的欢迎，因而也就能走俏中国市场。

在选择品牌名称时，必须注意它应与该品牌的价值定位一致。打着"品质更好，价格更高"旗帜的产品，品牌名称应该带有高品质的暗示，至少不能有低品质的暗示。

有一项研究指出，有人出示两张美女照片给一群男士观看，并要求他们评比哪一位美女更美。首轮投票结果不分上下。之后，研究人员写上名字，第一位美女的名字是伊丽莎白，第二位美女的名字是格特鲁德。这样做之后再重新投票一次，结果有80％的男士都觉得伊丽莎白比较美。由此可见名字确实会造成概念上判断的差异。

虽然行销的艺术大致上也就是建立品牌的艺术，但是产品在没有品牌的情形下，它可能只是被看成商品，此时价格是消费者考虑的因素。当价格是唯一的考虑因素时，低价商品的制造商是唯一的赢家。

科特勒指出，仅有品牌名称还不够，重要的是，此品牌名称所代表的意义是什么？它会唤起何种联想、表现能力、期望？它可创造出何种程度的偏好？若只是徒具品牌名称，那么它终将走入历史。对于消费者来说，品牌就是他们的消费字典里最常用的那个词。对于行销来说，确实是"成也品牌，败也品牌"。因此，一个好的品牌名称对产品而言是至关重要的。

二、品牌满足人性的正向愉悦

菲利普·科特勒：

行销之父

一个品牌只要能在顾客心目中暗喻出正面的特质、利益、公司价值、个性与使用者，便可称得上是一个优秀的品牌。

——科特勒

从本质上来说，消费者能够从一个品牌上辨别出销售者或制造者是谁。按照商标法的规定，企业对品牌名拥有长期的专用权。这与诸如专利权和著作权等权益不同，后者是有时间限制的。

企业打造一个品牌，是要向消费者长期提供一组特定的特点、利益和服务。最好的品牌传达了质量的保证。然而，品牌还是一个更为复杂的符号标志。一个品牌能够使消费者联想起以下几个方面的含义：

（1）属性。一个品牌给人的感觉是它的属性。例如，梅塞德斯表现出昂贵、优良制造、工艺精良、耐用、高声誉。

（2）价值。品牌还体现了该制造商的某些价值感。梅塞德斯体现了高性能、安全和威信。

（3）利益。消费者在购买一个品牌的产品时，他能够获得诸如"我可以几年不买车了"以及"这车帮助我体现了重要性和令人羡慕"等或凸显或隐含的利益。

（4）文化。品牌还代表着一定的文化。梅塞德斯意味着德国有组织、有效率、高品质的文化。

（5）个性。品牌具有一定的个性。梅塞德斯可以使人想起一位不会无聊的老板（人）、一头有权势的狮子（动物）或一座古朴的宫殿（标的物）。

（6）使用者。品牌还体现了购买或使用这种产品的是哪一种消费者。我们期望看到的是一位55岁的高级经理坐在车的后座上，而非一位20岁的女秘书。这就显示了某品牌的产品一般属于哪种人使用。

最著名的品牌名称都具有联想性。例如，麦当劳可使人们联想起下面这些词：

金拱门	儿童	品质
大麦克	愉悦	快乐儿童餐
麦当劳叔叔	口味一致	超值餐
高卡路里	浪费纸张	慈善活动

联想有正面的，也有负面的，而且还具有一定的强度。

对于麦当劳来说，最正面的联想有：愉悦、品质、快乐儿童餐、超值餐，而两个负面的联想则是：高卡路里、浪费纸张。后者提醒麦当劳可能必须采取行动，例如，供应较清淡的汉堡替代品和沙拉，不要用太多的纸张来保持汉堡的温度。

麦当劳希望各种正面的联想性都很强。举例来说，慈善活动是一种正面的联想，但可能没有太多人注意到麦当劳投入慈善活动的高度热忱。因此，麦当劳也许应该让更多人知道它对于慈善活动的投入不遗余力。

一个好的品牌应该使消费者产生区别于其他品牌的联想。

假如竞争品牌所唤起的联想性与麦当劳完全相同，麦当劳便无法从差异化（differentiation）中获利。麦当劳有两个独有的联想性，就是金拱门与隆纳德·麦当劳（Ronald McDonald 即在各地麦当劳分店门口都能看得到的麦当劳叔叔）。

科特勒认为，要想为品牌建立起多元的正面联想性时，企业应该考虑以下五个方面：

（1）特质。一个好的品牌应能在顾客心中勾绘出某些特质。奔驰汽车勾绘出的是一幅经久耐用、昂贵且机械精良的汽车图像。假如一个汽车品牌未能勾绘出任何与众不同的特质，那么这个品牌肯定是一个差劲的品牌。

（2）利益。一个好的品牌应暗示利益，而不仅仅是特色。麦当劳能够使人联想到令人满意的供餐速度以及实惠的价格。

（3）公司价值。一个好的品牌应能暗示出该公司明确拥有的价值感。奔驰能暗示出该公司拥有一流的工程师和最新的机械技术，而且在营运上也十分有条理、有效率。

（4）个性。一个好的品牌应能展现一些个性上的特点。因此，假如奔驰是一个人的话，我们会认为他是一个中等年纪、不苟言笑、条理分明而且带一点儿独裁作风的人士。

（5）使用者。一个好的品牌应能暗示出购买该品牌的顾客属于哪一类人。我们可预期奔驰所吸引的车主是那些年纪稍大、经济宽裕的专业人士，而不是年轻的毛头小伙或从事最普通工种的人。

总而言之，只要品牌名称能在顾客心中暗喻出正面的特质、利益、公司价值、个性与使用者，便可称得上是一个优秀的品牌。不用说，企业的使命在于如何使消费者对它的产品产生以上五个方面的联想，而要做到这些，企业的行销部门无疑面临着艰巨的任务。

菲利普·科特勒：行销之父

214

三、坐飞机到千里之外，只为送一个行李箱

假如某个品牌能在消费者心中与其他品牌形成差异，而且此种差异与消费者的需求有关，该品牌便可以说具有品牌活力。

——科特勒

扬雅广告（Youg and Rubicam，Y&R）——世界上最大的广告公司之一认为，成功的品牌有两种特质：品牌活力和品牌地位。科特勒认为，假如某个品牌能在消费者心中与其他品牌形成差异，而且此种差异与消费者的需求有关，那么就可以说，该品牌具有品牌活力。如果该品牌能在目标市场为广大消费者所熟悉并且被他们所尊敬，那么便可以说具有品牌地位。依据以上衡量方法，科特勒总结道：

一个大家都很熟悉但却不受人尊敬的品牌，只不过是个前途堪忧的品牌罢了，根本算不上是强势品牌。在为品牌打广告之前，首先要做的事是改善它的品质与特色。为一个不受尊敬的品牌密集地大做广告，反而会使消费者产生厌恶心理，从而加速它的灭亡。

对于一个很讨人喜欢但熟悉度并不高的品牌，要想使它成为一个强势品牌，企业值得投入更多的广告宣传费用。

一个具有高度品牌活力但品牌地位并不高的品牌，企业也应该为它多做广告。

在打造一个品牌时，科特勒劝诫企业要遵循以下几个原则：

（1）造型美观，构思新颖。这样的品牌不仅能给人一种美的享受，而且能使顾客产生信任感。如果品牌的外形是粗糙的、抄袭的，或是庸俗的、落后的陈词滥调，顾客会产生对企业不利的联想。

（2）能代表企业或产品的特色。品牌设计要考虑到能显示企业或产品

的特色。例如，化工企业的产品品牌常常采用原子结构或分子链的图案，机械制造企业常用齿轮、锤子或其主要产品的图案为品牌。对于一个具体的企业或产品，并不是任何造型美观的品牌都能适用。

（3）简单明显。品牌所使用的图案、文字、符号都不应该繁复、冗长，应力求简洁，给人以集中的印象。简单并不和品牌的丰富多彩相矛盾，如果设计的品牌在图案或名称上千篇一律，就会显得枯燥无味，根本谈不上明显的效果。

（4）为公众喜闻乐见，符合传统文化。品牌名称和标志要特别注意各地区、各民族的风俗习惯、心理特征，尊重当地传统文化，不可触犯禁忌。

此外，科特勒还发现，企业通常都以一个代名词、一句口号、一种颜色、一个标志与一组故事情节的方式来打造品牌形象。

（1）代名词。当强势品牌在目标市场中被提到时，都会令人联想到某一个词，而且是深受喜爱的正面词汇。例如：

公司	代名词
奔驰汽车	机械工艺
沃尔沃汽车	安全
苹果电脑	图像操作
宝马汽车	驾驰表现
联邦快递	隔夜送达
柯达公司	胶卷
莲花（Lotus）软件公司	试算表

（2）口号。许多公司已成功地在公司名称或品牌名称中加入一句口号（slogan）或尾语（tag line），并在它们每日所播放的广告中一再出现。连续播放相同口号能够使该公司所创造出的品牌形象发挥潜移默化的作用。例如：

通用电气："把好东西带入生活之中。"

英国航空："世界上最受欢迎的航空公司。"

AT&T："正确的选择。"

菲利普·科特勒：行销之父

216

福特汽车："品质是我们的首要任务。"

米尔利（Miele 吸尘器品牌）："永远更好。"

百威啤酒（Budweiser）："啤酒之王。"

这些口号都是一些著名的品牌口号，许多人在街上都可回想到并且认得出它们。

这些朗朗上口且能被消费者内心接纳的口号，非一朝一日所能发展出来的。举例而言，荷兰的照明与电器业巨人飞利浦公司，已数度更改其口号，但其效果均不太好。它一开始的口号是"从矿砂到芯片"，暗示飞利浦利用矿砂来生产电灯泡（玻璃罩由矿砂所制成）和先进的电脑芯片（硅也算是一种矿砂）。但这句口号在消费者的脑中，并未提供任何有意义的想法，只是单纯地叙述了飞利浦公司所制造的产品。为了加深该公司在消费者头脑中的印象，后来飞利浦将口号更改为"飞利浦为您发明产品"，但这也引来一些人的调侃："谁叫你们多管闲事？"不得已，飞利浦只好采用新的口号："让我们把事物变得更好。"但有些人仍然故意开玩笑地说："我不知道我们原来的东西有这么糟呢！"所以时至今日，飞利浦仍在继续寻求一个有力的口号。可见，要想发展出一个出色的口号是多么不容易。

（3）颜色。一个公司或品牌若能使用一组一致性的颜色，对于提高品牌的认知度很有助益。专营施工机械的凯特皮勒公司（Caterpillar）把所有的建筑设备都漆成黄色。黄色是最容易引人注目的颜色，柯达胶卷也选择黄色作为企业的颜色。IBM 则是在出版品上运用蓝色作为企业代表，因此 IBM 被称为"蓝色巨人"。

（4）象征与标志。在打造品牌上，企业通常的一个做法是采用象征和标志。许多企业均聘请知名人士作为代言人，以期他们的特质能转移到品牌上。香奈尔五号香水，邀请世界上最美丽女人之一的凯瑟琳·德纳夫（Catherine Deneuve）作为产品的象征；耐克则搬来了举世著名且广受欢迎的迈克尔·乔丹（Michael Jordan）为它的运动鞋做广告；女演员甘蒂斯·伯根（Candice Bergen）则为斯普林特电讯公司（Sprint：美国第三大长途电话公司）拍摄广告。运动用品制造商经常与世界顶尖的运动员签约，让他们成为该公司的象征，甚至以他们的名字作为产品或器材的名称。

邀请知名人士担任代言人要考虑两个问题：一是由于知名人士身价不菲，因此企业要付给代言人一笔很大的费用。二是，这些人在日后有可能卷入丑闻之中。例如，赫兹（Herz）租车公司花了大笔金钱邀请辛普森（O. J. Simpson）为该公司的租车服务做广告，但辛普森涉嫌杀妻在洛杉矶逃亡时被逮捕。这给赫兹公司的出租造成很不利的影响，因此，赫兹租车公司只能毫不留情地把辛普森的广告抽换掉，另找代言人。

为了避免聘请代言人给公司造成经济及形象上的负担，一些企业发明出杜撰的主题人物、黏土造型人（动）物的方法，这是一种能在消费者心中刻画出品牌形象的较省钱方法。利奥·伯内特广告公司（Leo Burnett）已成功地创造出许多令人难以忘怀的黏土造型人（动）物，例如，"绿巨人乔利"（Jolly Green Giant，译注：即绿巨人玉米酱罐上的巨人）、"老虎汤泥"（Tony the Tiger，译注：即家乐氏玉米片纸盒上的老虎）与"金枪鱼查理"（Charley the Tuna）。该公司还创造出非黏土造型人物"万宝路牛仔"（Marlboro Man）。此种方法不必花大钱请名演员担纲，也不必总是请同一人，并且这些代言人不论是在目前还是在将来，都不会发生什么丑闻之类影响公司形象的事情。

给公司树立形象的更简洁而实用的方法是选择一种物品以代表公司或品牌。旅行家保险公司（Travelers）以一把伞来代表该公司，暗示购买该公司的保险，就如同身边备有雨伞可供万一下雨之用。保德信保险公司（Prudential）以"直布罗陀之石"（Rock of Gibraltar）作为企业象征，其寓言是只要购买该公司的保险就"稳若磐石"。

现在有些企业也已发展出大家都非常熟悉的不同标志（logo）或抽象的图案设计。甚至品牌名称的书写方式，都会给予消费者不同的认知度与记忆度。

我们都听过这样的故事：有个人带着一个汽车轮胎到诺斯壮百货要求退款，诺斯壮百货也如数退款给这名顾客。令人叫绝的是，诺斯壮百货并不卖轮胎！由此可见其服务的过人之处。也正因为如此，诺斯壮（Nordstrom）成为美国最成功的百货公司之一，它拥有傲视群雄的顾客忠诚度，有关它的故事不计其数。假如你到诺斯壮百货购买广告上所刊登的蓝色开司米羊毛衫，但此种羊毛衫却卖完了，售货员可能会答应替你从其他店中找一件相同或相似的羊毛衫，并邮寄至你的住处。更令人叫绝的是，假如你到诺斯壮百货买鞋子，但你的两只脚又不一样大，售货员会给你两只分别适合你左右脚的不同尺寸的鞋子，而你只需要付一双鞋子的钱即可。

（5）故事情节。如同诺斯壮一样，许多品牌都有自己的故事。这些故事讨人喜欢且有趣，因此对公司与品牌产生正面的帮助。故事的情节可能与创办人和创办该公司的艰辛奋斗历程有关。如人们会想到亨利·福特在创立福特汽车时所扮演的角色，或是艾尔弗雷德·斯隆（Alfred Sloan）在推动通用汽车走向成功中所扮演的角色。

关于世界饮料巨头可口可乐，有一个广为流传的故事：该公司的两位创办人用尽所有方法来收藏可口可乐的配方，担心其他人得知其中的奥秘。他们每晚都把它锁在保险箱之中。

著名的冰淇淋品牌本与杰里（Ben & Jerry）创办者本·科恩和杰里·格林菲尔德两人把利润的 7% 奉献给慈善事业，因此受到社会众多人士的尊重。

我们也听过一些顾客导向行为的感人故事。里茨大饭店的服务员发现有一位重要的客人忘了把行李箱带到机场，他随即风风火火地赶到机场，到底还是迟了一步；为了使这位客人不致因遗忘行李箱而误事，他竟搭乘下一班飞机到达千里之外的目的地，找到这名客人并把行李交给他。这一事迹经记者在媒体上宣传后，一时尽人皆知。联邦快递有一名司机因小货车抛锚，急忙招了一辆出租车，想尽办法带着许多包裹赶往机场，以便包裹能及时赶上货机。这些故事都有助于顾客将这些品牌视为典范，对于吸引顾客大有益处。

品牌经理的主要任务是塑造品牌形象。但品牌经理还应该做其他一些事情。他们必须确认品牌经验（brand experience）能符合品牌形象，而这正是常常出错的地方。一家在广告中描述得十分高雅的连锁饭店，可能会因为门童态度不佳而枉费了广告的心血。一个全页彩色广告所描述的高级罐装速食汤品牌，可能放在超市的底层货架上，外观有凹陷或布满尘埃。某一小家电制造商也许会因运送部门人员包装不够仔细，使顾客收到受损的电器，因而损害了原本精心雕琢出来的形象。

科特勒进一步指出，品牌的建立不仅仅是建立品牌形象的问题，还涉及顾客每一次和品牌的接触。由于所有公司员工、经销商、代理商都可能对品牌形象造成影响，所以品牌管理的关键在于掌握所有品牌接触（brand contact）所产生的影响。斯堪的纳维亚航空公司（Scandinavian Airlines, SAS）的前任首席执行官扬·卡尔松（Jan Carlzon）曾现身说法，当他管理斯堪的纳维亚航空时，由于平均每名乘客会接触到该公司的 5 名员工，于是他把工作的重点放在使该公司每年 5000 万名乘客在每一种场合下都能体验到正面评价的关键时刻。每一名员工都必须给每位他们所接触到的乘客传递出正面的品牌形象。

事实上，品牌暗含着产品与顾客之间的关系，它暗示顾客所期望的一组特质与服务。品牌忠诚度是靠符合甚至超出顾客的期望，也就是靠传递顾客愉悦感建立起来的。

四、统一品牌有优劣，多品牌也有利弊

企业使用统一品牌或多品牌各有其利弊，所要求的条件也不一样，应根据产品的特点加以选择，以能最大限度发挥品牌的作用力度。

——科特勒

（一）三类品牌策略的优缺点

一个企业，尤其是大的企业在执行品牌策略时考虑的一个问题是：到底是执行统一品牌策略呢，还是执行多个品牌策略？到底哪一种策略好些？

1. 实行统一品牌策略

科特勒认为，采用这种策略，企业对其全部产品使用同一个品牌，好处是可以尽快建立品牌信誉，对新产品开拓市场相当有利，在统一品牌下的各种产品可以相互声援、扩大销售，并且可以节约不少广告费用。但企业采用统一品牌策略要考虑以下两个方面：一是，这种品牌必须在市场上已获得了一定的信誉；二是，采用统一品牌的各种产品应具有相同的质量水平。如果各类产品的质量水平不同，使用统一品牌就会影响品牌的信誉，对具有较高质量水平产品的信誉的损害更大。

2. 实行个别品牌策略

采用这种策略时，企业的各种产品分别采用不同的品牌。个别品牌有两种形式：一种是对企业的各项产品分别采用不同的品牌；一种是对企业的各类产品（产品线）分别采用不同的品牌，因而对同一条产品线上的各产品项目来说是使用统一品牌。科特勒认为，如果企业产品类型较多而产品线之间的关联程度较小，企业的技术专长、生产条件在各产品上有较大的差别，采用个别品牌策略比较有利。因为企业不会因某一品牌信誉下降而承担较大的风险，并且可以发展多种产品线和产品项目，开拓更广泛的市场。但是，采用这种策略的最大缺点是，增加了产品的促销费用，削弱了企业在市场上的竞争力。同时，品牌过于繁多，管理也不方便。

3. 实行统一品牌和个别品牌并行策略

采用这种策略的好处是企图兼收两者的优点。一个拥有多条产品线或者具有多种类型的产品的企业往往喜欢采用并行策略。例如，美国通用汽车公司生产多种类型的汽车，所有产品都采用由"GM"两个字母所组成的统一品牌，而对各类产品则分别使用凯迪拉克（Cadillac）、别克（Buick）、奥斯莫比（Oldsmobil）和雪佛莱（Chevrolet）等不同的品牌。每个个别品牌都代表一种具体特点的产品，如雪佛莱牌代表普及型的大众化轿车、凯迪拉克牌代表豪华型的高级轿车。

（二）品牌扩张策略

品牌扩展策略是企业常采用的策略。品牌扩展策略也称为品牌延伸策略，是指企业将某一具有市场影响力的成功品牌，使用到与成名产品或原产品完全不同的产品上去的策略。宝洁公司的洗碗清洁剂、液体皂和洗发水等产品都用了象牙品牌，并因此创造了销售佳绩。卢姆水果公司利用其相当高的品牌知名度建立了几类新的产品，如短袜、男士内衣、女内衣、运动服，甚至还有婴儿装。以雀巢咖啡成名的雀巢品牌，被扩展使用到奶粉、巧克力、饼干等产品上。

科特勒认为，采用品牌扩展策略推出新产品的企业，有可能获得以下几方面的利益：原品牌的知名度有助于提高新产品的声誉，减少新产品进入市场的费用；原品牌的良好声誉与影响，有助于消费者更快地接受新产品；采用品牌扩展策略，使所推出的新产品的市场定位更为简便；如果品牌扩展策略获得成功，还可以进一步扩大原品牌的影响和声誉。

几家特色服装零售店，例如，盖普和安·泰勒正把它们的品牌扩展到浴用产品和身体用产品领域中去。全美的盖普商店现在还以经销肥皂、洗衣液、洗发水、淋浴胶、浴盐、空调和香水喷雾器为特色。而且，由于特色零售商本来就拥有大批的顾客，所以在经营个人产品时几乎不需要或根本不需要做广告。例如，安·泰勒的品牌价值在核心消费者群中如此之高，当公司新出一种在产品目录之外的新产品"终点"时，一些妇女连想都没想就买了下来。

索尼的绝大多数新电器都采用了索尼品牌，结果立即取得了对这些新产品的高质量认同。品牌扩展还节约了为使消费者熟悉一种新品牌通常所需的高额广告费用。

科特勒同时提醒，采用品牌扩展策略，必须考虑以下问题：

应考虑原品牌的形象，不要将著名品牌扩展使用到有损其形象的产品上去，只有将品牌扩展使用到与其形象、特征相吻合、相接近的产品领

域，才会有可能取得成功。例如，比克连裤袜，亨氏宠物食品，救命口香糖以及克罗斯洗衣粉等均先后早夭。一种扩展品牌失败之后，可能还会破坏消费者对其他同一品牌产品的印象。

应考虑原产品与品牌扩展产品之间是否存在资源、技术等方面的关联性，或者是否具有互补性，否则将难以被消费者接受。总之，采用品牌扩展策略有利也有弊，且有较大的风险，所以企业应根据条件采取慎重的态度。

（三）多品牌与新品牌策略

采用多品牌策略在企业中很常见。企业经常在同一类产品中附加品牌。例如，宝洁公司上市了九种不同品牌的洗衣粉。建立多种品牌有助于企业稳固占据零售商的货架，或者企业是想通过建立侧卫或斗士品牌来捍卫主打品牌。精工公司用不同的品牌来命名较高价格的手表（精工·来塞勒）和较低价格的手表（帕尔萨），从而保护了其主流精工品牌的侧翼免受攻击。

采用多品牌策略的另一种情况是，企业在收购某一竞争企业的过程中接收了不同的品牌名称，并且每一种品牌都有一些忠实的拥护者。例如，瑞士的一家跨国公司伊莱克斯，拥有一揽子被收购的电器品牌——富里奇黛尔、凯尔维奈特、西屋、赞鲁西、怀特和杰布森。还有一种情况是，企业可以为不同地区或国家建立独立的品牌，其作用是为了适应不同文化或语言的需要。例如，宝洁公司凭借汰渍品牌控制了美国洗衣粉市场，仅这一种品牌就占了3/5的市场份额。但在欧洲，宝洁公司的碧浪品牌洗衣粉占据领导地位，其年销售量达15亿美元，在欧洲仅次于可口可乐而成为第二大包装商品品牌。在美国，碧浪品牌针对的是西班牙裔市场。

科特勒指出，采用多种品牌策略的主要风险是，所使用的品牌数量过多，以致每种品牌的产品只有很小的市场份额，而且没有一个品牌特别有利可图，这使企业资源分散消耗于众多的品牌上，而不能集中到少数几个获利水平较高的品牌，这是非常不利的局面。为此，企业采用多种品牌策

略，则在每推出一个新品牌之前，应对以下问题进行权衡：该品牌是否具有新的构想，这种新构想是否具有说服力；该品牌的出现，可能会夺走本企业其他品牌及竞争对手品牌的销售量各有多少；新品牌的销售额能否补偿产品开发和产品促销的费用，等等。如果这几方面权衡的结果是得不偿失，则不应增加这种新品牌。这些企业应该减少已有的品牌数量，并建立起比较严格的新品牌审查程序。

对于新品牌策略的使用，科特勒的建议是，当企业进入一个新的产品种类时，若对于该种产品，企业现有品牌没有一个合适的，则可建立一个新的品牌名称。例如，西尔斯为不同产品种类建立了独立的家族名称（肯莫尔牌电器、工匠牌工具、霍马特牌主要家居设施）。如果企业认为它的原有品牌的影响力正慢慢丧失，那么可以考虑建立一种新的品牌。当然，企业通过收购也会获取新产品种类中的新品牌。例如，SC庄臣父子公司经销的誓言牌家具擦光油、雷达牌昆虫喷雾器和其他著名品牌的产品。

科特勒告诫道，太多的新品牌同建立多种品牌一样会导致企业资源过度分散。在某些行业，如消费型包装的商品，消费者和零售商都已意识到品牌太多，而且各品牌非常相似，之间几乎没有什么区别。因此，宝洁、弗里托－雷和其他大的消费品行销商们正开始采用主打品牌战略，把较弱的品牌剔除出去，而将行销资金集中于同类产品中处于第一或第二位的品牌，以便更好地集中企业资源加强某些品牌。

相关链接

麦当劳精彩的品牌塑造

可口可乐的一位总裁曾经十分自信地说，即使哪一天全世界可口可乐的工厂被一把火都烧掉了，那么，就凭着可口可乐这个品牌，他们第二天就能重新站起来。

很显然，这就是品牌的力量。

在品牌排名榜上雄踞第四位的麦当劳是怎样打造其精彩的品牌形象的呢？这主要得益于其出色的广告宣传、高质量快速周到的服务。

麦当劳在塑造品牌时着意于简洁统一而又富有智慧。设计简洁但非常有效的麦当劳标志和统一的店面装修共同构成了麦当劳一个独特的外在形象；而服务集中于家庭和孩子大众化的装修成为麦当劳品牌独特的标志。麦当劳在各种媒体上做得更多的是店面广告和促销广告。

麦当劳电视广告中有一部口碑甚佳，其原因在于它造型非常简单却颇有味道。这就是其婴儿主题广告。

在这个广告中，人们所看到的画面表现主体只有两个，一个是坐在摇篮中的婴儿，一个是树立在户外的麦当劳 M 标志。人们首先从屏幕上看到的是婴儿面对窗外坐在靠窗的秋千摇椅中，摇椅一下前一下后，一会儿上一会儿下，婴儿随上升而面展笑容，随着下降而痛苦欲哭。当人们正在猜测孩子怎么了的时候，镜头一转成反打，悬念顿开：人们从孩子的背身看到了"摇摇晃晃"高耸的麦当劳 M 标志。摇椅升起时婴儿能看见，下降时却看不见了，原来使婴儿大悲大喜的就是麦当劳的"M"。广告所要诉求的一切顿时明了无遗，麦当劳的"味道"也在人们见惯了的寻常物中"扑鼻而来"。

麦当劳的另一广告是它的午餐主题广告。在这个广告中，拐角书包的小主人哪里去了？奇怪的是书包的两根背带很自然地"定格"在那里，天然地形成了一道金色的拱门，似乎书包用这样的"哑语"暗示我们它的小主人扔下它跑去吃麦当劳了。创意的诉求将书包和麦当劳的目标市场自然地结合在一起。没有用任何情感性的要素去打动消费者，也无须用冗长的文字去劝说消费者，静止的书包呈现出的 M 字样就和消费者建立起了内在的联系，并留给受众无限的想象空间。

麦当劳在其以嗅觉为主题的广告中，鼓励人们"跟着你的鼻子走"，金色拱门的一角被斜放后变成了一只硕大的鼻子，它好像闻到了什么。红色的背景和金黄色的鼻子鲜明的色彩已经告诉你这是麦当劳的广告，它在暗示消费者跟着嗅觉走，其意就是让你到麦当劳去。简单形象的创意没有任何啰唆的地方，强调麦当劳快餐连锁店分布广泛，你随处都可以找得到它；麦当劳餐厅飘出的香味会自然而然地牵动着消费者前来就餐。

最能反映麦当劳服务核心理念的广告是"人人 Happy"主题广告：

"让每个人都愉快"。

视觉的设计与广告不同的是M换了一个方向。"鼻子"变成了一张笑口，它蕴涵的意思是传达麦当劳的企业形象，即让每一个来麦当劳就餐的人在这里感到愉悦和欢乐。也就是说，麦当劳提供的除了物化的食品，还有温馨浪漫的气氛和环境。家庭式快餐店一方面要使人感到是家外之家，另一方面又要使人感到在那里用餐是一种享受，是一种刺激。广告的创意手法还是利用了标志M的造型，就地取材，红色背景与麦当劳的企业色浑然一体，整个视觉强烈地传递出了企业品牌的信息。利用已有的品牌视觉要素，简洁鲜明地表达出创意的目的。

在品牌塑造上，广告无疑给麦当劳赢取了高分，但是，麦当劳这个品牌最终还是靠它高质量的食品以及周到的服务获得了成功。

麦当劳公司对产品的质量有严格的标准，要求端到顾客面前的所有食品必须处于最佳状态。

汉堡包出炉后，10分钟尚未出售的全部倒进垃圾箱，法式土豆片的保鲜时间为7分钟，咖啡冲好后最多可以保留半小时，食品的原料、配料和制作过程都有相应的规定。

在服务上，为了保证服务质量，麦当劳物色经理人员，要求其深谙"人际关系学"，善于接待顾客，必须在"汉堡大学"接受专门训练，获得"汉堡包学"学士学位。新招的职工必须经过10天职业训练，合格后才能正式上岗。

麦当劳快餐店的服务效率很高，因此顾客一站到柜台前面，放在纸盒和纸杯内的汉堡包和咖啡便会热气腾腾地被送到顾客面前。

即使在最忙时，也不会超过一两分钟。为了做到快速服务，服务员通常一身兼三职：既负责管理收银机，又开票，还供应食品，顾客用不着排两次队，就能取到所需食品。

为了方便乘车中的人们就餐，在美国的高速公路两旁和郊区都有麦当劳的许多分店，并在距离店铺不远的地方，装上许多通话器，上面标着醒目的食品名称和价格，使外出游玩和办事的乘客经过时，只需打开车窗口，向通话器报上所需食品，车开到店铺侧面的小窗口，就能一手交钱，

菲利普·科特勒：
行销之父

一手拿货。此举节约了时间，方便了顾客，很受消费者欢迎。

这些设在高速公路两旁的麦当劳分店，为了让乘客携带方便，不使食品在车上倾倒或溢出来，他们都事先把准备卖给顾客的汉堡包和炸薯条装进塑料盒或纸袋，并把塑料刀叉匙、餐巾纸、吸管用纸袋包好，随同食物一起交给乘客。

由于占有地利，服务周到，适应人们越来越快的生活节奏，高速公路两旁的快餐服务几乎全由麦当劳包了。

当然，到麦当劳就餐的顾客绝不会忘记麦当劳餐厅的卫生，在这方面麦当劳简直是无可挑剔的。麦当劳快餐店敢于向"廉价餐厅不清洁"的偏见挑战，制定了严格的卫生标准。其中包括工作人员不准留长发、妇女带发网、餐馆内不许出售香烟和报纸、器具全部用不锈钢的，顾客一走便要清理桌面，丢落在地上的纸片，必须马上拾起来，等等。

正是通过精彩的广告、高品质的食品、令人满意的服务以及舒适洁雅的就餐环境等一系列品牌塑造，麦当劳这个快餐王国征服了世界不同肤色、不同地域、不同语言的广大顾客。

第八章
挖掘顾客：抓住就不放

现在的市场缺的不是产品，而是顾客。流失一位顾客所付出的代价是挖掘一位新顾客的 5 倍。流失一位顾客不只是损失一笔交易，而是这位顾客此后终生购买所带来的利润，以及通过他的口碑相传所引起的一系列不良影响。

一、"天美时"表，发掘 10 美元的潜在顾客

潜在的顾客始终都是存在的，问题在于你能不能够发现。

——科特勒

在市场经济不够发达的国家中，企业的眼光都盯在现有的顾客头上，拼命去争抢这些顾客。它们其实不知道，在它们的市场中尚存在很多潜在的顾客可供挖掘。相对来说，市场非常发达的地区，潜在顾客要少得多，因此，找出潜在顾客才会形成一项问题。

今天，许多公司仍把发掘顾客的任务交给业务人员处理。但随着销售人员的时间成本日益高昂，运用销售人员的时间以开发新顾客的成本对企业来说实在不划算。业务人员的主要任务在于行销，而不是发现顾客。今日有愈来愈多的公司，已经肩负起"发掘有希望购买产品的顾客"的责任。企业发掘这些对产品或服务有兴趣的顾客的成本，比交由业务人员进行的成本低。企业把这些值得开发的潜在客户转交给业务人员，以便他们有较多的时间进行销售工作。

企业如何才能为业务人员发掘出高品质的潜在客户呢？

天美时是美国一家制造手表的公司，其分支机构在全世界已非常之多。该公司生产的天美时牌手表以"质优价低"而受到消费者的欢迎。天美时原来是一家生产军用计时器的公司，第二次世界大战结束后才开始转向民用市场，生产大众手表。

20 世纪 50 年代初，美国手表市场的基本状况是：一类是中高档表，售价在 50 美元以上；一类是低档表，售价在 30 美元左右。当时的消费者大都认为手表属于一种贵重商品，不是人人都能戴得起的。而且手表的零售终端是和珠宝柜台连在一起的，这就更加深了消费者的这种认识。从表

面上看来，手表市场似乎非常有限。面对这种情况，天美时认为，手表商的生产现状和消费者的认识，正好说明手表市场存在一个潜力非常大的顾客市场。这一细分出来的新市场强化了天美时"低价渗透市场"的决心和信心。他们设法降低生产成本，零售终端不再进入销售费用昂贵的珠宝店，而是跟杂货店进行合作，这样就把成本费用压缩了下来，售价定在 10 美元。他们打算通过"薄利多销"敲开市场大门，并迅速占取市场份额。

如此之低的价格，自然引起市场的震撼。许多美国人把这种手表买来作为礼品送给亲朋好友，天美时低档表销量直线上升，事实证明，天美时手表所寻找的潜在顾客是客观存在的。

科特勒把"发掘有希望购买产品的顾客"的过程分为三个步骤：确定目标市场；运用传播工具争取顾客；找出有希望购买产品的顾客。

1. 确定目标市场

如果吉列公司打算向十二三岁的小鬼行销刮胡刀；金百利—克拉克（Kimberly - Clark）公司试图把好奇纸尿裤（Huggies）卖给没有小孩儿的家庭，我们会感到不可思议。具有正确心态的公司，都不会试图对所有人进行行销：头脑清楚的钢铁公司，不会试图把钢铁卖给每一家会使用到钢铁的公司。假设一家钢铁公司已完成"区隔、目标、定位"的工作，并已选定目标市场，它应该把重心放在汽车业、办公用品制造业，或厨具业所需的钢铁上。一旦选定目标市场，要找出潜在的顾客，也就不再是非常困难的事。随着该公司逐渐对目标市场的了解——欲求为何、购买何种物品、在何时何地购买、以何种方式购买，等等，便可提高它发掘优良潜在客户的能力。

芬兰的 VIKK 公司想出了一个奇妙的发现潜在顾客的模式，这个模式的核心是建立"邮寄精品俱乐部"。为了吸引人们加入俱乐部，VIKK 公司不仅进行广告宣传，让公众普遍了解公司的做法，还向人们免费派送一份实用而有趣的《芬兰杂志》和促销礼品目录。

收到"邮寄精品"的人们在申请加入"邮寄精品俱乐部"时，需要填写会员资格表，表中列明了申请人的姓名、习惯、嗜好和生活形态等众多

内容，谁都难以猜测到，VIKK 公司就凭这些个人资料赚钱。

当然，VIKK 公司不是靠榨这些俱乐部会员的油水赚钱，实际上会员不用花一分钱。VIKK 公司是通过杂志广告来赚钱。由于掌握了庞大的个人信息资料，VIKK 公司在帮助广告商选择潜在的目标顾客时就游刃有余。

举例而言，一家出版社从 VIKK 的邮寄俱乐部资料库中，筛选出潜在目标顾客并邮寄传单后，该出版社的销售业务比原来提高了 4 倍。另一家出版社经过筛选，在邮寄相同数量的传单后其艺术类图书的销售量更是提升到一个令人难以相信的程度，达 25 倍之多。发现潜在的顾客实在太重要了，这好比在战场上扔炸弹，找准目标再扔和盲目乱扔，其效果是大不一样的。

2. 运用传播工具争取顾客

在搜集潜在客户的名单时，企业可利用广告、直接信函、电话行销、商展等方式，甚至可向名单经纪商，或是无意间拥有它所想要名单的其他公司购买。猫食制造商马尔斯（Mars）公司，千方百计想拿到德国境内养猫人士的名单。于是，便在一家销路甚佳的报纸上刊登题为"如何照顾您的爱猫"的广告，并宣称免费提供手册。任何养猫人士只要填妥回函卡，并注明饲主姓名、猫的名字、猫龄与出生日期，和其他马尔斯公司认为有用的资讯，便可获赠这种手册一本。大部分看到广告的养猫人士，可能都会索取这份手册。

其实，马尔斯公司也可与兽医联系，并向他们提出购买这些养猫家庭名单的要求。此种做法和雀巢与嘉宝（Gerber）等，获得初为人母的名单做法十分相似：请求妇产科医师提供名单或检视出生记录等。

假如马尔斯公司寄爱猫人杂志或猫食报道给养猫家庭、寄赠该品牌的折价券，甚至在猫过生日时寄生日卡给它。通过这样的方式，马尔斯也可获得它所需要的资讯。

在 20 世纪 80 年代初期，丰田汽车打算向美国推出新款车 Lexus，为此丰田汽车打算从宾士汽车的手中争夺顾客，获取潜在顾客的名单，所以它着手从车籍记录中搜集宾士车主的名单，并且运用直接邮件与电话行销的方式，让这些宾士车主在下次购车时能把 Lexus 列入考虑之中。另外一种方式便是赞助古董车展。首先，Lexus 的行销人员假设古董车展的参观者都是一些对有意思的汽车充满兴趣的人士。古董车展会在报章媒体上刊登广告以做宣传，而且门票价格定为 15 美元，因此参观的来宾势必都是大款人物。每位出席的来宾都在来宾登记簿上签下姓名与住址，而这本来宾登记簿便变成寄送 Lexus 资料给潜在客户的资料库。

在工业行销方面，搜寻潜在客户的名单不再是一件困难的事。在美国普查局的"标准工业分类簿"中，列出了各种销售不同产品与服务的公司与企业资讯。因此，生产一种用于黏合木制家具的特殊黏胶的公司，找到美国境内所有的家具制造商名单，以及公司负责人姓名、销售额、员工人数等方面的资料便唾手可得。

3. 找出有希望购买产品的顾客

并非所有有希望购买产品的顾客都值得企业为之付出心力。因此，企业必须能正确地区分"可能的顾客"与"潜在顾客"的差异。可能的顾客指的是对某公司的产品或服务有购买的兴趣，但他们或许缺乏购买的能力或是无法落实购买的意思。就像许多人都希望能拥有宾士汽车，但大部分的人都并非合格的潜在顾客。

在处理商展摊位访客留下的名片时，许多访客只是因为好奇，甚至是为了获得小点心与原子笔赠品而留下名片。他们并不是真正的、有希望购买产品的顾客。有经验的商展人员，通常会把大部分留在摊位上的名片丢弃。

对于企业行销人员的一个挑战是如何辨别谁是最佳的潜在顾客。企业必须能够分辨冷淡、有兴趣、兴致高昂的潜在顾客；而兴致高昂的潜在顾客，是指那些最有能力、最有意愿、随时准备购买的行动者。

怎样辨别出最佳的潜在顾客呢？科特勒建议企业可借助电话或邮件这些方式。企业可打电话给潜在顾客，询问他们是否愿意收到产品简介或是与业务人员见面。甚至在潜在顾客表示欢迎业务人员拜访时，该企业可拨电话给潜在顾客的往来银行，以确认这名潜在顾客有足够的购买产品的财力。

二、假如减少80%的误差，将可以节省多少费用

企业最需要那些懂得如何提出好的问题、如何倾听并从中学习的业务人员。

——科特勒

企业的目标是提供给销售人员高品质的潜在客户，以便销售人员能运用宝贵的时间尽力完成任务。要想"发掘有希望购买产品的顾客"必须在行销部门内设立专属团队，并配置行销研究人员与行销沟通人员，通过共同合作，以最有效率的方式，找出合格的有希望购买产品的顾客。

得到合格的、有希望购买的顾客名单后，便可开始对其中的最佳潜在顾客进行拜访。

在电子媒体尚未出现之前，此时便意味着业务人员必须开始与潜在顾客约定拜访时间，同时必须准备预定拜访的步骤等，引起潜在客户的注意。然后创造出潜在客户感兴趣的事物，接着扩大潜在客户的欲求。最后是促使潜在客户采取行动。

这是以前比较标准的行销模式，这种方式可使业务人员在行销时采取主动，并取得主导地位。但是，以往业务老手所奉行的方式已不复流行。科特勒提倡的做法是，企业教导业务人员要少说多听。企业需要那些懂得如何提出好的问题、如何倾听并从中学习的业务人员。企业应训练它的推销人员能对潜在客户提出一些有关事实或探求买主目前状况的问题。例如"此系统的哪些部分有毛病？"对于客户在目前状况下所经历的困扰、难题与不满，该公司应该予以解决问题。例如"此困扰对你员工的生产力会造成何种影响？"有关顾客的困扰、难题或不满的结果或效应。例如"假如我们减少80%的误差，你将可以节省多少费用？"某一预定解决方案的价

值或效益的问题。

《销售巨人》的作者尼尔·瑞克门（Neil Rackham）建议企业，特别是销售精密产品与服务的企业，一开始所行销的不应是产品或服务，而是能力。业务人员应该事先做好准备，以展现出供应商的能力，随后应该朝建立起长期合作关系的方向前进。因为长期关系有利于企业节省销售成本。

但现在情况已演变为潜在客户不希望个人式的拜访，而希望能在业务人员造访前先收到有关的资讯，或是先通过电话洽谈。科特勒由此认为，良好的电话行销技巧已成为现在行销人员必须掌握的重要手段。许多擅长于电话行销技巧的业务人员，不必实地拜访客户，便可在电话中完成行销的任务。

电子时代的到来，改变了过去的行销方式，企业越来越不需要以个人拜访的方式进行行销。科特勒建议，行销人员可充分利用电脑的放像功能在屏幕上同潜在顾客进行洽谈、展示产品，节省出差成本。

此外，科特勒进一步建议，企业还可利用电脑对潜在顾客进行资讯上的管理，以便了解各潜在顾客的进展，并决定应继续对哪些人下工夫，哪些人又应放弃。

三、哪一位顾客是你必须留住的

企业最容易犯的一个错误是认为最大的顾客就是能为企业带来最多利润的顾客。事实上，中型顾客为企业所带来的投资回报率常常比最大的顾客还高。

——科特勒

所有的顾客都值得保留吗？答案是否！尤其是那些始终无法转变成能

为企业带来利润的客户。

几乎用不着调查研究，稍有头脑的人都会发现，全世界最赚钱的超级市场的经营者都对员工规定两项原则：

（1）顾客永远是对的。

（2）如果顾客错了，请改用原则一。

用流行的话说就是"顾客至上。"

如果发现顾客感到不高兴，经理人应尽一切力量解决令顾客不悦的问题。失去一名顾客，会使该店损失 5 万美元的营业额。通常每名顾客平均每周花费 100 美元采买杂货，每年有 50 周的采购机会，而且可能在该地区居住 10 年（100 美元 × 50 × 10 = 50000 美元）。

大部分公司都知道，所有的顾客都很重要，却不知道这些顾客有高下之分。企业最容易犯的一个错误是认为最大的顾客，也就是能为企业带来最多利润的顾客，但让我们思索一下，企业最大的顾客似乎都享有最多的折扣，并要求最多的服务。其实，科特勒调查研究发现，中型顾客为企业所带来的投资报酬率，常常比最大的顾客还高。

因此，企业必须找出衡量个别顾客获利力的方式。科特勒告诫道，企业必须认清一项事实，由于顾客得到特殊的折扣、免费的服务与其他体贴的照顾，使得他们为企业所带来的实际获利力各有不同。企业已开始采取以活动为基础的成本计算法，计算提供给各顾客的实际服务成本，以便能决定真正的顾客获利大小。

任何一个企业所做的事无非是向消费者行销它的产品或向客户行销它的服务，最终都是以赢利为目的的。在这个过程中，企业一方面要考虑其成本，另一方面要考虑其赢利大小。在争取顾客时，企业同样要考虑这个问题。

科特勒认为，对于企业来说，顾客的价值不在于他一次购买的金额大小，而是他一年能带来的总额，包括他自己以及对亲朋好友的影响。若这样累积起来，企业的回报可观。知道了老顾客的价值，大家就会认真对待老顾客，不敢得罪他们了。要计算老顾客的价值是比较困难的。不过，事情是一分为二的，有顾客带来的隐性利润，也就有顾客带来的隐性损失。

科特勒认为，在计算老顾客价值时考虑三个方面：一是每一次服务老顾客的价值。二是每一个老顾客的价值。三是每个员工的服务价值。

现在让我们来计算这三种价值。

1. 计算每一次服务老顾客的价值

每一次服务老顾客的价值 = （公司最便宜商品 + 公司最贵商品）÷ 2 × 与老顾客接触总人数。以一家杂货店为例，假如店里最便宜的商品为 20 美元，最贵的为 2000 美元，而老顾客每接触两次就会购买。这样，可以算出每一次服务老顾客的价值是 505 美元。用最便宜商品与最贵商品的均值，是一种近似的简单的计算方法，不那么精确。

2. 计算每一个老顾客的价值

此方法比较复杂。先用某位老顾客的购买总额除以交易频率，得到老顾客平均购买的价值，然后估计老顾客在 10 年或终生购买的次数，算出他 10 年或终生的购买总量。接着计算该老顾客的口碑效果，假设他告诉几个人，使其成为企业的顾客，又需用老顾客个人购买量乘以放大乘数（N + 1），所得到的结果就是一个老顾客的价值。比如一家休闲食品专场店，平均每次老顾客的购买金额为 5 美元（从相应会计记录或收款机的记录算出）。假设其每两天来买一次，以 10 年计算：5 × 3650 ÷ 2 = 9125 美元，而该顾客又影响到 10 人，使其成为企业的老顾客，那么总额将达到 100375 美元，这是一笔不小的收入。

3. 计算每个员工的服务价值

先算出老顾客每一次购买金额，再算出每天有多少一线员工为老顾客服务，相除得出单位员工一次服务的价值。另一种算法是把老顾客每一次购买的金额乘以一线员工每天服务的顾客人数，相乘即得到该员工每天面对老顾客的服务价值。员工的服务价值衡量起来不是一件容易的事，以上只是粗略的算法，主要是为了说明一线员工的重要性。

任何事情都有两面性，留住一个老顾客会产生乘数效应，失掉一个老顾客也将会产生损失的连锁反应，不仅是被一名顾客抛弃，而且会流失与他相关的多名顾客。以上面的休闲小食品店为例，失掉一名老顾客，损失的价值可能达 100375 美元。

在这种情况下，留住一位顾客就非常有必要。

让我们再来看看哪些情况下企业的"获得顾客成本"会被"顾客终身收益"所抵消。

下面便是一个"顾客终身收益"和"顾客获得成本"的例子。

一位业务人员每年所花费的成本	100000
一位业务人员每年的拜访次数	200
平均每次业务拜访的成本	$100000 \div 200 = 500$
将潜在顾客转化为客户的平均拜访次数	4
获得新客户的成本	$500 \times 4 = 2000$

这里的 2000 美元的成本显然已经低估，原因是我们忽略了广告、推广与营运的成本。事实上，并不是所有的潜在顾客最后都能转化为顾客。现在假定该公司估算平均顾客终身收益的方式如下：

年度的顾客收入	10000
平均的忠诚度年数	2
公司的获利率	10%
顾客终身收益	$10000 \times 2 \times 10\% = 2000$

这里的顾客终身收益的估计值也显然高估了，原因是忽略了业务人员拜访、广告等维系客户的成本。由此看出：该公司为了争取新顾客所付出的成本，超过新顾客带来的平均价值！

如果不想走上破产的道路，该公司就必须找出降低获得顾客的成本，与增加顾客终身收益的方式。为了降低顾客获得成本，该公司必须降低支援业务人员的成本，例如，降低销售开支、多加利用电话取代个人拜访，并提高把潜在顾客转变为实际顾客的转化效率。而为了增加顾客的终身收益，公司必须对每名新顾客行销更多的货物，把这些顾客维系得更久。

计算出顾客获利力之后，便可依据获利程度的百分比将顾客排名。一项常引用的规则便是"20/80 定律"（20/80 rule），也就是最能让公司获利的 20% 的顾客，占公司总利润的 80%。这个定律最近已被修正为"20/80/30 定律"，后面增加的"30"表示：最差的 30% 顾客会使公司的潜在利润减半。也可以这么说，某一百分比的最差劲客户，会使得大部分的公司产生亏损。尤其是在金融部门，有些银行提到，在金融消费程度较低的顾客中，有高达 40% 的顾客会使得银行入不敷出。

据测算，吸引一名新顾客的成本可能是保持现有的老顾客满意的成本的 5 倍，因此，企业更是应该想方设法维系住老顾客。科特勒认为企业可以通过以下四个步骤来测定维系老顾客的成本：

（1）企业应测定老顾客的维系率。对于一本杂志而言，就是再订阅率；对于一所大学而言，就是班级的升学率或毕业率；对于一个企业而言，则是发生重复购买的顾客比率。

（2）企业必须找出造成老顾客流失的各种原因，并且计算流失的老顾客的比率。如可以指定一种频率分布统计表以反映由各种原因造成老顾客流失的百分比。对于那些离开了所在区域或脱离了所经营业务范围的顾客不包括在内。但是对于那些对产品、定价、服务等方面意见很大的老顾客，企业应明确今后工作中要加以改进，尽力让他们感到满意。

（3）企业应当计算由于不必要的老顾客流失，企业的利润将损失多少。这一利润其实就是老顾客生命周期价值的总和。例如，针对流失的老顾客群，一家大型的交通运输企业对企业失去老顾客的损失进行如下估算：企业拥有 64000 个老顾客，尤其是因为劣质服务，企业将损失 5% 的老顾客，即 3200（0.05 × 64000）个老顾客。年均每个老顾客流失给企业收入造成的损失达 4000 元，因此企业老顾客损失了 1280 万元的收益。企业的平均边际利润是 10%，因此企业将损失 128 万元的利润。而这都是由于企业自身的原因所造成的不必要损失。

（4）企业维系老顾客的成本只要小于损失的利润，企业就应当支付降低老顾客损失率的费用。亦即，如果这家交通运输企业能以小于损失 128 万元的费用保留住所有的老顾客，这些老顾客就值得维系住。

关于是否要维系住一个老顾客的问题，科特勒引用了丹尼尔·查密考

尔（Daniel Charmichael）教授的"漏桶理论"。在讲授市场行销时，查密考尔教授在黑板上画了一个桶，然后，又在桶上画了许多洞，并给这些洞标上名字——粗鲁、没有存货、未经训练的员工、劣质服务、质量低劣、选择性差、价值低等；他再画了从洞中流出的水流，把它们比作顾客。然后他严肃地指出，在这种情况下，企业为了保持原来的营业额，必须从桶顶不断加入"新顾客"来补充漏损，这是一个代价昂贵的、永无尽头的过程。在过去，很多企业总是漫不经心地对待其老顾客，或是因为企业产品或服务特色所带来的垄断地位；或是因为卖方市场上还没有很多可供选择的供应商；或是市场发展快，超过了企业的发展能力。因为有了这些依恃，企业认为没有必要担心顾客的流失，因为即使在一周内企业损失了100 个老顾客，但同时又可能获得另外 100 个新顾客。从表面上看，销售成绩是令人满意的。但是，这种频繁的"顾客交叉"变动产生了以下成本：说服潜在新顾客成为现实顾客、向新顾客提供初始服务等，其发生的营运费用要比留住原有 100 个老顾客的成本要高得多。这种按照"漏桶"原理来开展业务的企业，在有充足的老顾客"蓄水池"以弥补失去的老顾客的状况下还不至于出现疏漏，而今情况不同了，现在是买方市场，顾客不用担心找不到商店买到类似的货物，因此不注意保持顾客的企业将会面临销售越来越困难的局面。

过去的行销理论都注重同顾客一次性成交，而不注重维持老顾客，只注重发展新顾客，而不注重维持老顾客。然而事实表明，吸引新顾客的成本至少是保持老顾客的 5 倍。企业应充分认识到维系现有老顾客的重要性，现有老顾客代表着最佳的利润增长机会。因此，凡是以修补桶上的洞来减少老顾客的流失的方式的企业往往都是一些最成功的企业。

四、顾客的抱怨就是商机

提出抱怨但是得到满意解决的顾客，比起从未感到失望的顾客常常更具有忠诚度。

——科特勒

菲利普·科特勒：
行销之父

对于首度惠顾的顾客来说，在交易发生前，由于朋友等人告知、卖方的承诺以及过去相似交易的一般经验，他会产生某种期待。在交易后，他会体验到五种满意度中的一种：极为满意、满意、没感觉、不满意、非常不满意。

科特勒研究发现，新顾客是否会再次同提供给他货物或服务的供应者进行交易，同他初次购买的满意度关系很大。假如这名顾客非常不满意、不满意或没感觉，他可能就此一去不回。若是感到满意，顾客可能会再度惠顾。假如非常满意顾客再度上门的几率几乎是比较肯定的。问题是，企业常常分辨不出哪些是满意的顾客，哪些又是非常满意的顾客。当其他的供应商提供相等或更高的满意度时，原来感到满意的顾客可能会轻易溜走，但极为满意的顾客，不大可能去寻找自认能提供相同满意度的其他供应商。根据全录公司的报道，完全满意的顾客在一年半后再度购买全录产品的机会是满意顾客的六倍之多。

怎样去了解顾客满意还是不满意，以及程度如何呢？科特勒建议企业必须定期对顾客满意度进行调查。

如果顾客满意度指标显示，大部分的顾客都感到满意或是高度满意，那是最理想不过的了。但是，此种情况很少发生。顾客满意度的研究显示，顾客对交易感到不满的比例竟然高达25%！这些感到不满的顾客，其中有95%常常把抱怨藏在心里而没有表示出来，也许是因为不知如何或是不知该向谁提出抱怨，或是认为没有必要白费力气去提出抱怨，因为他认为，即使抱怨之后也不一定能够解决问题。

科特勒认为，如果顾客满意度指标显示感到不满的顾客人数众多，企业便应该加以反省，并找出其中的原因。这可能是该公司的业务人员过于得寸进尺，试图说服顾客购买不符合他需求的产品或服务，也可能是该公司过于夸张产品或服务如何如何好，结果消费者大感失望而产生不满。基于这些原因，顾客以后都不会再次"上当"。

科特勒指出，感到不满的顾客所造成的损失远不止这些顾客的终身消费金额而已，据他研究发现，一位深为不满的顾客会向其他 11 名人士诉说他的失望感，而这 11 人再告诉其他人，最后得知这个公司不良事迹的潜在顾客人数将达到一个惊人的数字。

怎样防止感到失望的顾客流失呢？那些具有警戒心的公司会建立起某些机制，让感到不满的顾客很方便地与公司取得联络。比如，小型饭店已不再贴出"只在上午 9 点至 10 点之间接受抱怨"的告示；宝洁、惠而浦与奇异电器都提供由公司付费的电话，消费者可利用此电话对公司提出抱怨、询问或建议。必胜客比萨（Pizza Hut）在所有的外送比萨盒上，印制免付费的电话号码，当有顾客提出抱怨时，顾客服务部门便会寄发一份语音邮件给店经理，而店经理务必在 48 小时内拨电话给这个顾客，并解决这项抱怨。

有趣的是，科特勒发现，提出抱怨但是得到满意解决的顾客，比起从未感到失望的顾客常常更具有忠诚度。

假如他们的抱怨能得到解决，大约有35%曾经严重抱怨的顾客会再次惠顾。假如当初只是提出轻微抱怨的顾客，再度光临的百分比更会上升到52%。假如抱怨能够迅速得到解决，再度惠顾的比率将介于52%（严重抱怨）与95%（轻微抱怨）之间。

企业从失望顾客那里赢回商誉有多种途径。企业可提供用于下次购买时使用的折价券，或是一份小礼物给顾客，以弥补本身的过失。"保证满意简餐公司"（Satisfaction Guaranteed Eateries Inc.）是美国西雅图一家有名的连锁餐厅，其老板提摩西·芬士达制定如下的工作规定：假如顾客等

待上菜的时间超过十分钟但不满二十分钟，奉送免费的饮料；假如顾客等待的时间超过二十分钟，这顿饭完全免费；假如顾客选好座位坐下后，面包在五分钟之内没有送上，则免费提供蛤蜊浓汤。

从 1987 年开始，格莱特航空公司（Great Plains）作出了一个史无前例的决定，根据服务合同的条款向客户保证，在 1 至 3 小时内公司对于客户的垂询必须回电，超过时间没有复电的则向客户提供一张 25 美元的代用券。这对该公司的产品和服务都非常有好处。不久，该公司又耗费巨资建立了一套电话传送指令，以在保证时间内回复客户的电话。

顾客满意这样的服务吗？绝对肯定。许多老顾客为感谢公司的完美服务，常常会给公司发来感谢信函，送花、送礼物……在美国达拉斯的一位经销商说："我有超过 30% 的生意是由老顾客介绍的。所以可想而知，有多少感到满意的老顾客在替你宣传。"

对于企业来说，首度惠顾的顾客所带来的利益是各不相同的，有些顾客会大手笔地采购，并且有财力和兴趣购买更多的东西；有些人的购买金额并不大，并且以后可能也不会再买。很显然，行销人员必须把重心放在首席惠顾的顾客上，并千方百计地将他们转变为续购顾客。

企业发现，最佳的客户是那些最近曾购买、经常购买，且购买金额很大的顾客。

向某公司购物历史愈久的顾客，对公司而言，便愈具有获利性。科特勒指出，老主顾较具获利性的因素有四个方面：

（1）假如高度满意的话，留下来的顾客会随着时间往后推移而购买更多的物品。一旦顾客与卖方建立起购买关系之后，他们便会持续地向同一卖方采购，部分原因是由于顾客懒得另寻其他供应商。假如顾客的需求增长，顾客便会买得更多。

（2）用于服务留下来的顾客的成本，将随着时间的增加而递减。继购顾客的交易行为会变得一成不变。许多事情不必签署一大堆文件，双方也能互相了解。在已建立信赖感的前提之下，可为双方省下大量的时间与成本。

（3）高度满意的顾客，经常会把卖方推荐给其他的潜在顾客。

（4）在面对卖方合理的价格调整时，长期的顾客对价格的敏感不那么强烈。

由于长期的顾客能够给公司带来更多的利益，因而被公司所看重。在将首度惠顾的顾客转化为续购顾客上，许多企业建立顾客资料库，通过资料库，公司能够了解顾客的情况。例如，比恩型录公司的电话行销人员可能会说："琼斯太太，你喜欢上个月所买的夹克吗？"USAA 的电话行销人员也许会问："史密斯中尉，修车厂修理您的汽车车门时的态度令您满意吗？"这些公司都将顾客视为客户，并且流露出并非是仅想行销下一笔生意的关心态度。

有些公司更进一步将顾客视为合伙人，请顾客对新产品的设计提供协助、对公司的服务提出改善建议。对这种做法科特勒深表赞赏。很明显，这些做法是想赢得顾客的认同，从而自动地成为企业忠诚而长久的顾客。

使首度惠顾的顾客变成续购顾客，最高的境界或许是让顾客成为股东，也就是公司的部分持有人。事实上，在某些企业中，顾客便是其法律上的持有人。例如，消费合作社的顾客，同时也就是该合作社的持有人。在由批发商所出资成立的合作社中，零售商亦持有该合作社的股份。零售商透过合作社采购物品，所收到的股利便是基于当初的采购金额而定。在消费合作社中，消费者对合作社的政策拥有发言权，并以消费的程度来决定股利所得的多少。

五、培养老顾客的忠诚

挽留老顾客，一是要注重发挥老顾客在行销活动中的作用，二是培养顾客的忠诚度。

——科特勒

有关调查表明，一般来说，在 5 年内，一个现有的顾客将近一半会转而投向其他企业购物或接受其他企业的服务。在这种情况下，许多企业宁愿再去寻找新的顾客，也不愿意想方设法挽留老顾客。事实上，发展一个新顾客所花费的代价要比保持一个老顾客所花费的代价高得多。在新经济时代下，发展新顾客是一件不容易的事，而且比挽留老顾客要困难得多。

科特勒认为，企业挽留老顾客至少要做到以下两点：一是要注重发挥老顾客在行销活动中的作用。二是培养顾客的忠诚度。在日趋激烈的市场竞争中，老顾客对一个企业不断地提高自身的获利能力，不断地做大做强，其作用的重要性无论怎样强调都不过分，可现在有的行销人员缺乏这种意识，他们对老顾客不断流失毫不心痛，而是认为顾客多如牛毛，走掉一两个甚至几个顾客不算什么，旧的走了，新的顾客会自动找上门来。消费心理学认为，在行销中口碑效应和从众心理的作用非常巨大，有时在你面前走掉的是一两个顾客，但背后流失的可能就是一批顾客。实际上，顾客忠诚度能够世代相传。如美国有一家为退伍军人服务的大型保险公司，其服务宗旨是永远致力于培养顾客忠诚度，它的顾客的稳定率竟然达到89.5％。同时，通过对企业忠心耿耿的老顾客的义务宣传和解析说服工作，一代又一代顾客接受了他们的业务。遗憾的是，许多企业行销人员，他们单纯地为行销而行销，没有研究顾客，不在培养顾客忠诚上下工夫，使老顾客"移情别恋"或被竞争对手挖走。

要维系住一个老顾客，使之长期忠诚于企业，科特勒建议企业从三个方面下手：

1. 发现老顾客的期望

企业把行销的重点放在最重要的老顾客身上，并找出企业心目中的优质服务与他们的期望差距何在。在做这项工作时，要从开放式问题以及所选定的一群人开始着手，然后转向比较正式的研究方法，前后都要注意"精确的观察"，而非一味寻求一大堆可能具有误导作用的正确数字。

企业要研究什么呢？要研究竞争对手所采取的行销策略，设法了解其处在服务生命周期中的阶段。然后如何有针对性地一举越过他们，以及如何抓住他们的弱点削弱他们的优势，避免自己陷入恶性的服务循环中。据一项权威的调查研究显示，在"老顾客为何转向竞争对手"的项目里，大约只有15％的老顾客是由于"其他公司有更好的商品"。另有大约15％的老顾客是由于发现"还有其他比较便宜的商品"。但是，70％的老顾客并不是因为产品因素而是因为其他原因转向竞争对手。其中，自己不被公司重视占20％，服务质量差占45％。可见，致使顾客流失的罪魁祸首是企业的服务。

　　一般而言，企业留住老顾客的首要条件是不断地向他们提供优质产品。但除此而外，现有的顾客更看重的是企业是否能提供优质服务和满足他们的特殊要求，如一系列的售后服务维修保养、贷款支付方式及交货时间，等等。假如现有顾客所期望的各种服务，在某种程度上获得满足，那么可以预期他们继续购买企业的产品，成为企业的顾客。但是，现在有的企业，尤其是那些供不应求，产销形势乐观的企业，把这些服务看做是额外不合理的要求予以拒绝。然而他们想错了，即使是你的产品在市场中存在某些优势或已经形成卖方市场，但也是暂时的，因为一旦产品有利可图，竞争者就会追踪而来，与你争夺顾客。你满足不了需求自然会有人满足，或者是顾客仅仅由于对你的反感也会转向其他新企业，这样你的顾客就会在不知不觉中流失。

　　现实中，顾客对企业的服务抱怨是难免的，因为即使是再好的企业也不可能做到十全十美，问题在于怎样对待这些抱怨。事实上，顾客的抱怨就是商机，只要抓住机会，就会赢得顾客的满意和忠诚度，才能留住更多的老顾客。

　　科特勒指出，顾客的抱怨，尤其是老顾客的抱怨，说明他心中比较看重他所受到的服务，企业就应把握机会，请顾客特别是老顾客说明如何做才能让其满意，才能弥补现在的不足。只要顾客感到自己被重视，他们就会诚恳地告诉企业一些改进之道。这比请任何管理顾问都有效，因为顾客是直接使用者，直接受益人或直接受害者，一般的顾问只是旁观而已，毕竟缺乏亲身的体验。

其实，请顾客特别是老顾客帮助改善，不仅可以提高服务质量，还可以为企业节约管理成本，提高顾客的信心，增进顾客对企业产品和服务的认知。这样，顾客的满意度、忠诚度将随之提高，便会留住老顾客，迎来更多的新顾客。

2. 设定老顾客的期望值

使老顾客所期望的服务水准稍低于企业所能提供的水准。假如企业可能在接到通知之后 18 小时内提供服务，不应保证 18 小时内提供服务，而只应保证 24 小时之内提供服务；如果维修人员能接到电话后 2 小时内赶到，那么只承诺在 3 个小时之内赶到。

科特勒认为，企业在拟订服务策略时，一个非常重要的步骤是设法影响老顾客的期望。如果老顾客的期望超过企业提供的服务标准时，他们会感到不满；当服务标准超出老顾客的期望，顾客必然会喜出望外，深感满意。如果你不设法控制老顾客的期望标准，那么你花时间将顾客加以细分、研究期望，进行了一系列工作，并拟出一套服务策略，进行了一系列工作，等于是白白浪费了时间，而没有任何效果。芝加哥大学的一位行销专家曾研究过 15 家对如何使老顾客感到满意的企业，发现这些企业都严格控制广告和行销对老顾客的承诺，不使老顾客产生过高的期望。然而，这些服务领先的企业，所提供的服务却超过了老顾客的期望。对此，老顾客当然会成为企业的忠诚顾客了。

由此可知，设定并控制老顾客的期望值是企业应当好好研究的大学问。

3. 超越老顾客的期望值

科特勒发现，许多优秀企业的实践证明，成功的服务都符合两项标准：一是要使企业有别于竞争者，而且是以独特的方式。二是要引导顾客特别是老顾客对服务的期望，使其"稍低于"企业所能提供的服务水准。例如，数年之前，艾维斯租车公司把自己定位为租车市场的第二名，并强

调自己会努力做得更好。到了今天，它仍采用同一策略，把自己描绘成一家勤奋不懈的租车公司，原因是这家公司是员工自己的。又如，梅泰公司把所生产的洗衣机定位为十分可靠的产品，以至维修人员闲得没事，打起瞌睡；苹果公司则强调它的"麦金塔"电话远比 IBM 个人电脑容易使用。这些企业实际提供的产品质量或服务都超过了老顾客的期望值，当然也就深受他们的欢迎了。

服务定位的关键之处在于不要把老顾客对服务的期望升高到超过企业所能提供的水准。当老顾客逐渐有了经验，竞争也日趋激烈时，顾客的期望必然会逐渐升高。在电脑业，售后服务在近几年有很大的改进，但由于顾客期望值日益提升，心中的不满也随之提高。

因此，把老顾客的期望值维持在适当的水准——稍低于实际标准，这是一项十分困难而又永无休止的挑战。想办法降低顾客的期望，同时还要维系住顾客，没有巧妙的策略是不行的。例如，有家旅馆连锁企业，在广告策划上犯了一个错误，就是误导顾客相信在全国各连锁旅馆都可以享受到同样雅致的客房。结果，各种抱怨信函雪片似的飞来，该连锁企业迫不得已，赶紧撤回这个广告，却无法降低它当初靠广告产生的期望。由于一时的失误，导致该企业目前仍在品尝自己种下的苦果，因为顾客认为其服务没有达到应有的水准。有鉴于降低老顾客的期望极不容易，上上之策还是避免言过其实。

总而言之，在老顾客最看重的服务上，企业必须要拟定一套应对策略，一套目标明确、重点突出的策略，使服务尽可能地达到尽善尽美。企业可选择对目标老顾客提供优惠的服务组合，并高效率地提供优质的服务，以赢得老顾客对企业的恒久忠诚，打赢服务这场战争。

六、把新顾客转化为老顾客

当店员称呼顾客的名字时，顾客会感到自己不被人忽视。

——科特勒

由前面的讨论，我们已经了解到，企业要挖掘一名顾客的代价往往比维系住一名老顾客的代价大得多。顾客第一次光临已属商家的幸运，假如第二次光临，则更是难得。但是，如果仅仅靠顾客自动上门，随其来去自由，那么企业的绩效表现肯定不佳。对企业来说，如何将新顾客转化为老顾客才是最重要的事。科特勒认为可以通过以下的十种做法来达到这个目的。

1. 使顾客得到想要的东西

绝大多数的顾客都认为自己的要求并不高，次日变更的采购决策、当日送货到家、立即回电等，这些都是一般顾客所不会期望的服务，因为他们是得不到这种服务的，但是老顾客就不一样了，他们有理由得到他们所想要的东西。

只要企业不规定得太死，大多数顾客所提出来的要求如果获得了满足，企业是会得到回报的。美国行为科学家道格拉斯·麦克塞隆（Douglas McCellant）曾经说道："作为一个优秀的企业家所必备的素质，就是他们能够因时制宜地做出适当的反应，并且能够及时调整他们的风格。"

当企业许下了承诺却不履行时，顾客很可能再也不回头了。

2. 要记住顾客的姓名

称呼别人名字的重要性，是美国戴尔·卡内基（Dale Carnegie）首先

提出的，他说大多数的人对自己的名字比对世界上任何其他的名字都感兴趣，因为在人家称呼你的名字时，会让你觉得自己很重要。当一个顾客抵达某个宾馆时，只要顾客拿起电话筒，接电话的服务员便会说道："××先生，我能为您效劳吗?"尽管顾客知道那一定是因为他的名字出现在某台电脑上才会这样，但是，这还是令他感到很高兴，觉得自己不被别人疏忽。许多超级市场都努力想要教育它们的收银员称呼顾客的名字以及向顾客说谢谢的重要性（他们可以从顾客们的支票或信用卡知道顾客的姓名）。大多数的顾客在听到别人称呼他的名字时也会感到很惊讶，他们并不会想到那是因为他们已把姓名告诉了对方。

3. 必须随时准备为顾客服务

一位保险业务员在电话簿上刊登他的住家电话号码，告诉顾客在他下班以后如果有急事必须找他时，就可以打电话到他家找他。又如，一位在服装公司工作的员工曾经在公司下班后还赶回店里，因为有一位顾客忘了来取一件他送来修改的长裤，而他当天晚上有一个重要的会议要穿它。虽然这种情况并不常发生，但是以这次事件而言，这家服装公司很自然地便使一位顾客成为它的老顾客了。

4. 赠送其他非竞争性企业所提供的赠品券给顾客

这对于企业的老顾客而言是非常特殊的待遇，同时也是企业很容易就做得到的一件事情，企业只需要访问附近的其他商店，告诉他们想为自己的顾客提供一些与他们的产品有关的赠品券就行了。当然，赠品的价值一定不能太低，所有的优惠必须是没有限制条件的。

如果这些商店不愿意配合的话，那是因为他们不懂得如何为自己招徕更多的生意，企业不妨将他们从合作的名单上删除掉，再去拜访下一个商店，企业的所作所为完全是要为供应商提供一些绝佳的顾客，而他们所付出的则只是一点点细心而已。如果他们没办法明白这点，企业也无须担心。别的商店一年左右就会取代他们的地位。

5. 不预先通知地赠送顾客免费的礼品

这是一个非常有效而且屡试不爽的方法。企业的老顾客们在早上从信箱中收到一些他们想要的商品赠给券，而且还是免费的，只要在规定的时间以前，这些老顾客就可以到企业的专卖店领取这些商品。有一家企业出售一种上面印有企业商标的帆布手提袋，平常的售价是每个 10 元，但是如果那些未来的老顾客们能够在下周以前光临这个专卖店，他们就会免费赠送老顾客一个，结果他们至少送出了 100 个。

企业这样做的好处是：

在这一带到处都可以见到该企业的那"移动式的广告"，每当这些老顾客外出购物，拎着该企业的帆布手提袋时，就可以看着该企业的名字跟着四处宣传了。

当这些老顾客来该企业领取这些免费的手提袋时，多少都会购买一些商品。科特勒提醒道，这些人都是非常好的顾客，他们并不想白占企业的便宜，他们会感激企业赠送礼物给他们，而且"每当我到这家企业时，我就会发现其他我可以用到的东西……"这就是这些顾客的心态。

当企业扣除那 100 个手提袋的成本时，发现顾客们额外带来的生意还有不少赚头，而这些顾客正在朝成为他们的老顾客方向前进。

6. 特别为某些顾客举办促销活动

所有的顾客都会期待企业应该在重要的节日举行特卖活动。在美国，所谓重要的节日就是华盛顿诞辰纪念日、感恩节后的第一个星期五以及秋冬清仓拍卖。除此之外，还必须为这些企业把想要提升为老顾客的顾客们特别举行一些特卖活动，为了给他们一些意外的惊喜，企业事先不能泄露消息，只是到时通知他们，企业必须告诉他们："这是专门为了像您一样特殊的顾客而举办的特价活动，本次活动并不是对外公开的活动，而是只对特殊的顾客开放的活动。"从而收到意外效果。

不论是谁，每个人都喜欢自己"与众不同"、"特殊"，而企业得到的回应将会相当的热烈，企业应该让这些顾客们明白他们之所以特殊就是因

为他们是老顾客。

7. "额外"的服务使企业与众不同

现在同类企业的硬件设施都基本差不多，各有优势。可为什么有的企业生意红红火火，而有的企业却门可罗雀呢？不难发现，很重要的一个原因就是一些企业提供了"额外"的服务，使企业与众不同，从而赢得更多的顾客。

"额外"的服务就是超出本企业服务范围的、有关键性的后续服务。如商场为顾客提供免费送货上门、上门安装调试及定期免费上门维修；宾馆为旅客提供预订车票或飞机票的服务；保险公司为顾客提供的免费咨询和一些免费日常维护及设备维修服务，等等。这些"额外"的服务给顾客带来了更多的实惠和方便。顾客怎么会不感激呢？

8. 通常服务收费不高的项目，要免费给予老顾客

企业邮购产品时，通常都会根据情况收取一定的邮费及服务费。当企业的员工为顾客包装他们所购买的商品时，一般都会收取费用。当企业员工在第二天就将顾客所订购的商品送到顾客指定的地址时，通常也会收取一些费用。

这是对新顾客而言，但是对老顾客就不可以收取这些费用了，他们应该免费获得，同时要让他们心里明白。

9. 与老顾客保持经常联系

企业必须设法定期拜访老顾客，其实得到重复购买的最好办法是与顾客保持接触。

与顾客保持联系要有计划性，怎样去做呢？

（1）对于一次新的交易，第二天寄出一封短函表示感谢，向顾客确认答应的发货日期，并感谢他的支持。在产品发出后再进行联系，询问顾客是否收到产品，以及产品是否正常工作。

（2）在顾客生日时，寄上一张生日贺卡，这是有效的一年一次的接触

方法。

（3）建立一份顾客和他们购买的产品的清单，当产品用途及价格出现任何变化时，要及时通知顾客。

（4）做好路线计划，以便能够在访问老顾客的途中，去访问那些不经常购买的顾客。

（5）如果顾客不是经常购买，可进行季节性访问。

七、让顾客以较小的付出获得较大的利益

菲利普·科特勒：行销之父

只要诚恳地站在顾客的角度去为他权衡利弊得失，只要顾客感到这笔交易对他划算，顾客必定愿意成交。

——科特勒

通常来说，有益的建议谁都愿意听取，顾客也不例外。在同顾客进行交易时，只要诚恳地站在顾客的角度去为他权衡利弊得失，只要顾客感到这笔交易对他划算，那么顾客必定愿意成交。因此，这是一种争取顾客较可行的做法。

科特勒认为，在交易中，顾客总是要考虑交易成本，此时，企业的行销人员就应想方设法使顾客以较小的付出而获得较大的利益。

在这方面，凯特皮勒公司的做法可说是个中高手。一个建设公司打算购买一具大型的牵引机，并试图在凯特皮勒和小松（Komatsu）两家公司之间进行选择。小松的报价是 4.5 万美元，而凯特皮勒则说它必须收取 5 万美元。但凯特皮勒的业务人员会提供证明，以显示该建设公司向凯特皮勒采购牵引机要比向小松购买划得来。凯特皮勒的业务人员列举凯特皮勒较优异的节约成本项目，与这些成本对顾客的价值何在：

凯特皮勒设备的故障率较低	3000
凯特皮勒修复设备的速度较快	2000
凯特皮勒设备的寿命比竞争者多两年	4000
若欲出售时，凯特皮勒设备在二手市场的回收价格较高	2000
顾客购买凯特皮勒设备可省下的金额	11000

凯特皮勒的业务人员通过以上事实，证明凯特皮勒牵引机比小松牵引机的价值多出 1.1 万美元，价格却只多 5000 美元而已。孰优孰劣，一眼便知。在印度，奥迪斯电梯（Otis Elevator）的价格比竞争者高，但它在电梯业中却占据了 80% 的市场。原因在于：在接到要求服务的电话后，奥迪斯电梯的服务人员能够在一个小时内赶到；而且可因此避免因发生故障、维修缓慢与怒气冲冲的使用者，所带来更为高昂的成本。

有些收费较高的公司，则采取与顾客"共同面对困难，共同分摊风险"的做法。例如，某个顾问公司确信可为它的客户每年省下 100 万美元，因此向客户保证"假如提供的建议决策不产生效果，便不收顾问费"。又如，某医疗设备制造商承诺在三年之内不调整售价。在此情况下，假如这段期间内其成本降低，该公司便可多赚一笔；但若成本上升，它便可能会亏损。

此外，企业也可通过主动协助顾客降低顾客的其他成本而成交。有些公司收取的价格比其他公司稍高，但会告诉顾客如何降低其他成本。林肯电机（Lincoln Electric）是一家焊接设备与补给品的制造商，我们来看它是怎样为顾客降低成本的。假设通用汽车需要购买新的焊接设备与补给品，林肯电机给通用汽车的报价是 40 万美元，但通用汽车向提供相同的焊接设备与补给品的竞争厂商洽谈，对方的报价只有 35 万美元。假设通用汽车仍有意同林肯电机做生意，但要求林肯电机比照竞争者的报价。林肯电机可能会回答：不行，理由是它的设备、补给品与服务，都比竞争者优异。如果通用汽车不同意此说法，林肯电机可提出以下的承诺：

林肯电机保证可协助通用汽车节省这 5 万美元的价差，如果它无法协助通用汽车节省这 5 万美元成本的话，愿意退还通用汽车 5 万美元的款项。由于无论怎样通用汽车都不吃亏，最后它还是和林肯电机签署了这项 40 万美元的合约。

他们派出一组能干的工厂专家团队，进驻通用汽车的工厂，以检视其焊接的方式与组织工作流程的方式。基本上来看，这些专家找出的方式，足可为通用汽车节省远超过 5 万美元。当这些专家指出潜在的节约成本起码有 5 万美元时，通用汽车与林肯电机双方都感到满意。林肯电机甚至会告知它还可进一步地节省成本，但林肯电机也可能会试图保留一些节省成本的建议做法，以便将来同通用汽车进行艰难的谈判。

企业如何协助顾客节省金钱？科特勒认为可以通过以下途径：

1. 降低订购成本

经常下订单的顾客，通常会签署一大堆文件。供应商可以通过提供顾客与供应商连线的电脑软件，使顾客能更加轻松地订购。麦凯森公司（McKesson Corporation）是一家年营业额数百万美元的药品批发商，它提供软、硬件设备给为数众多的顾客，以使订购过程更为简便，从而降低顾客的成本。又如，旅行社通过美国航空公司的 SABRE 订位系统使得旅行社不用打电话给各航空公司，就能得知票务资讯。SABRE 系统让旅行社节省了时间与成本。

2. 降低仓储成本

在通信与运输都不怎么发达的年代里，供应商都试图装运大量的产品给经销商，以使其保持过于充足的库存。采取此种做法的原因有二：一个原因是可确保不会发生存货不足的情况；另一个原因则是，可给经销商（顾客）形成巨大的压力，使得它会对该供应商的品牌产生好感（由于经销商大批进货，虽然可能会无法全数售出，但可享受到比平常更低的进货价格）。然而今日的经销商（顾客），也遭受到降低所有成本的巨大压力，其中包括居高不下的仓储成本。

企业可通过以下途径为经销商（顾客）降低仓储成本：

（1）及时供应。供应商可对顾客采取少量多次的运送方法。日本 7 - Eleven 便利商店由于缺乏储藏空间，库存量非常少。7 - Eleven 各家分店都会以即时的方式，将实际销售出去的物品传回至总公司，而后 7 - Eleven

的仓库会以各分店分小时所出售物品的历史记录来预计未来数小时的需求，每天运送三次补给品给各分店。

（2）寄卖。供应商可借由寄卖的方式，降低中间商的库存成本。唯有当寄卖物品销售出去时，中间商才必须付费给供应商。

（3）外包库存管理。供应商的另一种做法便是替客户管理库存系统。巴斯特医疗用品公司（Baxter Healthcare）发现，许多医院的库存控制均亟待改进——库存品项不是太多就是太少。巴斯特医疗用品公司接手替马萨诸塞州总医院管理其库存系统，并且降低了80%的库存程度，节省了20%的成本。该医院由于以较低的成本购得适当数量的补充品而得到不少好处。巴斯特医疗用品公司则通过担任把关者的角色而获利，因为其他医疗用品供应厂商都必须透过巴斯特医疗用品公司，才能够进行销售。

3. 降低处理成本

企业可通过协助顾客降低处理成本的方式，来证明自己收取较高价格是合情合理的。供应商可通过以下方式协助顾客降低处理成本：

（1）协助顾客降低浪费或重做的成本。

（2）协助顾客改善收益。

（3）协助顾客降低直接或间接的劳力。

（4）协助顾客降低电力成本。

（5）协助顾客降低意外的发生。

例如，企业可供应可取代某些直接人力的机械，或是可生产高品质产品，这样顾客便可省下查验的成本。供应商应对客户所处的产业有深入的了解，以便找出能降低客户处理成本的多种机会。

此外，企业还可通过协助顾客降低其行政成本等方式使顾客获得实际的利益而愿意同企业进行业务往来。

八、会员优惠：挡不住的诱惑

给予常客以某种特殊的礼遇或奖励，具有锁定顾客的作用。

——科特勒

1. 给予经常惠顾的顾客奖励

在培养、保留顾客上，一些企业采取给予顾客奖励的方式以使他们经常惠顾企业的商店。这种做法效果颇佳。

在 20 世纪 80 年代，美国航空推出"优惠方案"，累积方案所提供的点数可获得免费机票或是座舱升等的优惠。由于这个方案为美国航空创造出强烈的顾客偏好，其他航空公司纷纷推出自己的常客奖励方案，以便与它进行抗衡。但很快地，旅馆选择加入数家航空公司的方案，以便无论选择哪一家航空公司，都可以累积点数；其他服务业的公司也开始推行常客奖励方案，首先运用这一做法的是租车公司，再后来是饭店，最后则是超级市场。

尼曼百货是美国高格调的零售连锁企业，和许多百货企业一样，尼曼也将建立客户数据库作为一项重要的基础工作来做，然后每年将累积消费达 3000 美元以上的顾客当成公司的特别顾客，尼曼决定对这些特别顾客予以回馈，以刺激他们重复消费。这种做法在 1984 年一经推出，即获得强烈反响。尼曼给那些特别顾客一篮包装精美的精致美食，里面有一张尼曼总裁马科斯亲笔写的感谢信，信中感谢顾客对公司的惠顾并热烈欢迎他们成为尼曼的特别会员，同时还说明成为特别会员可以享受到特别礼遇。许多顾客收到尼曼的礼物和信函后反响积极，个别顾客甚至写出两三页的回信，表达对尼曼的感谢之情以及成为特别会员的自豪感。

菲利普·科特勒：

行销之父

科特勒认为，尼曼的这种做法迎合了顾客的社会情感需求，当然，它还采取了一系列切实的措施给会员以特别的优惠，比如，会员不但可以享受免费服务热线、特殊折扣、会员通信和消费超过 25 美元免费包装的礼遇，还可免费获得消费 1 美元赠 100 点的奖赏。这些点数可以换取实物和获得免费旅游等奖励。

　　尼曼公司的点数奖励按年计算，每年的 12 月底之前截止累积，礼品则要在次年 3 月底前兑现领取，新的一年重新计点数。这一"截止"措施大大地刺激了顾客在年底来临前的消费。因为一些顾客在自己的累积消费点数逼近获奖资格时，为了获取自己盼望已久的礼品而在年终扩大消费。为了给那些未达 300 美元消费额的顾客提供"入会"资格，尼曼还在 1991 年启动了一项附加措施。顾客可以先交纳 50 美元的入会费，成为会员后可享受到和特别顾客一样的礼遇。而在以后，只要当年累积的消费额超过 3000 美元，则这 50 美元的入会费可无条件地从尼曼公司退回。尼曼公司的这种做法成功地锁定了顾客，即中层消费者，使他们成为公司的老顾客。

　　类似这种别具匠心的常客奖励方案有：通用汽车推出自己的信用卡，持卡人刷卡消费便可获得点数，而这些点数可使顾客在日后购买通用汽车公司所生产的汽车时，获得可观的折扣。Ono – matic 是一家澳洲的企业，它为家庭用清洁剂设计出持续补充的方案，且使用者可收集点数兑换奖品，只要所累积的点数够多，甚至可免费获得一台洗衣机。

　　数年前，英国一家居领导地位的超市太士古（Tesco）推出"太士古超市会员卡"（Clubcard），这是一种全国通用的"忠诚卡"。截至目前为止，英国持有此种会员卡的人数已达 600 万名。在到达结账柜台时，持卡人把这张塑胶卡片放入机器内，每次只要超过某一最低金额，便可自动获得点数。点数每一季加总一次，折价券会直接寄至购物者的家中。使用"太士古超市会员卡"在太士古超市购物，账单上大约可省下 1% 的金额。太士古借此建立珍贵无比的顾客资料库，太士古会将打折信息和折价券分别寄给购买各类产品的个别顾客。通过采取这一做法，太士古已经在市场占有率上超越了竞争对手圣伯瑞（Sainsbury）。由于圣伯瑞仍迟迟未推出

第八章　挖掘顾客：抓住就不放

259

自己的会员卡，似乎已经很难力挽颓势了。

2. 优惠套装计划

许多企业的常客奖励方案都自称是会员方案，事实上它们仅限于提供兑奖的点数而已。因此有些公司提供范围更广、优惠项目更多的会员方案。

苹果电脑有许多忠诚不贰的使用者，他们在使用者所组成的团体中见面时，除了交换意见，也进行社交活动；BMW 汽车和保时捷跑车都为车主创造许多碰面的机会；钍星汽车也建立起品牌社团；Lexus 汽车则是以安排多种使顾客愉悦的措施发挥此策略的精髓：当澳渊雪梨的 Lexus 车主开车到著名的雪梨歌剧院时，Lexus 公司的人员会为车主泊车，并早已准备好酒类饮料在一旁恭候而宾士车主则必须自己泊车与购买饮料，而且德国的 Lexus 车主每年都会获赠一瓶最好的法国葡萄酒，并受邀前往参观著名的萨尔兹堡艺术节。

在优惠套装计划方面做得最出色的也许当数哈雷机车。哈雷机车的买主可免费获得为期一年的"哈雷车主俱乐部"会员权利，期满后每年的会员费是 40 美元，或是一次缴 350 美元成为终身会员。这个组织现有 36 万名会员，成员既有蓝领阶级的劳工，也有百万富翁，他们都可获得下面一系列优惠待遇：

（1）包含最新优惠资讯的会员手册。

（2）经过特别设计的胸针与布徽。

（3）四十页的双月刊《哈雷车主俱乐部轶事》。

（4）免费得到数本谈论机车的《车迷》杂志。

（5）《哈雷车主俱乐部旅游手册》。

（6）共分十二级的里程奖励计划。

（7）较低费率的车险与寿险。

（8）分 ABC 三级的旅程竞赛。

（9）"飞行暨骑车"（Fly & Ride）方案可使会员在世界各地都可租得到哈雷机车。

（10）当地的哈雷车主俱乐部分部会邀请会员出席每月一次的会议、组织车队、参加募款活动等内容，包括有保养机车与会员生活点滴文章的月刊。

如今，哈雷机车已成功地建立起"品牌社团"，这个社团是由爱好哈雷产品的顾客组成的，为了投该社团之所好，哈雷已将品牌名称延伸至皮夹克、太阳眼镜、啤酒、雪茄等产品上。

相关链接

夹缝中的姜汁酒为什么能够生存

软饮料行业由两大巨人统率。可口可乐公司占42%的市场价额，位居第一；百事可乐公司以约32%的市场占有率向可口可乐发动强劲的挑战。

一些"第二层"的品牌，如彭伯、七喜和皇冠，共同占领了约20%的市场份额。它们在较小的可乐和非可乐细分市场中挑战可口可乐和百事可乐。当可口可乐和百事可乐争夺货架时，这些第二层品牌经常会被挤出来。可口可乐和百事可乐制定了基本规则，如果较小的品牌不按照规则行事，就会有被挤出或被吞并的危险。

同时，还有一群专注于虽小却忠贞不渝的细分市场的特制品生产商，相互争夺剩余的市场份额。这些小企业尽管数量很多，但是每一家的市场占有率都很微小，通常不到1%。弗纳斯就属于这"所有的另一类"群体，彭伯和七喜在软饮料战中只是被挤出货架，而这些小企业却有被碾碎的危险。

但是，弗纳斯不仅生存了下来，而且繁荣兴旺！这是怎么回事呢？原来，弗纳斯没有在主要软细分市场与较大的企业直接较量，而是在市场中"见缝插针"。它集中力量满足弗纳斯忠实饮用者的特殊需要。公司自夸弗纳斯姜汁酒"具有悠久的历史"，而且"与众不同地好喝"。该酱色软饮料比你喝过的其他姜汁酒都要甜，都要温和。但是，对许多与弗纳斯一道长大的底特律人来说，弗纳斯姜汁酒无与伦比。他们喜欢气泡冒到鼻尖上痒痒的感觉。他们还说，如果没尝过上面浮有冰淇淋的弗纳斯姜汁酒就算白活了。对许多人来说，弗纳斯姜汁酒甚至还有某些疗效，如他们用暖过的弗纳斯姜汁酒来治小孩吃坏的肚子或者缓解疼痛的喉咙。对绝大多数底特律成年人来说，弗纳斯那种熟悉的绿黄相间包装带给他们许多童年时的美好回忆。弗纳斯知道它永远不可能真正挑战可口可乐以获得软饮料市场较大的占有率。但它同样知道可口可乐也永远不可能创造另一种弗纳斯姜汁酒，至少在弗纳斯饮用者的心目中是这样。只要弗纳斯继续满足这些特殊顾客，它就能获得一个虽小但能获利的市场份额。而且，对这个市场中的"小"是绝对不能嗤之以鼻的，因为1%的市场占有率就等于5亿美元的零售额！因此，尽管可口可乐每年花掉近3.5亿美元做软饮料广告，而弗纳斯只花100万美元。可口可乐有长长的一列品牌和派生品牌，如可口可乐经典、可口可乐Ⅱ、樱桃可口可乐、低卡樱桃可口可乐、低卡可口可乐、无咖啡因可口可乐、无咖啡因低卡可口可乐、特伯、雪碧、甘美黄、小妇人苏打水等，而弗纳斯只有两种形式：原汁的和低卡的。可口可乐巨大的销售商行销力量以大幅折扣和促销折让摆布着零售商，而弗纳斯只有小额市场行销预算，并且对零售商没有多少影响，它仍然生存了下来，并且还生存得很好，归根结底是它满足了一部分顾客的特殊需要。

第九章
价格策略：衡量购买欲的砝码

顾客一边盯着质量，一边盯着价格。企业要通过占领最大的市场来降低价格。同时，企业如果能充分地利用顾客心理，则可达到薄利多销的目的。

一、"厚道销售"自有"精明"之处

> 优势厂商以其较低的价格占据较大的市场份额，虽然其价格
> 较低，但由于销售量大，从总体上所获得利益比其他厂商要大。
>
> ——科特勒

一般来说，当总市场扩大时，优势厂商往往获利较多。例如，假如美国人决定购买1000万辆而不是800万辆汽车，通用汽车公司便将获得更多的利润，因为美国汽车每两辆当中通用便占去了一辆。只要通用汽车能说服更多的美国人购买汽车，或每户拥有更多的汽车，或更频繁地更换车子，通用便能从中获利。

科特勒认为，优势厂商由于占据较大的市场份额，因而它能够更大规模地投入生产，相对而言，它的生产成本就要比别人低。假如这些厂商以和其他小厂商一样的价格销售其产品，它便可获得高于其他小厂商的利润。实际上，在市场上占据优势地位的厂商往往都是利用其优势而在价格制定上以最低的价格出现在市场上，从而受到顾客的注目。优势厂商以其较低的价格占据较大的市场份额，虽然其价格较低，但由于销售量大，从总体上所获的利益比其他厂商要大。优势厂商能够把它所获得的利润重新投入到市场的占领上，因而又能够以较低，甚至是最低的价格击败竞争对手。这样，优势厂商在"市场份额—低价格"上形成良性循环，夺得市场先机。

沃尔玛是世界上售价最低的连锁店之一。

1962年开始创建的沃尔玛连锁企业如今在世界各地拥有数量众多的分店，它的廉价经营理念深为世人称道。

沃尔玛的商品售价通常比其他连锁企业要低20%。在沃尔玛商店里，

采取的是仓储式的商品陈列方式。简易的货架，几乎没怎么装修的地板和四壁，但价廉物美的商品仍旧吸引了众多的顾客，因此，当沃尔玛以这种方式一亮相，马上焕发出迷人的光彩。

这是老板山姆"折价销售"理念的成功，这一经营理念与一般的减价让利是有着天壤之别的。

两者虽然看起来都是以廉价销售为特征，但折价销售作为一种特定的销售方式，更注重一种长期稳定的战略目标，同时更需要经营管理多个环节的协调配合，而一般的减价让利仅仅是一种只看重眼前利益的短期行为。

沃尔玛却将减价作为一种行销战略来考虑，商品进到店后，沃尔玛的工作人员将根据对同业的调查估计出该行业的市场平均价格，然后在平均价格和进货价格之间找出一个中间价，作为该商品在沃尔玛的正式售价。通常的做法是，沃尔玛按比进价高 30% 的比率来定价，以体现"薄利多销"的原则。

沃尔玛始终坚持这一原则。即使自己的进价比对手低廉得多，沃尔玛也雷打不动地坚持"把利让给顾客"的做法。

正因为沃尔玛立足长远的经营战略，使沃尔玛赢得了时间上的胜利。沃尔玛已经在人们的头脑中树立这样一种概念，即沃尔玛就是价廉物美的代名词。随着时间的推移，使人们越来越深刻地体会到沃尔玛"厚道销售"的经营之魂。

由于是廉价经营，因此沃尔玛很少打广告。其实，沃尔玛也是打广告的，但他们的做法不是在电视上做广告，而是采取与众不同的方式进行。

他们在自己商场内营造一种"广告"气氛，即不时地在自己店内推出"广告商品"。沃尔玛通过把"广告商品"售价压到低于成本的水平来吸引顾客。沃尔玛通常把这些商品摆放在商店最显眼的位置，并堆得高高的，人们的口头传播无疑给沃尔玛做了最有利的广告宣传。在沃尔玛的行销史上，就出现过由于"广告商品"的低廉，导致顾客蜂拥而至的局面。这些顾客一开始只是抢购"广告商品"，后来几乎是见什么买什么，出现了"抢购潮"，店内已是顾客盈门，而门外却依然有大批顾客等待进场，最后

z

菲利普·科特勒：

行销之父

266

不得不出动消防队来维持秩序才解决了问题。

实际上，沃尔玛在实施"厚道销售"的同时，也有它的"精明"之处。他们选择的"广告商品"往往是牙膏、护肤品这样的日常生活小用品，这样即使它们的售价低于成本价，公司也不会因此而耗费太多的钱财，但最后的结果却是"广告商品"的榜样作用带动了其他商品的销售上升。

实行低价销售原则的厂商往往都在市场上占据很大的市场份额，比如法国的家乐福零售连锁店即是一例。

二、定价策略不同，获利方式迥异

> 定价策略会大大影响顾客和企业本身，营销人员需要在追求
> 短期获利能力和长期获利能力的定价策略之间徘徊、权衡。
>
> ——科特勒

对于企业来说，产品能否在市场上站住脚，并给企业带来预期的利益，价格因素起着不可忽视的作用，因此必须研究定价策略。因为如果定价策略不同，则企业获利的方式也有很大差异。常用的产品定价策略有五种：

1. 撇油定价策略

这是一种高价格策略，就是在新产品刚上市的时候，价格定得很高，目的是在较短的时间内就获得最大利润。这种定价策略因与从牛奶中撇取奶油相似而得名。一般来说，适用这种策略定价的产品，都缺乏弹性，定高价也不会减少需求；小批量生产的成本也不会提高很大；能够使竞争者迅速增加；定高价能给人高档产品的印象。科特勒指出，这种定价的优点

是由于价格较高，不仅能在短期内取得较大利润，也能在竞争增加时采取降价策略，这样，不仅可以限制竞争者的加入，同时也符合消费者对待价格由高到低的心理。不足之处是由于价格大大高于价值，当新产品尚未在消费者心目中建立起声誉时，对打开市场有不少困难，有时甚至根本没有顾客光临。

2. 渗透定价策略

这是一种低价格策略。即在新产品投入市场时，价格定得较低，以吸引顾客，以便很快就打开市场。这就像倒入泥土里的水一样，从缝隙里很快渗到底，故此得名。采用这种策略定价的产品，其特点是潜在市场范围广，需求弹性大，多产能降低成本。科特勒指出，这种定价策略的优点是由于价格较低，既可以迅速打开产品销路，扩大销售量，从多销中增加利润，又可阻止竞争对手加入，有利于占领市场。所以，渗透定价策略也叫"别进来"策略。这种定价策略的缺点是投资的收回期限较长，企业需要具备雄厚的实力。因此，那些生产能力较小的企业不宜采用这一策略。

3. 满意定价策略

这是一种介于撇油定价策略和渗透定价策略之间的价格策略，所定的价格比撇油价格低，比渗透价格高，这种定价策略由于会使生产者和消费者都比较满意而得名。消费者把这种满意价格也叫做"温和价格"或"君子价格"，这种价格策略的优点是有利于扩大销售。

以上三种定价策略在新产品上市时常常被企业采用。

4. 心理定价策略

这是一种根据消费者心理需求而使用的定价策略。它运用心理学的原理，根据不同类型的消费者在购买商品时的不同心理需求来制定价格，以诱导消费者增加购买量，心理定价策略有好几种，将在后面详细论述。

5. 地理定价策略

这种定价策略的特点是考虑了用户的地理位置而需要增加运费负担。在现实中，由于用户所在的地理位置距离企业的远近不同而存在运费的差别。有些用户的住地较远，所需运费较多，这些费用若由企业承担，其在变动成本中所占的比重太大，因而价格太高，这样自然不利于销售。为此，企业要根据不同的情况，采用不同的价格策略。这种定价策略在应用中有五种具体形式：

（1）产地定价策略。这种策略是以产地价格或出厂价格为标准，运费全部由买方负担。这种定价策略最便利、最单纯，大多数企业都可以采用这种策略。

（2）统一运送定价策略。采用这种策略是把运费加在价格中，不论运输路程近还是远，所加的费用是相同的，按照统一价格，由卖主负责将货物运送到买主所在地。采用这种策略的好处是使买主认为运送是一项免费的附加服务，有利于巩固卖主的市场地位。实际上，企业早已把运输费用算在产品成本里了。这种定价策略只适用于那些运费在变动成本中所占比重较小的产品。如果所占比重太大，就不宜采用这一策略。

（3）分区运送定价策略。这种策略是把市场划分为几个大的区域，根据距离卖主企业的远近，不同的区域确定不同的运费标准，在同一区域内则实行统一定价，然后把运费加到价格中作为产地价格。产品由卖主负责运送到买主所在地。

（4）基点定价策略。这也是一种包括产品运送费用的价格，它是由企业选定某些城市作基点，每一基点价格即产地价格，顾客负担从基点到顾客所在地的运费。与其他策略不同的是，它的运费是从买主所在地与距离买主最近的卖主基点的公开运费。

（5）津贴运费定价策略。这种定价策略与产地定价策略相同。但为了减轻较远买主的运费负担，而给他们一部分或全部运费补贴，或者减收一部分价款。

以上五种定价策略各有优缺点，采用时必须认真加以权衡，以适合企业的具体情况为宜。

三、必须保持比天天低价还要低的费用率

　　　明智的公司对定价有独特的看法，它们会把定价作为一种重
要的战略手段。

　　　　　　　　　　　　　　　　　　　　　　　　——科特勒

菲利普·科特勒：

行销之父

　　采用适当的定价方法，能够为企业的产品制定一个比较合理的价格，从而使顾客乐于接受。通常，价格的高低受成本费用、市场需求以及竞争状况三个因素的影响。我们就从这三个方面的不同侧重点上将定价方法分为三大类。

1. 成本导向定价法

　　这类方法，就是以成本作为定价的基础。产品成本包括固定成本和变动成本两部分，单位产品成本应根据预测的销售量加以推算。

　　常见的成本导向定价法是成本加成定价法。这是定价法中应用最广泛的定价方法。

　　所谓成本加成就是在单位产品成本上增加一定的利润金额形成价格的定价方法。建筑公司提出承包工程投标价格就是通过估算总项目成本，再加上一个能获利的标准加成。律师和会计师典型的定价方法也是在他们的成本上加上一个标准的加成。国防工程的承包商对政府就是用这种方法的。成本加成定价法的计算方法有两种：

　　第一种是在成本上附加一个对成本而言的百分数即加成率，作为出售价格。其计算式为：

$$单位售价 = 成本 \times （1 + 加成率）$$

例如，某生产袖珍型放音机的企业，单位成本为320元，其售价由成本加成20%来确定，则单位售价 = 320 × （1 + 20%） = 384元

第二种是指售价中包含了一定的加成率作为企业的收益，其计算式为：

产品售价 = 单位产品成本/（1 – 售价中包含的利润率）

如上例中的放音机生产商想要在产品售价中包含20%的利润加成，则产品售价 = 320/（1 – 20%） = 400元

以上两种计算方法的区别在于对加成率的判定方式不同。第一种是以成本为基础的加成率，即加成率 = 加成金额/单位成本，如本例的加成率为：

（384 – 320）/320 = 20%

第二种是以售价为基础的加成率，即加成率 = 加成金额/价格，如所举例子中其加成率为：

（400 – 320）/400 = 20%

但如果折算为成本加成，应为：

80/320 = 25%

可见按第二种方法计算，在加成率相同时，加成金额大于第一种计算方法或在加成金额相同时，加成率低于第一种计算方法，因而更加符合消费者的购买心理。一般所说的成本加成定价，实际上都是按第二种方法计算的。

不同商品之间的加成数存在很大的差别，低的不到10%，高的超过50%。就是同一种商品在不同的地点与时间加成也有明显的不同。加成的高低受下列因素的影响：

加成和单位成本成反向变化，即单位成本越低，加成常常越高，以求达到较大的利润总额。

在加成和季节性的关系中，季节性越强，加成越大，以弥补当季未能售完的风险。

在加成和资金周转速度的关系中，资金周转越快，加成越低，以取得稳定的利润率。

加成和需求弹性成反向变化，即需求弹性大，加成应该小，以便薄利多销，提高总利润额。

储存和搬运费用高，或款式变化快的商品也需要高的加成，以补偿销售周期延长，或流行款式变化所产生的风险。

除此之外，加成的高低还受各行业的传统习惯以及其他种种随机因素的影响。

科特勒认为，成本加成定价法具有以下优点：

（1）成本的不确定性一般比需求的不确定性小得多，定价着眼于单位成本，从而使定价工作大大简化，不需要随时依据需求情况的改变而改变定价。

（2）成本加成定价法对购买者和销售者都比较公平。销售者不会利用消费者需求量增大的机会，乘机抬高价格，而固定的加成也使销售者获得相当稳定的投资利润，排除了短时间内供求变化对价格的影响。

（3）要在同行业中都采取这种定价方法，则在成本和加成数相似的情况下，价格也大致相同。这样就使价格竞争减至最小，而价格上的竞争易导致销售者的收入减少。

由于采用成本加成忽视市场需求和竞争，因此很有可能确定售价后的实际销售量和估算单位成本时的预计销售量并不相符。如果低于预期销售量，则单位成本上升，实际加成就会下降。因此只有在以加成价格销售能达到预期销售量的条件下，成本加成定价才是有效的。

另外一种成本导向型定价方法是盈亏平衡定价法，也叫目标利润定价法。企业想制定一种价格，使得盈亏平衡或者取得目标利润。通用汽车公司采用的定价策略就是目标利润定价法，它的汽车定价实现了15%～20%的投资利润率。这种定价策略也常为公用事业单位所采用，原因是它们必须实现较高的投资回报率。

尽管盈亏平衡分析和目标利润定价能够帮助企业决定最低价格来抵补预定的成本和取得目标利润，但是它们同成本加成法有一个共同的不足之处，都没能考虑到价格和需求之间的关系。所以，企业在运用这种方法时，还必须考虑到价格对实现目标利润所需销售量的影响以及在每一价格

上实现所需销售量的可能性。

2. 需求导向定价法

同成本导向定价法相对，需求导向定价法是以消费者需求的变化及消费者心理作为定价的基本依据，以消费者所能接受的价格作为销售价格的定价方法。面对消费者需求日益更新和产品供应愈加丰富，许多企业认识到，判定价格是否合理，最终取决于消费者而非生产者或经销商。只有当产品的价格与消费者购买能力、价格心理及意识相一致时，企业才能促进销售和实现利润。

常用的需求导向定价法也有两种：

（1）理解价格定价法。这种定价法也称理解价值定价法。是根据顾客对产品价格的感觉和理解程度而不是以该产品的成本作为定价的基础。采用这种定价策略的人认为，定价的关键因素是买方的价值观念，而不是卖方的成本水平。他们试图衡量自己的产品与市场上同类产品比较给予顾客的相对直觉价值，产品价格是在这一基础上制定的。

因此，采用理解价格定价法时，企业首先需要通过市场研究确定该产品由于质量服务、广告宣传等因素在顾客心目中所形成的价值，根据这些因素确定产品的售价。然后，估计在这种价格水平下所能达到的销售量到底有多大。根据销售量，决定所需要的生产量、投资额和单位成本。最后，核算在此价格和成本下，能否获得满意的利润，并据此确定是否要发展这种产品。

由于价格定价法的价格代表了向消费者供应产品的价值，在买方市场盛行的西方，已为许多企业采用，计算机行业已经从利用最多的技术来赚取利润转变为以更低的价格来生产具有基本性能的计算机来赚取利润。

例如，在1996年，一家几乎不出名的公司——莫诺雷尔计算机公司以仅999美元的价格来销售其计算机，目的是为了吸引那些对价格敏感的顾客。由于这种做法很能吸引顾客，很快地，康柏和帕卡德贝尔（Packard Bell）NEC公司也跟风而上，于是一个低于1000美元的计算机市场形成了。这些公司的做法使计算机的零售价格平均下降了400美元。现在，又

第九章 价格策略：衡量购买欲的砝码

273

有另外一家本来不怎么出名的公司——电子机器公司（Emachines），承诺进一步以价值来定价。它所生产的 E 塔（E - Tower）计算机，当不带监视器时其售价将低于 500 美元，这种产品是为了吸引年收入介于 25000 ~ 30000 美元的没有计算机的家庭（这些家庭占美国一大半的家庭总数目）而特意设计的，虽然 E 塔的价格很低，但其功能却不低：配置有松下微处理器公司（National）生产的西耐克斯（Cyrix）微处理器，2GB 的硬盘驱动器、32MB 的内存、光盘驱动器还有其他的一些配置。正是这些因素使得美国中层收入的家庭纷纷看好这样的电脑，而作为厂家，不用说自是赚取了不少的利润。

价格定价的一个重要形式是天天低价，这种定价法首开先河的是零售商店。一个希望采用天天低价的零售商将不实行暂时的短期折扣行为。这种经久不变的价格防止了每周价格的不确定性，并能与采取促销导向竞争者的"高—低定价"法形成鲜明对比。实行"高—低定价"时，零售商每天使用较高的售价，但经常临时用比天天低价还要低的售价来促销产品。

近年来，"高—低定价"由于价格变动较大，现已让路于天天低价，包括在各地通用汽车公司土星车的经销商店，以及高档百货公司如诺特斯通都已采用天天低价的做法。实行天天低价策略的优秀者没有谁能够超过沃尔玛零售店。除了对极少数商品在每月价格上有所调整外，沃尔玛在主要品牌上实行天天低价。对此，一个沃尔玛的经理说："这不是一个短期战略，你必须承担义务，你必须保持比天天低价还要低的费用率。"其原因很简单，那就是不断地减价和促销活动不但成本昂贵，而且容易使消费者丧失对每日货价的信心。

（2）需求差别定价法。这种方法也称市场细分定价法。它是根据需求差异及紧迫程度的不同，对同一种产品或服务制定出两种或更多种价格。这些产品价格之间的差异，反映了产品需求弹性的差异，并不反映成本上的差异。需求差别定价法主要有以顾客为基础的差别价格，以产品改进为基础的差别价格，以地点为基础的差别价格，以时间差别为基础的差别价格等几种形式。下面仅介绍其中的两种：

以顾客为基础的差别价格。企业对同一种产品根据顾客的需求强度和内行程度的不同，而定出不同的价格。例如，美国轮胎工业卖给汽车厂的产品价格便宜，因为需求弹性大；卖给一般用户的价格贵，因为需求弹性小。电力工业对工业用户收费低，因为需求弹性大；对民用收费高，因为需求弹性小。如果对工厂的收费高于厂内发电设备运转费用，工厂就会自行发电。

以产品改进为基础的差别价格。这种定价法就是对一项产品的不同型号确定不同的价格，但是价格上的差别并不和成本成比例。举例来说，洗衣机厂生产三种型号的洗衣机。A 型是普及型的单筒洗衣机，成本为 150 元，售价为 180 元。B 型是带有甩干装置的双筒洗衣机，成本为 200 元，售价为 400 元。C 型是带有甩干筒的全自动洗衣机，成本为 400 元，售价为 850 元。这三种型号的洗衣机，由于成本不同，售价当然要有不同，但是后面两种型号，较高的售价不仅反映了更多的生产成本，也反映了更大的顾客需求强度。不过有时候，这种差别价格也可以反过来，越是成本高的高档型号的产品，售价只比成本高出较小的百分数，而简易型的售价却比成本要高出一个较大的百分数，经销商这样做目的是扩大销路，以便增加总收入。

3. 竞争导向定价法

一般来说，消费者会用竞争对手类似货品的价格作为判断某产品价值的依据。以竞争为基础定价的一种形式是现行费率定价法，就是说企业以竞争对手的价格作为定价基础，而不大注意自己的成本或需求。企业的定价可能与主要竞争对手的价格相同，也可能高一些或低一些。在销售钢铁、纸张或者化肥等商品的寡头垄断行业中，各企业的售价基本上差不多。较小的企业通常会追随领导企业。如果市场领导者的价格变动了，它们也随之变动价格，而不是根据自己的需求变化或成本变化来变动价格。有些企业的售价可能会略微加成或稍作折扣，但仍保持一定差额。因此，小型汽油零售商的价格往往比大型石油公司便宜几美分，也不会增加或减少这个差价。

大多数企业几乎都使用现行费率定价法。当需求弹性很难衡量时，企业就会觉得现行价格反映了本产业的集体智慧，能够产生合理的报酬。实际上，企业采用现行价格可以避免价格战带来的不良后果。

以竞争为基础的定价还被用于企业投标过程中。企业采用密封投标定价法，其定价是以对竞争者定价的预测为基础，而不是根据企业自己的成本或者需求来定价的。企业的目的是要中标，这就要求其定价低于其他企业。

但是科特勒忠告，企业的定价不能低于一定水平，亦即不能低于成本。否则，将对企业本身造成损害。企业定价越是高于成本，它获得合同的机会就越少。因此，企业总是力图制定出一个既低于成本而又能获利的合适价格。

综上所述，企业要采取何种定价策略为宜必须根据实际情况来定，以便使企业能够在市场上立住脚跟，获得最大的收益。

四、调整定价不会必然地影响赢利前景

企业在制定产品价格后，并不是一成不变地实行下去，有时需要根据实际需要对价格作出相应的调整。

——科特勒

对于如何调整价格，科特勒认为可以从以下几个方面进行：

（一）根据地理因素调整价格

企业在制定价格时难免要碰到是否应对边远的顾客收取较高的价格，以弥补较高的装运成本及赢得增加的业务；或者是如何交付款项。当购买者缺乏足够的硬货来偿付他的购买物时，这一议题就是严重的。很多时候购买者在付款时要求提供其他的条款，这就产生了对销贸易（counter-trade）。例如，美国公司想要成交的话，经常受到对销贸易的压力。如今，在出口贸易中，对销贸易已占世界贸易的 15% ~ 25%。对销贸易有以下几种方式：反向购买、物物交换、产品回购和补偿贸易。

1. 反向购买

卖方收到全部是现金的货款，但必须同意在一个规定时间内用相等数量的货币来购买该国商品。例如，百事可乐公司向俄罗斯出售其浓缩汁，并同意接受卢布而将它花在购买俄罗斯的产品上，如伏特加等。

2. 物物交换

物物交换即商品与商品的直接交换，没有货币，没有第三方参与。在 1993 年，一个法国大服装商伊米内斯·S. A.（Eminence S. A.）推出价格 250 万美元、由美国制造的内衣和运动衣，与东欧的客户作 5 年的物物交换，其交换的内容从全球运输到在东欧杂志上做广告等。

3. 产品回购

卖方向另一个国家出售工厂、设备或技术，并同意接受一部分用该设备生产的产品，作为付款的一部分。美国某化学公司为印度某公司建造了一座工厂，美方同意一部分货款以现金支付，余数则以该工厂所制造的化学产品偿还。

4. 补偿贸易

在这一形式中，付给卖方的货款一部分采用现金，其余部分则以产品偿还。英国一家飞机制造商向巴西出售飞机，收取 70% 现金，其余的则是咖啡。

（二）根据折扣需要调整价格

为了吸引消费者增加购买，企业有时需要给予消费者部分优惠价格。折扣定价策略主要包括以下几种：

1. 数量折扣策略

该策略是指对购买数量大的买主给予一定的价格优待。采用这一策略，用意是鼓励顾客大量购买。顾客购买的东西越多，数额越大，折扣也越大。数量折扣又分为累计数量折扣和非累计数量折扣两种。

累计数量折扣是规定在一定时期内，购买商品累计达到一定数量所给予的价格折扣。这一做法前面已有叙述，采用这一策略的目的是鼓励顾客经常在本企业购买，从而成为可信赖的长期顾客。同时，采用这一策略能够更好地掌握其产品的销售规律，增加销量。

非累计数量折扣是规定每次购买达到一定数量或购买多种产品达到一定数量所给予的价格折扣。采用这一价格策略，既可以鼓励顾客大量购买，增加赢利，又可以减少交易次数和时间，从而节约人力、物力等各项费用，获得更多的利润。

2. 现金折扣策略

这是西方国家常用的一种价格策略，就是顾客以现金付款或提前付款时给予一定比例的价格优待。例如，美国企业规定提前 10 天付款者，给予 2% 的折扣，提前 20 天付款者，给予 3% 的折扣。采用这一策略，可以促使顾客用现金付款和提前付款，从而加速资金周转。

3. 同业折扣策略

这是制造企业给予批发企业和零售企业的价格折扣。这种折扣对零售企业要比对批发企业少，因为批发企业还要把这些商品再批发给其他零售企业，并且这样做可以鼓励批发企业大批量经营本企业产品。在美国，按

商业惯例，其折扣的比例是零售价格的 40% 和 10%，意思是说给零售商的折扣率为 40%，给批发商的折扣率是在给零售商价格的基础上再折扣 10%。例如，某种商品的零售价格为 300 元，批发商应付的价款为 120 元 – 120 元 × 10% = 108 元。

（三）根据促销需要调整价格

为了给企业产品做宣传或是为了在某些季节吸引更多的顾客，销售更多的商品，企业可以通过以下做法来达到这些目的：

1. 牺牲品定价

超级市场和百货商店为了招揽顾客，吸引他们来到本店，并期望他们购买正常标价的其他商品，常常以少数商品作为牺牲品，而将其价格降低。这虽然对零售商有好处，但是一般说来，制造商不愿以自己的品牌作为牺牲品。因为这样不仅会引起其他以正常价格销售的零售商的抱怨，还会损害品牌形象。

2. 现金回扣

汽车和其他消费品制造厂商有时会在特定时间内向进行购买的顾客提供现金回扣，刺激他们购买产品。有回扣的赠券刺激了销售量增长，但公司的花费并不像降价那么大。

3. 特别事件定价

在某种季节里，卖主也利用特别事件定价来吸引更多的顾客购买。例如，每年的 8 月份是学生返校购物的旺季，卖主常常在这个季节调整价格。

4. 较长的付款条款

销售者特别是贷款银行和汽车公司延长它们的贷款时间，这样减少了每月的付款金额。顾客经常对贷款成本考虑较少（如利率）。他们担心的是每月的支付自己能不能承受。

5. 低息贷款

企业不是用降价而是向顾客提供低息借款来促销。汽车生产商曾采取宣布给予顾客以 3% 低息短期借款的办法，甚至曾采用无息贷款以招徕顾客。

美国的百货业堪称行销创新的大舞台，各种新奇的行销手段令人目不暇接。仅是降价促销一项，就有平价连锁、折扣优惠、捆绑销售、数量折扣、计点累积等不同的降价法。

法林百货公司的自动降价店在促销方式上可谓胜人一筹。这家著名的百货公司位于波士顿市中心，在其营业大楼的地下两层，设立了"法林自动降价商店"。这家商店卖的商品基本上都是与人们日常生活关系密切的中档商品，如休闲装、鞋袜、文体用品和日常生活用品等，品种繁多，规格齐全。该商店规定，每一件商品摆放到货架上时，不仅要标明其售价，还必须注明该商品的上架时间。该商场还规定，店内所有的商品都必须按其上架陈列的时间实行自动降价。

例如，一件商品已在架上陈列了 15 天仍然没有卖出去，自动降价20%，再过一个礼拜还是没有卖掉，则按原价的一半出售，再过一个礼拜仍未出售，则售价只是原来的 1/4。这意味着一件 100 元的衣服，15 天后的售价只卖 80 元，20 天后的售价是 50 元，而 27 天后的售价只卖 25 元。如果再卖一个礼拜仍无人问津，该商品将被公司送给慈善机构，不会再出现在商店的货架上。

有人怀疑该店卖出的商品是质量低劣的商品或是不受人欢迎的滞销货。实际上并非如此，为了让顾客彻底放心，该公司还允许顾客退货。又有人怀疑这家商店的赢利前景。事实上，这家百货公司的赢利状况非常之好。为什么呢？

科特勒指出，其中原因有三：

（1）自动降价迎合了消费者爱占小便宜的普遍心理，因此，该商店开业以来人气居各大百货公司之首，不仅美国本土居民就连游客都非常喜欢

到这里来购物。

（2）人气旺了，自然带动了销量的上升。人们刚到店时，也许会挑选那些最便宜的物品，但在店里转的时间久了，少不了购买一些别的必需品，尽管这些商品还未降到售价的最低水平，这是一种非常普遍的购买心理。

（3）由于自动降价是一种时间折扣的优惠制度。因此该商店的货物流转周期很短，消费者自然认为这家商店卖的东西新颖、新鲜。那些供货商考虑到该店的货卖得快，也很乐意以较低的价格向他们批货，这使得该商店的进货成本比别人低。

由于这些原因，这家百货公司通过奇特的行销方式赚取了大钱。

此外，公司常常会修改它们的基本价格以适应在顾客、产品、地理位置等方面的差异。在这种情况下，公司以两种或两种以上不反映成本比例差异的价格来行销一种产品或者提供一项服务。

不论以何种价格调整，都是因时、因地制宜进行的，目的也是为了达到扩大销售量，增加利润。

五、"买涨不买落"：心理定价的奥秘

> 企业可以利用消费者的某些心理制定大大高于一般市场平均值的价格，从而获取高额利润。
>
> ——科特勒

在前面提到采用何种定价策略时，有一种定价策略就是心理定价。科特勒认为，使用心理定价策略，企业需要考虑到价格的心理作用，而不是简单的经济作用。例如，对汽车价格和质量关系的一项研究发现，购买者认为较高价格的汽车有较高的质量。实际上，不少被购买者认为质量较高的汽车,它们的定价甚至高于实际的价格。当购买者能够通过检查产品或者根据过去的经验对产品质量进行判断时,他们就会很少用价格作为衡量质量的标准。当消费者由于缺乏信息或技术而无法判断质量时,价格往往成为一种很重要的质量信号。

心理定价所起的另一个作用是参照价格,指在购买商品时头脑中已有的,并用来参考的一个价格。考虑价格的形成可以通过注意现期价格,回忆过去价格,或者估价购买地位。在制定价格时销售者常常影响或利用消费者的参考价格。例如,企业可以把自己的产品放在较贵的产品旁边展示,从而暗示该产品属于同一个级别。百货商店经常在隔开的部门内销售不同价格的女装,在较贵部门内的衣服被认为有较高的质量。

企业可以利用消费者的某些心理进行定价,这不仅可以增加销售量,有时还能获取高额的利润。

1. 整数定价

这种定价策略是把商品的价格定成整数,不带零头。如一台电冰箱的价格是 2400 美元,而不是 2399.95 美元,这种策略主要适用于高档消费品或消费者不太了解的商品。它是针对消费者的虚荣心理而确定的定价策略。一般说来,在这种情况下,价格的高低已成为显示身份的标志。因而日用消费品一般不宜采用这一策略。

2. 零头定价

根据消费者对非整数价格的信任心理和对价格尾数的错觉心理,企业在对基本生活用品定价时,应掌握零头定价技巧。当价格处于略高整数分界线时,最好将价格降为该整数以下的零数:如 500 元或 503 元的价格,其销量效果往往不如 490 元或 498 元的价格。一般来说,当消费者对商品的需求偏重于价格低廉时,宜采用零头定价策略。

3. 最小单位定价

最小单位定价策略是指按该类产品的最小计量单位制定价格。这也是适应消费者的求廉心理而使用的价格策略。例如，两个商店卖的毛巾规格、质量相同，但一个以"条"为单位定价，每条 0.85 美元；另一个以"打"为单位定价，每打 10.20 美元。尽管二者的价格在实质上完全相同，消费者却认为前者便宜后者贵。因为一般说来，消费者往往通过直观感觉马上决定是否购买，而很少有人经过把两个商店里的商品进行比较换算后再买。所以，到第一个商店里购买的消费者多，到第二个商店里购买的消费者少。事实也正是如此。

4. 声誉定价

这是根据消费者对某些商品、某些商店的信任心理而使用的定价策略。在长期的市场行销中，有些商店和商品在消费者心目中有了威望，例如认为该店服务态度好，不坑害顾客、认为该产品质量好，等等。因此这些商店和商品可以采用比其他一般商店或商品稍高的价格出售。例如，一件上衣，在一般商店的要价为 35 元，而在有声望的店却可标价 40 元乃至更高。实际上，许多消费者用价格来判断质量。100 美元一瓶的香水除去瓶子之后可能只值 3 美元，但是一些人就是愿意支付 100 美元，因为这一价格代表一种经济富有、社会地位高的自豪感，满足了购买者的自尊心。当然，采用这种价格策略要以高质量做保证，否则，就会丧失本店的声望，从而失去已占领的市场。

5. 分级定价策略

分级定价策略是把不同等级的商品定为不同的价格。这种策略能使消费者认为厂家货真价实。按质论价，因而比较容易为消费者所接受。采用这种策略，等级的划分不宜太多或太少，级差也不要太大或太小。否则，都起不到应有的效果。

6. 递反定价策略

这是根据消费者"买涨不买落"的心理而采取的定价策略，即在某类商品价格普遍上涨时，企业应对这类商品采取高价政策，而当这类商品普遍降价时，应制定低于同类产品的价格。

7. 价格数字偏好定价策略

针对消费者对价格数字的偏好心理，企业定价时应掌握一定的技巧。如对欧美的消费者来说，商品价格应避免出现"13"；而对中国香港、中国台湾及新加坡的消费者来说，商品价格应避免出现"4"；而有些价格数字如"8"则大可利用。

六、降价能打败竞争对手，提价也能

菲利普·科特勒：
行销之父

> 价格从古至今都是企业用于打败竞争对手的有力武器。
>
> ——科特勒

利用价格这件武器去打败竞争对手在现在的经济社会中似乎已毫不陌生。不论是今天或者是明天，也不论是哪一个行业，价格战始终存在着，价格从古至今都是企业用于打败竞争对手的有力武器。让我们来考察一下企业在价格方面进行提高或是降低以打败竞争对手的情形。

（一）发动提价打败竞争对手

在20世纪60年代，俄国有两家著名的制酒商：斯米尔诺夫伏特加制酒和沃尔夫施密特酿酒。两家制酒商在制酒业市场展开了你死我活的价格大战。

开始，沃氏酿酒的产品每瓶定价低于斯氏制酒1美元，从而使得斯米尔诺夫伏特加酒的销量为此锐减。斯氏制酒的老板被这一举动急坏了。作为一个以行销酒而起家的老手，斯氏老板明白，在这个节骨眼儿上，如果只是一味地着急上火，根本无济于事。而且他也知道，如果紧步后尘跟着降价，那么，一定会出现一系列的恶性循环：相互降来降去将会没完没了，最后只能落得两败俱伤，没有退路的下场。但是，如果保持现有价格不变，那么原有的销售额一定会被降价的沃尔夫施密特酿酒商逐渐抢走。怎样办才能摆脱现在的局面呢？斯氏老板冥思苦想，几天之后他大胆决定：把每瓶酒的价格提高 1 美元！

这一提价使得顾客纷纷转向，一时间斯氏酒业销售量迅速上升。因为人们都认为这种酒价格高些一定好过沃氏的酒。而他们又把沃氏的降价当做是酒质低劣的理由。为此，斯米尔诺夫伏特加酒以抬高 1 美元的价格重返酒业市场，夺回了原来属于他们的天地，显示了其好酒的威力。

除了价格战的原因以外，引起提价的一个主要因素是成本膨胀。与生产率增长不相称的成本提高，压低了利润幅度，同时也导致公司要定期地提高价格。公司在预料要发生进一步的通货膨胀或政府的价格控制时，提高的价格常常比成本的增加要多，这种价格称为预期价格。

引起提价的另一个因素是需求急剧增加，企业的市场满足能力有限。当一个公司不能满足它所有的顾客需求时，它可能提价，可能对顾客限额供应，或者两者均用。提高"实际"价格有几种方法，每种方法对顾客产生的影响却不同，科特勒建议使用以下几种调价方法：

1. 使用价格自动调整条款

公司要求顾客按当前价格付款，并且支付交货前由于通货膨胀引起增长的全部或部分费用。合同中的价格自动调整条款规定，根据某个规定的物价指数如生活费用指数计算提高价格。在工业工程方面，由于施工时间一般都较长，许多合同中都有价格自动调整条款。

2. 采用延缓报价

公司决定到产品制成或者交货时才制定最终价格。生产周期长的产业如工业建筑和重型设备制造业等大多都采用延缓报价定价法。

3. 分别处理产品价目

公司为了保持其产品价格，将先前供应的免费送货与安装的产品分解为各个零部件，并分别为单一的或多个的构件定价出售。许多饭馆也已把按餐定价转为按用菜项目定价。

4. 减少折扣

公司减少常用的现金和数量折扣，指示其销售人员不可为了争取生意不按目录价格报价。

当公司决定提高价格时，不管公司选用何种再定价法，它必须向最近的顾客解释涨价的原因而不只是宣布涨价而已，以维持公司的信誉。

（二）发动降价打败竞争对手

在为打败竞争对手而进行的价格战上，企业更多的时候是选择降价的方式。美国的狮王食品公司在美国的东南部地区经营着800余家连锁商场，而且每年还要新开业近100家商场。目前，它拥有3.5万名雇员，年销售额为40亿美元。狮王食品公司自诞生以来，不仅在竞争激烈的超市行业中站稳了脚跟，而且每年以平均20%的增长速度扩大。

但是，该公司在创业之初却面临倒闭的局面。当时拉尔夫·W.凯特纳、布朗·凯特纳和威尔森·史密斯3人合伙在北卡罗来纳州的索尔兹伯里开设了一家名为"都市食品"的超级市场。开业后的近10年中，商场生意极为清淡，商场几乎到了门可罗雀的地步。

在这艰难的10年中，3个合伙经营者绞尽脑汁想了一些办法，拼命想把顾客引进商店。他们先后尝试过有奖销售、抽彩票、提供免费的薄煎饼早餐、馈赠代价券、邀请美女在商场门前做表演等多种方法，几乎使尽了浑身解数，可是顾客对都市食品公司依旧反应冷淡。

公司的惨淡现状深深地刺痛了拉尔夫·W.凯特纳，他决意寻找一个从根本上扭转颓势的方法。于是，他作出一个令人不可思议的决策：把公

司货架上 3000 余种商品大幅度削价，只要销售额能上升 50%，公司就仍处于赢利状态。

这是一场生死攸关的赌博，都市食品公司这样一个底气不足的小公司竟然敢抢先挑起价格战来与大公司争夺顾客，在许多人看来无异于玩火。于是，在都市食品公司商品上出现了"北卡罗来纳州食品最低价"字样的英文标签。这一口号和标志迅速出现在电视、报纸和大街小巷，人们都知道了都市食品公司以全州最低价出售商品。顾客都想把握住这个千载难逢的机会，蜂拥而至。因为顾客认为这是都市食品公司在倒闭前回收资金的大甩卖，仅此一次绝无二回了。但出乎顾客预料的是在"大甩卖"后的第一年，都市食品公司仍以北卡罗来纳州食品最低价经营着。第二年依然如此，第三年不仅没有倒闭，反而还购入几家中小型商店。

科特勒考察了会使企业考虑降低原价的几种情况，其中的一种情况是生产能力过剩。这时企业需要扩大业务，然而增加销售力量、改进产品或者采取其他可能的措施都难以达到目的。企业会放弃"追随主导者"的定价方法，即设定与主要竞争对手相同的价格，采用攻击性减价的方法来提高销售量。但是，正如航空公司、建筑设备和其他行业近几年所得到的教训所显示，在生产能力过剩行业减价会挑起价格战，因为竞争对手都要设法保住自己的市场份额。

康柏电脑公司向来是个人电脑市场上最积极于降低售价的厂商，这使得它赢得市场占有率第一名的地位。康柏电脑并不会因为价格低廉而牺牲服务品质，事实上，它在新功能的引进上，也居于领导的地位。康柏电脑接受薄利多销的营运方式，并且运用"经验曲线定价法"。然而，最近它必须面对标榜更低价的电脑直销厂商的挑战，例如戴尔电脑与盖特威电脑。

美国的戴尔电脑公司由于采用直销的方式，所以大大缩短了库存时间，在一切顺利的情况下，戴尔的库存时间可以只有 3 天，而像惠普等渠道分销厂商库存时间一般在一个月左右，时间相差约 4 周，也就是说戴尔的配件要比其他厂商便宜 4%，这就使得它具备了打价格战的基础。

戴尔的价格战把它推上了全球电脑龙头的位子上，在 IT 业普遍不景气的 2001 年，戴尔却风光无限，它再次成为增长最快的公司。资料显示：戴尔的台式机、笔记本电脑和服务器在全球市场都大幅增长，而其他大公司的市场份额都有所下降。戴尔在亚太市场更是占尽风光；截止到 2001 年 5 月第一财季中，在亚太地区（包括日本）的总付运量比去年同期增长了 65%，营业额增长了 42%，是业界平均水平的 4 倍。

企业还可能是为了控制市场通过降低成本来减价。不管企业是从低于竞争对手的成本开始，还是从夺取市场份额的希望出发，都会通过销售量的扩大进一步降低成本。博士伦采用攻击性的低成本、低价格战略，成为软性隐形眼镜竞争市场中的早期领导者。

相关链接

珠宝店的定价悖论

Silverado 是一家专门经营由印第安人手工制成的珠宝首饰。数月前，珠宝店进了一批由珍珠质宝石和银制成的手镯、耳环和项链的精选品。与典型的绿松石造型中的青绿色调不同的是，珍珠质宝石是粉红色略带大理石花纹的颜色。就样式和大小来说，这一系列珠宝中包括了很多种类。有的珠宝小而圆，式样很简单，而有的珠宝则要大一些，式样别致、大胆。不仅如此，该系列还包括了各种传统样式的由珠宝点缀的丝制领带。

珠宝店的店主希拉以合理的进价购入了这批珍珠质宝石制成的首饰。这批独特的珠宝特别适合用来替代普通珠宝爱好者在滕比地区珠宝店中买到的绿松石首饰，至少希拉是这样认为的。为了让顾客能够觉得物超所值，她为这些珠宝定了合理的价格。当然，这其中已经加入了足能收回成本的加价和平均水平的利润。

本来希拉对这些珠宝是抱着很大希望的，但是这些珠宝在店中摆了一个月之后，它们的销售情况却十分不理想。于是，她决定试试她在内华达州大学里学到的几种销售策略。比如，令店中某种商品的位置有形化往往可使顾客产生更浓厚的兴趣。因此，她把这些珍珠质宝石装入玻璃展示箱，并将其摆放在该店入口的右手侧，想通过这样的改变来促进销售情况好转。尽管她采取这样的措施，销售情况仍然没有什么起色，于是，她在一周一次的见面会上与职员好好谈了一次，建议职员们花更多的精力来行销这一独特的产品系列。她不仅给职员们详尽描述了珍珠质宝石，还给他们发了一篇简短的介绍性文章以便他们能记住并讲给顾客。

这样做了之后，销售状况依然令希拉失望。就在此时，希拉正准备外出选购产品。因对珍珠质宝石首饰销售下降感到十分失望，她急于减少库存以便腾出地方来存放将要进购的新首饰。她决心采取一项重大行动：选择将这一系列珠宝半价出售。因急于出门，在店的出口处，她给珠宝店的副经理玛丽·梅德尔匆忙地留下了一张字条。字条是这么写的：

玛丽：
这种款式的所有珠宝价格以×1/2出售

希拉

当希拉回来的时候，店里发生的一件事使她大吃一惊：该系列所有的珠宝已销售一空！"我真不明白，这是为什么，"她对玛丽·梅德尔说，"这种珍珠质宝石首饰并不合顾客的胃口。下次我在新添宝石品种的时候决不会再做这样的傻事了。"而玛丽对希拉说，她虽然不懂希拉为什么要对滞销商品进行提价，但她惊诧于高价之下，商品出售的惊人速度。希拉不解地问："什么高价？我留的字条上是说价格减半啊。""减半？"玛丽吃惊地问，"我认为你的字条上写的是这一系列的所有商品的价格一律按双倍出售。"结果，玛丽将价格增加了一倍而不是减半。

为什么珠宝以原价两倍出售会卖得这么快？

第十章

跟进超越与战略转移：
相机而动

人们总是瞄准那些市场的领头羊，跟进，超越，打败它。因此，市场没有常胜将军。如果有，也只有那些永远保持着被狮子追赶着的羚羊的心态，不断地自我超越的企业。明智的企业善于识时势，发现新的商机，实施战略转移，开辟新的天地。

一、竞争对手：要了解更要感谢

　　企业必须不断地研究竞争对手的战略，并随时间的变化而修
正自己的战略，这样才能在市场竞争中处于不败之地。

——科特勒

　　不论是刚创办的企业或是已经在市场上摸爬滚打多年的企业，都面临着许多竞争对手。

　　企业首要考虑的问题是，竞争对手处于什么样的状态，采取什么样的行销战略，而后才能采取相应的措施去对付竞争对手。

　　在市场竞争中，企业最直接的竞争者是那些用相同战略追逐相同目标市场的企业。战略群体则是指一群在既定目标市场实施相同战略的企业。

　　例如，一个企业想要进入大型家用电器行业，假定该行业的两个主要战略措施是质量形象和纵向一体化。该企业发现市场上存在四个战略群体：战略群体 A 包括一个竞争者，战略群体 B 包括三个主要竞争者，战略群体 C 包括四个竞争者，战略群体 D 包括两个竞争者。通过分析这些战略群体可以发现一些重要情况：首先，进入各个战略群体之中的难度是不一样的。一家新企业会感到进入群体 D 相对来说要容易些，因为它在纵向一体化、质量形象以及声誉方面投资较少。相反，企业会发觉进入群体 A 和 B 难得多。其次，如果企业成功地进入了某一群体，该群体的成员就成了它的主要竞争者。因而企业如果进入群体 B，它就必须具有实力与群体 B 的三个企业进行厮杀。如果它想在这个行业中占据一席之地，在进入时就要具备一些竞争优势。

　　科特勒指出，不仅一个战略群体内部竞争相当激烈，群体之间同样存在着竞争：第一，一些战略群体可能会出现顾客群体相互交叉的现象。例

如采取不同战略的大型电器制造商都可能把目光瞄向公寓承建商，向他们兜售自己的电器。第二，顾客可能看不出它们所提供的产品有什么不同。第三，每个群体可能都想扩大细分市场的范围，特别是如果企业在规模和实力上都大致相等而且从一个细分市场进入另一个细分市场不是很困难时，更是这样。

每个竞争者都应当对战略群体进行更全面的分析，除了从质量和一体化两个方面识别一个行业内的战略群体外，企业还可以从其他方面包括技术复杂程度、地域范围、制造方法等识别行业内的战略群体。同时，每一个企业都需要更详尽地了解每个竞争者的产品质量，定价政策，性能和组合，顾客服务，广告和销售促进方案，分销覆盖面，销售人员战略以及研究与开发、制造、采购、财务和其他战略，等等。

科特勒认为，一个企业必须不断地研究其竞争对手的战略，并随时间的变化而修正自己的战略，才能在市场竞争中赢得胜利。否则就可能被其他企业所超越，甚至被搞垮。客观地说，正是有竞争对手的存在，才会让你时时绷紧神经，让你积极主动，让你永不止步，因此从这个意义上来说，一个真正成熟的企业，首先应该感谢它的竞争对手。例如，美国福特汽车公司是早期的市场胜利者，因为它成功地实现了低成本生产和销售。福特公司曾因此而辉煌过一段时间。然而，由于通用汽车公司对市场有关品种变化的新期望作出了恰当的反应，从而超越了福特公司，成为汽车市场的领导者。之后，日本公司因为它们生产出能节省汽油的汽车，从而把市场的领导权从通用手里夺了过来。日本公司接着转而生产具有高度可靠性的汽车。美国汽车制造商由于在质量上被日本汽车所打败，因而竭力在质量上追赶日本。

正当它们这样做时，日本汽车制造商又转到感觉质量上，即追求在汽车和各种组成部分的感观和感觉上制胜。从汽车制造这个例子中，我们看出，企业必须对顾客欲望的变化和竞争者战略的重新设计保持警觉，并满足这些显现的愿望，才能牢牢地把握住市场竞争的主动权。

294

二、领先者确有优势，但并非不可超越

> 后来的企业只要采取合适的战略，如对占有率较低的市场份额做好心理准备，同时集中精力开拓适合它的那块市场，也可赢得丰厚的利润。
>
> ——科特勒

在世界经济发展史上，我们可以随便举出许多后来者超越市场占领者的例子，如前面提到的通用汽车之超越福特汽车，日本汽车之超越通用汽车。但是，并非所有的第二名公司都可以挑战市场领先者，要从领先者手中把消费者的兴趣转移到自己的产品上来确非易事。如果挑战者以较低的价格、改善的服务或额外的产品特性去诱惑市场领导者的顾客，则领先者可迅速地采取相同的措施来应对。并且，领先者可能在殊死的战斗中拥有较多的持久力。浴血奋战的结果可能是两败俱伤，因此挑战者必须在攻击之前先做两个层次的考虑。除非挑战者先行发动攻击——以实质的产品创新或配销突破——否则追随比攻击领先者要来得妥当。虽然市场领先者的优势确实存在，而且看上去好像不可逾越，但这并不意味着后来者将失去所有赢利的机会。只要采取合适的战略，如对占有率较低的市场份额做好心理准备，同时集中精力开拓适合它的那块市场，市场后来者可能赢得丰厚的利润，甚至超过市场领导者，从而在市场上占有自己的市场份额。其做法便是采取"有意的并行"。

"有意的并行"的方式在资本密集的同质产品的产业中，如钢铁、肥料及化学品等最为常见。此时，产品差异化及形象差异化的机会很低，服务品质也大致差不多，因此，价格敏感性很高。价格战可能随时爆发，在这些产业中大多数企业是不赞成短期夺取市场占有率的，因为采取价格战的企业只会激怒同业的报复。大部分的公司也决定不暗中拉走同业的客户，而是以相同的产品（通常是模仿领先者的产品）给客户，因此，市场占有率不会发生太大的变化。

这样是不是说市场跟随者无所作为了呢？不是的，市场跟随者必须知道如何保持其现有的顾客并赢得适当的新客户。每一跟随者都尝试将独特的利益带给其目标市场——地点、服务或融资。跟随者常被挑战者选为攻击的主要目标。因此科特勒认为，市场跟随者一方面必须维持低的制造成本，另一方面，又要提供高的产品品质与服务。它也应在新市场打开时立即进入，跟随并不等于被动或仅模仿领先者，跟随者必须选择一条不会产生竞争性报复的成长路程。我们可分出下列三种主要的跟随策略：

1. 紧随于后

采取这种策略的跟随者尽可能在各市场区隔及行销组合领域上模仿领先者，它几乎是一个挑战者，但只要不急进地阻挡领先者，一般都不会发生直接的冲突。有些跟随者甚至被视为寄生的，因为他们很少去激发市场，而只希望跟在市场领先者的后面吃食。

2. 保持距离地跟随

采取这种策略的跟随者维持一些差异，但在主要市场与创新、一般价格水准及配销上跟随领先者，此类跟随者由于它不会干扰领先者的市场计划，而其占有率又有助于使领先者免予垄断的控诉，因此在某种程度上还有点儿被领先者欢迎。这种有距离的跟随者可通过收购产业中较小的公司而使自己逐步成长起来。

3. 选择式跟随

采取这种策略的跟随者，在某些方面紧跟着领先者，而有时则自行其是。它们可能较具创新，但它避免竞争且在利益明显之处跟随领先者的许多策略，这类企业常可成长为未来的挑战者。

如果认为市场跟随者的占有率较领先者低，其获利能力自然也低的

话，那就大错特错了。最近，一个研究机构通过市场调查研究得出结论：许多占有率在市场领先者占有率一半以下的公司，其五年的平均获利率甚至超过产业的中数。宝来（电脑）、皇冠软木与封罐公司（金属容器）及联合康普公司（Vnion Camp Corp.）（纸业）等都是成功的市场跟随者，他们成功的要诀在于有意识的市场区隔与集中、有效的研究与发展、强调利润而非市场占有率及强有力的高层管理机构。

科特勒认为，对很多企业来说，领先进入市场并不是好的选择。某些企业总是想方设法打败其他企业，成为市场领先者。因此，跟随作为一种市场策略，只要运用得当，也并非没有出息的作为。

三、定点超越：比最好的做得更好

> 定点超越能够使企业发现自己的短处，从而去学习别人的长处。
>
> ——科特勒

定点超越是一门艺术，它试图了解某些公司怎么样和为什么在执行任务时比其他公司做得更加优秀。一个普通的公司与世界级的公司相比，在质量、进度和成本绩效上的差距简直是不堪相比。施乐实行定点超越减少了它成为行业领导者的时间，柯达使用定点超越使它的机器更可靠。类似于这样的企业真是多如天上的繁星。

科特勒指出，实行定点超越必须评估竞争者的优势与劣势，首先要收集每个竞争者近期业务的数据，尤其是市场份额、销售额、边际投资收益、现金流量、新投资以及生产能力的利用情况。有些信息收集起来可能比较困难，但是，任何信息都将帮助企业更好地形成对每个竞争者优势与劣势的估计。在消费品市场，有关竞争者、市场份额和竞争者利润的数据比较容易取得。获得足够的市场信息，企业就可实行对目标企业的定点超越。

目标是模仿或改进其他公司的"最好实践"。有些公司在本行业中寻找最佳竞争者。英国电信行销公司的领头羊哈利福克斯·迪来克特与该行业的关键合伙公司共同进行定点超越，它们是阿贝国民公司，巴克莱科斯和大宇宙商店。而另一些公司则寻找全世界"最佳实践者"。摩托罗拉的一个高级管理人员说："我们比竞争对手跑得越远，我们越高兴。我们寻求成为竞争的优胜者，而不是与竞争者平起平坐。"

目前，越来越多的企业开始运用定点超越作为改进竞争水准的最佳方式。

实行定点超越公司的目的是要在其他公司最好的实践基础上进行模仿和提高。福特公司是一个早期实行定点超越的美国企业的先驱。福特公司在销售上输给了日本和欧洲汽车制造商之后，总裁唐·彼得森指示公司的工程师和设计人员制造了一种新车，这种车集中了福特公司的顾客认为最重要的400种性能。假如Soab制造出了最好的座椅，则福特公司就应当模仿Soab的座椅，也就是说，只要市场上出现更好的汽车设施，福特公司就要加以模仿。彼得森更进一步要求他的工程师只要有可能就应当"比最好的做得更好"。当新车（十分成功的Taurus）制造出来以后，彼得森要求工程师不仅仅是模仿竞争汽车的大部分最佳的性能，而要在此基础上进一步提高。

在另一个项目中，福特公司了解到公司雇用了500人来管理会计支付活动，而公司的部分合伙参与者日方的马自达公司却只用10个人就完成了同样的任务。在研究了马自达公司的系统之后，福特公司引入了一种"无票据系统"；并裁减了200个职员。并且不满足于此，还在尝试做更多的改进。

日本在第二次世界大战后努力地运用定点超越，模仿了很多美国产品和经营实践。而施乐公司则于1979年实施了首批美国企业定点超越项目之一的工程：施乐公司想了解日本竞争者怎样生产出性能更为可靠、而价格又比施乐公司的生产成本低的复印机。他们通过购买日本复印机并借助于

"逆向工程"分析日本产品，施乐公司知道了怎样大幅度地改进其产品的可靠性和成本。

　　施乐公司并不就此止步，而是更进一步地提出了问题：施乐公司的科学家和工程师是否在各自的专业中属于最优秀的？施乐公司的行销人员和销售经营实践是否在世界上是最优秀的？这些问题要求识别出世界级的"经营实践最好的"，公司还要向他们学习。尽管定点超越最初是注重研究其他公司的产品和服务，随着时间的推移，它的范围已迅速扩展到包括定点超越工作过程、职员的职责、组织绩效和整个价值让渡过程。

　　关于定点超越的例子我们还可以举出很多，如日本因菲尼塔定点超越沃尔特·迪斯尼公司的"在与顾客交易时对职员实行非书面授权"；定点超越诺德斯琼公司的"对职员在顾客满意方面的优秀业绩给予奖励"；定点超越麦当劳的"一致与协同工作"；定点超越梅塞德斯·奔驰公司的"售后服务"以及定点超越里兹·卡尔顿公司的"签署顾客服务书"。日本因菲尼塔希望通过这样的定点超越，使其交易商能努力地协同工作并通过提供高质量的服务把使顾客满意放在第一位。

　　如今很多公司都运用定点超越作为标准的经营手段，像美国电报电话公司、IBM公司、柯达公司、杜邦公司以及摩托罗拉公司都是这方面的典型，有些公司仅仅定点超越它们行业中最好的公司，而其他一些公司却以世界上"经营实践最好的公司"为标准实行定点超越。从这个意义上讲，定点超越所蕴涵的内容远不止"标准的竞争分析"。例如，摩托罗拉公司每一项定点超越都以研究世界上"最好的企业"入手。

　　科特勒把定点超越分为七个步骤：①确定定点超越项目；②确定衡量关键绩效的变量；③确定最佳级别的竞争者；④衡量最佳级别对手的绩效；⑤衡量公司绩效；⑥规定缩小差距的计划和行动；⑦执行和监测结果。然而，在考虑这七个步骤以外，脑子里要有一个定点超越的框架是很有用的——积极寻找公司以前没有从事过的最佳实践活动。

　　一旦一个公司要实施定点超越，它就应当努力在每项活动上都实行定点超越，而最好的方法是建立一个定点超越部门以促进这项实践活动，并对部门人员在技术上给予培训。然而，这还存在着时间和成本限制。一个公司最初应当集中在那些能深入影响顾客满意度、公司成本以及所知晓的业绩不断改善的关键任务上。

一个公司如何才能识别"经营实践最好"的公司？最简单而又可行的办法是向顾客、供应商和分销商询问哪个公司做得最出色。同时也可以向主要的咨询公司进行咨询，因为它们建立了大量的有关"经营实践做得最好公司"的档案。重要的一点在于定点超越不要诉诸行业谍报进行，否则一旦被对方发现，于企业的声誉影响不好。

在识别了"经营实践最好的公司"之后，公司需要收集它们有关成本、时间和质量等绩效方面的测度因素。例如，一个公司对供应管理过程研究后，发现其供应选择时间要长 4 倍，采购成本比世界级的竞争者要高 4 倍，交货延迟与世界级的竞争者甚至相差 16 倍。真是不查不知道，一查吓一跳。

定点超越能够使企业发现自己的短处，从而去学习别人的长处，作用之大是不言而喻的。但是，也出现了一些批评，指责过分依赖定点超越。科特勒把其中的原因归结为，由于采取定点超越是将其他公司的绩效作为起点，因而有可能阻碍真正的创造性。它有可能使企业在产品和实践上取得微乎其微的进步的同时，其他公司早已大踏步地跑到前面去了。定点超越的研究通常要花好几个月的时间，而好的经营实践可能如雨后春笋般地出现，这可能造成公司注意力过分集中在竞争者身上而忽视了同顾客不断变换的需求接触，它可能转移公司对进一步提高公司核心竞争力的关注。这也是非常值得企业注意的一个方面。

不论怎样，当一个公司想不断提高业绩，而把视野局限在企业内部，是会犯极大错误的。定点超越的敌人是 NIH，即非在此创造提高。定点超越仍然是提高质量和竞争业绩的最好方式。

四、自我超越：永领风气之先

> 市场领导者不但应该力求创新，甚至应该采取"自我吞噬"
> 策略。要打败竞争对手，首先便应自我攻击。
>
> ——科特勒

自我超越就是在自己现有的基础上进一步超过自己。自我超越离不开技术环境这个关键因素。

技术环境也许是目前影响人类命运的最引人注目的因素。科学技术创造了如抗生素、器官移植和笔记本电脑这样的奇迹，但也带来了像原子弹、神经毒气和半自动武器这样令人色变的东西。它还带来了一些好坏参半的事物，如汽车、电视和信用卡等。

每项新技术都会取代一项旧技术。晶体管的出现代替了真空管，复印技术代了复写纸，飞机代替了火车，光盘代替了唱片。每当旧的行业对抗或忽略新技术时，该行业就会衰落。新技术创造新的市场和机遇。

技术发展的日新月异，对目前市场领导者产生严重的冲击，因为它们已大量投资于现有的科技上。现有的科技通常会受到新厂商的挑战，而这些厂商要想获得市场立足点就必须在技术上加以创新。大致而言，市场领导者不但应该力求创新，甚至应该采取"自我吞噬"策略。要打败竞争对手，首先便应自我攻击。在电脑软件方面，微软有上佳的"自我吞噬"表现。微软自推出 DOS 以来，已先后推出 3.0X、3.1X、Windows 95、Windows 98 以及 Me 2000，令人目不暇接，微软自我吞噬的速度是如此之快，以致在软件业，几乎没有任何一家企业能够同其抗衡。或许"自我吞噬"执行得最好的便是日本的企业，例如新力、卡西欧（Casio）、佳能。卡西欧曾导入一种附有小型计算机的数字表，随后又导入一种表内记忆体具有记录 50 组电话号码功能的新款手表，较新款的手表甚至可记忆 100 组电话号码，更新款的手表则可显示世界各地的时间。此举使竞争者只能永远跟在卡西欧后面气喘吁吁地跑。

新力的"自我吞噬"策略简直执行到无以复加的地步。前任董事长盛田昭夫有时会在推出新产品（例如随身听）后成立三个梯队。第一个梯队的任务，是为下一代的随身听设计出短期的改良措施；第二个梯队的任务，是为随身听设计出中程的改良计划；而第三个梯队的任务，则是彻底改造随身听。仅仅听到新力的这些计划就足以让竞争者不寒而栗。

企业的领导者必须永远保持清醒的头脑，想象可能的科技演化路径。对于自我超越，科特勒的告诫是，企业应当认识到有新的办法能够更好地替代原来的做法时，优柔寡断是不行的，必须对可望制胜的科技下赌注，市场研究在此方面常常没有太大的帮助。

每当这种时候来临，无论企业是否采取创新的措施，风险都永远等待着企业，也就是说，企业采取措施进行研究投资，可能不一定成功。但是企业如果无动于衷，也非常可能被采取行动而发现了更好的方法或研制出更好的产品的企业打败，从而不得不退出市场。在这种情况下，少数已习得如何成功而持续地创新的公司，例如 3M、默克药厂、新力、吉列等已然赢得市场的领导地位。这些公司已将创新的过程例行化，利用"可行—不可行"（Go – No Go）的模式，支持有潜力制胜的产品，并将可能失败的产品寿命进行缩短。

在这一过程中，其他企业可借由扮演"快速追随者"（fast follower）的角色而迅速发展。它们密切注意竞争对手的新产品和服务，并以较低的风险和开支迅速地加以模仿。但这些模仿厂商的主要风险便在于，总是屈居于老二的身份，几乎不可能在市场上占据领先地位。一般而言，市场的先发厂商都能赢得胜利，并且保持市场的领先地位。史蒂芬·许纳尔斯（Steven Schnaars）分析出模仿者打败先驱者的二十八种产业。即使这样，也只有"快速追随者"才有获胜的机会，"缓慢追随者"（slow follower）要想在市场上称雄几乎是不可能的。

五、专注优势：捏紧拳头打出去才让人更痛

> 在现在这个技术高度发达、高度专一的经济时代，明智的企业已经朝着某一两个方面发展自己的优势，而将无关紧要的生产环节转移到其他企业上。
>
> ——科特勒

每个企业都有每个企业的优势，但是我们却不难发现这样一些现象：一些公司喜欢实行从生产材料到产品一整套的生产方式。以前的福特汽车公司就是实行这样的策略。但是科特勒却告诉我们，在现在这个技术高度发达，高度专一的时代，实行这样的策略已经行不通了。原因很简单，现在要当全能冠军完全是不可能的。因此，明智的企业已经开始朝着某一两个方面发展自己的优势，而将无关紧要的生产环节转移到其他企业上。这就像打架一样，只有将手捏成拳头，然后打出去，才能将别人打得更痛；如果五指伸开，其力度显然不及拳头有力。让我们来分析一下莎莉公司的情况，就可以发现这样的趋势。

考奇（Coach）皮包、哈尼斯（Hanes）内衣、鲍尔·帕克（Ball Park）热狗和温特·波拉（Woder Bra）有什么共同之处？它们都是由莎莉公司生产和销售的，而该公司又同时生产奶酪蛋糕。

在公司 197 亿美元的年收入中，莎莉公司品牌产品仅占了 25%，与同类型公司的品牌产品相比，公司以最少的金钱、时间和精力赚了很多钱。但是，1997 年 9 月 29 日，设立在芝加哥的莎莉公司做出惊人之举，宣布其在战略和主营业务上实行转移，这一举动很出人意料，整个商业界为之震惊。它自己不再进行产品生产，而让别的公司来进行产品的生产制造，它把公司的重点放在打造莎莉品牌和为它的其他品牌的产品进行行销上。

让别的公司来进行产品的生产制造将使莎莉公司品牌的成本降低，从而使其产品在价格上具有更大的竞争力，并且能有更多的资金来盘活行销。

莎莉公司此举是一件很有远见的战略转变。同莎莉公司一样，许多公司都在逐步地将其重点放在最具有竞争力的活动上，而把那些艰苦的吸引力较小的生产制造转移到其他生产成本较低的国家或地区。约翰·布莱恩（John Bryan）在他作为第 23 任莎莉公司的首席执行官时这样说："像过去一样再走产供销一体化的路子，这种经营思想已经过时了。"公司甚至为其新战略创造了一个新名词——非纵向经营。对莎莉公司的举动最感到震惊的是那些高度实行纵向经营策略的家用纺织业的企业，在该行业中，莎莉公司利用黑尼斯品牌和它的其他品牌赚取了其总收入的 1/3。在美国，几个大公司几乎垄断了家用纺织业，它们是生产制造活动的行家，效率很高，而且是高度自动化的。尽管如此，莎莉公司却认为，它们在美国正在走下坡路。

莎莉公司经营的大部分品牌不是以其样式和花架子为人称道，该公司主要涉足成熟行业，这些行业基本上是不令人兴奋的。另外，公司准备实施一项政策，通过让别的公司来进行生产制造活动而自己集中精力在行销上，在 3 年的时间内树立起自己的核心品牌并赚取 430 亿美元。莎莉公司品牌上的广告费已上升至 2200 万美元，公司将把品牌从冷冻食品向超市中的肉类产品和烘烤类的产品方面转移。同时公司把目标放在某些类型的消费者身上。由于生活节奏越来越快，这类消费者现在不再有那么多时间来进行烹调，或者他们不和家人在一起吃饭。公司的新产品包括不需解冻即可速食的更小的奶酪蛋糕。现在，莎莉公司在消费者心目中有很高的声誉。公司的新战略是否能使其实际经营情况与其所享有的声誉相符合，还有待日后的观察。

菲利普·科特勒：

行销之父

六、战略转型：善从"噪声"中提取有用信息

> 面对竞争激烈的市场，企业有时不得不进行艰难的选择，而选择是否得当，关系到企业的生死存亡。
>
> ——科特勒

所谓战略转移，是指企业作出关乎企业生死存亡的重大决策。面对竞争激烈的市场，有时企业为了更好地发展，有时仅仅是为了生存下去，就不得不进行艰难的战略选择。在进行战略转移这样重大的决策时，企业领导人必须慎而又慎地选择好战略转型点。

"战略转型点"到底在哪里？企业家能否在这个"点"即将出现之前意识到它？这似乎是一个很难精确说明白的事。

科特勒是这样来描述战略转型点的：

（1）战略转型点并非一个实际的"点"，而是一个历时很长的、曲折的挑战。

（2）这些"点"虽然使人痛苦，但是它提供了一个生存或发展的机会，使企业突破了"高地"的束缚，从而获得更高的成就。

（3）优柔寡断将使威胁变得更为严重。

（4）公司基层在没有高层引导下所发生的事情很可能是至关重要的。

值得指出的是，最后一点尤其值得引起关注。因为在某些致命的产业转型即将出现的前夕，在经营第一线的基层员工常常最早感受到变化的压力。这些员工所发出的种种信息会对决策层判断战略转型点的出现起到帮助作用，亦即从"噪声"中提取信息。在这个提取过程中，科特勒建议企业家首先回答下列三个问题：

（1）你的主要"跟进者"是否就要发生变化？如果某一天，你突然发

现，种种迹象表明一个先前并不起眼的公司似乎正在成长为新的主要竞争对手，那么这就意味着一个战略转型点已经出现了。

（2）你的主要竞争对手是否很快要更改它的战略？如果先前对于你来说非常重要的一家公司现在好像变得已经不那么重要了，或者说，那家公司也似乎不再以你为重要的竞争对象了，那么，这也意味着一个战略转型点已经出现了。

（3）你所在的领域中的人们是否变得有些"失落"？这些非常富有上进心的人包括你自己在内是否会突然对某些重要的事情开始失去兴趣？如果是，这也意味着一个战略转型点已经出现了。

坏消息或者说让人不安的异常状况的发生，对于经营者的切身利益有着更为直接的影响，因此，需要更为警觉、严肃地对待那些预警的信号。

科特勒还总结出两条跟战略转型点有关的规律：一是当某个战略转型点降临时，越是成功的企业受到变化的威胁越大，对变化的适应性也越差。为了取得进入某个工业领域的"入场券"而与实力强大的竞争者对抗时也许会付出高昂的代价，但当这个体系结构崩溃时，代价可能会变得非常渺小。

事实上，危机与机遇是同时存在的。当一个产业的战略转型点出现的时候，游戏规则将改变，需要重新制定。对决与妥协，领跑与尾随，突破与淘汰，作为企业领导人，必须作出最恰当的判断和行动。

相关链接（一）

英特尔战略大转移

全美最杰出的职业经理人——与比尔·盖茨并列为数字革命缔造者的英特尔公司 CEO 德鲁·格罗夫曾这样说："作为经理人，我们憎恶变化，特别是这些改变将我们卷入其中的时候。"

同时作为著名的《唯有偏执狂才能生存》一书的作者，他在书中这样写道："我总是感觉有一朵阴云正向我飘来，但我可能需要再过几年才能弄明白它到底是什么。因此，我总是怀着提心吊胆的心情，如履薄冰地处理一切事物。"

英特尔是开发存储芯片的鼻祖。在20世纪70年代，正是由于英特尔在存储芯片上的不断创新，使计算机产业发生了日新月异的变化，英特尔在这个领域更是只手擎天，几乎占领了所有的芯片市场。令人意料不到的是，到了20世纪80年代，日本公司迅速崛起，他们凭借后发优势，以超大的投入和惊人的高效，以迅雷不及掩耳之势吞并存储芯片的市场份额。

英特尔这个芯片帝国迅速倒塌，关于这一点，格罗夫如同回忆噩梦般地回忆道："当时，日本人的质量报告超出了我们可能的想象，我们的第一反应是否认……就像任何人在这种情况下通常会做的那样，我们猛烈地攻击这些展示的数据。"格罗夫素以"偏执狂"著称，但是在这场芯片大战中，全世界的人都拭目以待地看他如何在存储芯片市场上与日本人"偏执"。

面对这种严峻之极的局面，格罗夫分析，当时英特尔的选择至少有如下几种应对策略：

（1）同日本公司进行正面交锋，通过技术的升级甚至资本、人才的收购，来维护英特尔的一统地位。

（2）同日本公司达成某种程度上的协议，大家共同获取市场份额。

（3）痛苦地退出市场，另觅新的商机。

经过痛定思痛的权衡之后，格罗夫作出的决策让英特尔所有的员工都不敢相信：在日本制造的"高性能、低价位、大规模生产"的产品面前，我们无力阻挡其前进。因此，对英特尔而言，要想生存下去，避免覆灭的最佳战略应该就是——转移战线。

对于一家在计算机领域居于龙头地位的公司来说，这样的决策让人难以接受。于是，英特尔公司陷入了没完没了的会议，没完没了的争吵，会议和争吵又继续引发下一轮的争吵和会议。强敌当前，英特尔死亡在即，公司一些高级主管建议奉行"决死竞争"的策略：建造一座巨大的芯片生产工厂，把日本技术人员网罗过来。另一些人则主张应当大力发展研究工作并利用前卫的科技手段以取得竞争的优势，还有一些则仍然抱着应当制造特殊用途的存储器的想法……这一场没完没了的争辩达数月之久，最后天平倾向了格罗夫。英特尔作出决策：放弃曾经创造了公司的存储器产品，全军进行转移，进入全新的微处理器市场。其实，格罗夫之所以能说服董事会和同僚，仅仅因为他愿意承担，而其他的人不愿意承担转型万一失败的责任。

接下来是开始寻找新产品。当时，一家日本尼康计算器公司找上门来，要求英特尔为其生产芯片，这种芯片将用于尼康一型桌面计算器之中。英特尔接受了日本人的订单。在这宗业务中，一名工程师设计了一种可以将所有电路置于一块单独芯片上的结构，这种产品可以像计算机那样通过程序来控制，可以置入任何一种设备之中，而并不仅限于计算器。可是，让人想不通的是，精明的尼康公司对这个新玩意儿毫无兴趣。格罗夫却凭借他天才般的敏感发现了这项技术价值连城。他于是同尼康公司展开谈判，开出的条件是，如果尼康放弃对这个芯片的使用权，那么他们可以得到 6 万美元的补偿金。尼康的代表几乎没有做多少的思考就爽快地同意了。格罗夫差点高兴坏了。

英特尔从 1985 年秋天开始，集中公司的全部力量投入到微处理器的开发研制中。经历了将近一年的产业转型，英特尔的新产品 386 微处理器问世了，并很快打开市场。野火过处枯草没，东风到来花重春。作为"存储器之王"的英特尔公司随风而逝了，而一个崭新的、更为强大的微处理器帝国诞生了。386 的面世让英特尔当年就实现了 29 亿美元的销售额，公司股票的市值一路飙升。

或许唯有像格罗夫这样的偏执狂才能作出那么偏执的决策。但是，偏执挽救了英特尔。很显然，格罗夫放弃存储器转而投向微处理器并非仅仅是因为竞争的因素，而是看到了一个十分隐秘却必然会发生的"战略转折点"。

正如格罗夫后来所说的："科技和市场的发展正在不断向前伸出它的触角，你的商业世界中迟早会发生一些关键的变化……在技术上，所有可能做到的事人类都会实现。这是一个必然的规律，而我们无法阻止这个必然的规律。我们也无法对此视而不见，我们唯一能做的就是顺应这个规律，探索它的触角。"然而，很多革命性的技术或商品如同所有的新生事

物一样，在诞生的时候所给人的第一印象却往往毫不起眼，甚至令人失望。它常常很粗糙，而且常常出现在不引人注目的角落里，人们不能通过新生事物的第一雏形就判断出它未来的发展方向，但是，这往往就是战略转型点的存在之处。

相关链接（二）

“非常可乐”同“可口可乐”的较量

1998 年 6 月 10 日北京时间 22 时 40 分，法国世界杯足球赛开始，世界亿万球迷从此等待又一个世界足球冠军的诞生。

与此同时，中国娃哈哈集团在中国中央电视台推出它的“非常可乐”，这预示着中国这家可乐即将同世界头号饮料大王可口可乐在中国市场上决一雌雄。

事实上，娃哈哈公司的第一瓶非常可乐早在几个月前的 3 月 28 日就走下了地处杭州下沙工业园的生产线。而此时，娃哈哈的当家人宗庆后去了美国。

宗庆后随身带了两瓶可乐，一瓶是在中国生产的可口可乐，一瓶是自己的非常可乐。下飞机之后，宗庆后又买了一瓶美国本土生产的可口可乐。他把三瓶可乐的标签都撕掉，请美国的专家品尝。鉴定结果出来后，宗庆后笑了。

但是，一位哈佛大学的行销教授得知娃哈哈要生产碳酸饮料，不无吃惊地对宗庆后说：“你知道吗？在美国，有三件事被认为是只有靠上帝帮忙才能实现的，一是当选美国总统，二是彩票中头奖，三是战胜可口可乐。”

可口可乐以 696.4 亿美元的品牌价值高居排行榜首，难怪这位哈佛大学的教授会感到吃惊。“非常可乐”这不是找死吗？

从 20 世纪 80 年代后半期开始，中国人开始打造自己的可乐。但是，最终留下的都是不堪回首的往事：

重庆：“天府可乐”败北。

北京："昌平可乐"败北。

河南："少林可乐"败北。

杭州："中国可乐"败北。

……

短短数年间，在可口可乐和百事可乐强大地收购、兼并和挤压下，当年国内的八大碳酸饮料中除被誉为"中国魔水"的健力宝外，一一败下阵来，人称"水淹七军"。

"非常可乐"出来之后，1998年8月12日的台湾《工商时报》刊登的一篇题为"大陆可乐市场上演土洋大战"的专题报道，也送上了黑体字的谆谆忠告：失败前例，殷鉴不远。而更多的评价是："非常可乐，非常可笑"，"非常可乐，非死不可"。

"非常可乐"死了没有呢？请看下列数据：

1998年：可口可乐系列碳酸饮料销售194万吨，百事可乐系列碳酸饮料销售76万吨，以非常可乐为主体的娃哈哈非常系列碳酸饮料销售7.38万吨；

1999年：可口可乐销售204万吨，百事可乐销售91万吨，非常可乐销售39.9万吨；

2000年：可口可乐销售218万吨，百事可乐销售109万吨，非常可乐销售48万吨；

2001年：非常可乐销售59.5万吨，日益逼近百事可乐。而且同年，包括非常可乐在内的娃哈哈系列饮料总产量达250万吨，第一次与可口可乐在中国市场的总量旗鼓相当。

2002年一开年，娃哈哈非常系列碳酸饮料销售持续大幅增长，远远高于可口可乐及百事可乐的增幅，带着现金等待提货的客户排起了队，各地市场全面旺销。在湖南、新疆、江西、东北三省等地，非常可乐均成为当地的领导型品牌，市场份额甚至在可口可乐和百事可乐之上。

在娃哈哈迄今的成长历程中，最引人注目的一次冒险，正是推出非常可乐。当时十个朋友中有九个劝宗庆后三思而行。但宗庆后从来不相信神话。同样，在这一轮非常可乐的"冒险地跳跃"中，支撑他的绝非破釜沉

舟的豪赌心态。宗庆后知道，中国企业已经越来越远离了靠一次爆炒赌一把就能成功的时代，在一个神话衰微的时代做企业，靠的是实力，凭的是卓越的眼光和娴熟的技巧。

宗庆后在决策时考虑了以下依据：

（1）诱人的市场空间。据统计，全球饮料总销量中，半壁江山是碳酸饮料，碳酸饮料中又有一半是可乐。而非常可乐问世前的1997年，中国碳酸饮料约占饮料市场总量的30%。当年全国共生产可乐136万吨，只占碳酸饮料销量的27%。市场空间巨大，利润空间巨大。

（2）行销优势。1998年前后，娃哈哈已基本上搭建起多品种配销的产品结构和联销体的行销格局，可以通过配销的方式迅速地把非常可乐铺下去，而数亿元的电视广告投放又为促销提供了强大的火力保证。因此，从竞争能力和行销成本而言，娃哈哈进入碳酸饮料领域胜算非常大。

（3）市场格局。自20世纪90年代上半期可口可乐和百事可乐"水淹七军"，国产碳酸饮料行业几乎全军覆没，所有企业均对这一领域视若畏途。然而很多时候，最危险的地方恰恰也是水草最为丰美的所在。正是这样的市场格局拉高了准入门槛，让娃哈哈无须顾及小品牌骚扰而有了进场一搏的勇气。

（4）行销空间。尽管可口可乐及百事可乐的行销能力十分强大，然而由于它们在中国实行的是分而治之的行销政策——各地市场均由当地的灌装分公司完成产销，这样的模式固然节省运输成本，却不利于全国统一行销。其次，两大洋可乐的"预售制"模式在大中城市成效显著，却无法深入到城镇市场。相反，娃哈哈的行销优势则主要集中在广阔的城镇市场。

宗庆后在帷幄中进行了这样的运筹之后，作出果断决策：是时候推出中国人的可乐了。于是，娃哈哈创造了一个奇迹。